中華文化促進會主持編纂

國家“十一五”重點圖書出版規劃項目

中國社會科學院哲學社會科學創新工程學術出版資助項目

出品人 王石 段先念

今注本二十四史

金史

一八

傳〔九〕 金國語解

元 脱脱等 撰

張博泉 程妮娜 主持校注

中國社會科學出版社

金史　卷一二八

列傳第六十六

循吏

盧克忠　牛德昌　范承吉　王政　張奕　李瞻　劉敏行
傅慎微　劉焕　高昌福　孫德淵　趙鑑　蒲察鄭留
女奚烈守愚　石抹元　張彀　趙重福　武都　紇石烈德
張特立　王浩

金自穆宗號令諸部不得稱都孛堇，[1]於是諸部始列於統屬。太祖命三百户爲謀克，[2]十謀克爲猛安，[3]一如郡縣置吏之法。太宗既有中原，[4]申畫封疆，分建守令。熙宗遣廉察之使循行四方。[5]世宗承海陵彫劾之餘，[6]休養生息，迄于明昌、承安之間，[7]民物滋殖，循吏迭出焉。泰和用兵，[8]郡縣多故，吏治衰矣。宣宗尚刀筆之習，[9]嚴考核之法，能吏不乏，而豈弟之政罕見稱述焉。[10]金百餘年吏治始終可考，於是作《循吏傳》。

［1］穆宗：女真人。名盈歌，字烏魯完，景祖第五子。見本書卷一《世紀》。　都孛堇：女真部落聯盟長的稱號。在完顔部没有統一女真各部之前，存在着許多大大小小的女真部落聯盟，聯盟長稱都孛堇，或都部長。其下所轄的諸氏族部落長稱孛堇，或作部長。完顔氏部落聯盟長爲了提高其至尊的地位，穆宗時采納阿骨打的建議，不許其他部落聯盟長稱都孛堇或都部長。

［2］太祖：廟號。即完顔阿骨打，漢名旻。1115 年至 1123 年在位。　謀克：原是氏族部落時軍事編制稱號，至此始確立爲在猛安之下的地方行政設置與官職稱號。與原軍事編制謀克並存。

［3］猛安：原是氏族部落時軍事編制稱號，至此始確立爲低於萬户而高於謀克的地方行政設置與官職稱號。與原軍事編制猛安並存。

［4］太宗：廟號。即完顔吴乞買，漢名晟。1123 年至 1135 年在位。

［5］熙宗：廟號。即完顔合剌，漢名亶。1135 年至 1149 年在位。

［6］世宗：廟號。即完顔烏禄，漢名雍。1161 年至 1189 年在位。　海陵：封號。即完顔迪古迺，漢名亮。1149 年至 1161 年在位。　彫：同“凋”。　劻（guì）：極度疲勞，極瘦弱。

［7］明昌：金章宗年號（1190—1196）。　承安：金章宗年號（1196—1200）。

［8］泰和：金章宗年號（1201—1208）。

［9］宣宗：廟號。即完顔吾睹補，漢名珣。1213 年至 1223 年在位。

［10］豈弟：同“愷悌”，和樂平易之意。

盧克忠，貴德州奉集人。[1]高永昌據遼陽，[2]克忠走詣金源郡王斡魯營降，[3]遂以撒屋出爲鄉導。[4]斡魯克東京，[5]永昌走長松島，[6]克忠與渤海人撻不也追獲之。[7]收國二年，[8]授世襲謀克。其後，定燕伐宋皆與有功，除登州刺史，[9]改刺澶州。[10]

［1］貴德州：治所在今遼寧省撫順市北。　奉集：縣名。治所在今遼寧省瀋陽市東南奉集堡。原本作“鳳集”，從中華點校本改。

［2］高永昌：渤海人。遼天祚帝時，爲東京裨將。遼天慶六年（1116），東京渤海人民殺遼東京留守起義，他亦起兵反遼，稱大渤海皇帝，建年號隆基，攻占遼東五十餘州。遼兵攻東京，高永昌曾向金兵求救，欲與金兵聯合抗遼，爲金太祖所拒。後東京爲金兵所破，高永昌因曾試圖反金而被擒斬。事見本書卷七一。　遼陽：府名。治所在今遼寧省遼陽市。

［3］金源郡王：封爵名。爲封王郡號第一。　斡魯：女真人。本書卷七一有傳。

［4］撒屋出：本書僅此一見。另，本書卷六五有奥屯撒屋出，是否爲同一人待考。

［5］東京：京路名。治所在今遼寧省遼陽市。

［6］長松島：即今遼寧省瓦房店市西海中的長興島。

［7］撻不也追獲之：本書共八人同名撻不也，此人見於卷二、七一、一二八。本書卷二《太祖紀》謂，“撻不野擒高永昌以獻，戮之於軍”。《契丹國志》卷一〇謂，“追及於長松島，斬之”，當是誤記。

［8］收國：金太祖年號（1115—1116）。

［9］登州刺史：刺史州長官。負責處理本州政務。正五品。登州，治所在今山東省蓬萊市。

［10］刺澶州：指澶州刺史。正五品。澶州，治所在今河南省濮陽市，皇統四年（1144）更名爲開州。

天德間，[1]同知保大軍節度使。[2]綏德州軍卒數人道過鄜城，[3]求宿民家，是夜有賊剽主人財而去。有司執假宿之卒，繫獄膀掠誣服。克忠察其冤，獨不肯署，未幾，果得賊，假宿之卒遂釋。

[1]天德：金海陵王年號（1149—1153）。

[2]同知保大軍節度使：同知節度使爲節度使佐貳，協助節度使掌鎮撫諸軍防刺，分判本鎮兵馬之事，例兼本州同知管内觀察使。正五品。保大軍設在鄜州，治所在今陝西省富縣。

[3]綏德州：治所在今陝西省綏德縣。　鄜城：縣名。治所在今陝西省黄龍縣境内。

大定二年，[1]除北京副留守，[2]會民艱食，克忠下令凡民有蓄積者計留一歲，悉平其價糴之，由是無捐瘠之患。轉陳州防禦使，[3]後以静難軍節度使致仕，[4]卒。

[1]大定：金世宗年號（1161—1189）。

[2]北京副留守：北京留守司屬官。例兼本府少尹、本路兵馬副總管。從四品。北京，京路名，治所在今内蒙古自治區寧城縣西大明城。

[3]陳州防禦使：防禦州長官。掌防捍不虞，禦制盜賊，總理本州政務。從四品。陳州，治所在今河南省淮陽縣。

[4]静難軍節度使：節度州長官。掌鎮撫諸軍防刺，總判本鎮兵馬之事，例兼本州管内觀察使。從三品。静難軍設在邠州，治所在今陝西省彬縣。

牛德昌字彦欽，蔚州定安人。[1]父鐸，[2]遼將作大監。[3]德昌少孤，其母教之學，有勸以就蔭者，其母曰："大監遺命，不使作承奉也。"[4]中皇統二年進士第，[5]調礬山簿。[6]

［1］蔚州：治所在今河北省蔚縣。　定安：縣名。治所在今河北省蔚縣東北。貞祐三年（1215）升爲定安州。

［2］鐸：本書僅此一見。

［3］將作大監：遼官名。《遼史·百官志》不載，品秩不詳。

［4］承奉：即承奉郎。遼承宋制，在宋爲文散官從八品上階。

［5］皇統：金熙宗年號（1141—1148）。

［6］礬山簿：縣官名。礬山縣，治所在今河北省涿鹿縣東南礬山。簿即主簿，縣令佐貳。正九品。

遷萬泉令。[1]屬蒲、陝荐饑，[2]群盜充斥，州縣城門晝閉。德昌到官，即日開城門縱百姓出入，牓曰："民苦饑寒，剽掠鄉聚以偷旦夕之命，甚可憐也。能自新者一不問。"賊皆感激解散，縣境以安。府尹王伯龍嘉之，[3]禮待甚厚。累官刑部、吏部侍郎，[4]中都路都轉運使，[5]廣寧、太原尹。[6]卒，贈中奉大夫。[7]

［1］萬泉令：縣長官。萬泉縣治所在今山西省萬榮縣西南古城南。令即縣令，掌養百姓、按察所部、宣導風化、勸課農桑、平理獄訟、捕除盜賊、禁止游惰，兼管常平倉事及通檢推排簿籍。大縣爲正七品，小縣爲從七品。

［2］蒲：州名。治所在今山西省永濟市蒲州鎮。　陝：州名。治所在今河南省陝縣。

［3］府尹：府長官。掌宣風導俗，肅清所部，總判府事。正三

品。　王伯龍：本書卷八一有傳。

[4]刑部、吏部侍郎：皆正四品。刑部侍郎爲尚書刑部屬官。掌律令、刑名、監户、官户、配隸、功賞、捕亡等事。吏部侍郎爲尚書吏部屬官，掌文武選授、勳封、考課、出給制誥等政事。本書卷六一《交聘表中》，“尚書左司郎中牛德昌爲賀宋正旦使”，當在此前。

[5]中都路都轉運使：中都路都轉運司長官。掌稅賦錢穀、倉庫出納及度量之制。正三品。中都路都轉運司設在大興府，治所在今北京市。

[6]廣寧：此指廣寧尹。廣寧即廣寧府，治所在今遼寧省北寧市。尹即府尹，正三品。　太原：府名。治所在今山西省太原市。

[7]中奉大夫：文散官。爲從三品下階。

范承吉字寵之。好學問，屬遼季盜賊起，雖避地未嘗廢書。天慶八年中進士丙科，[1]授祕書省校書郎，[2]至大定府金源令。[3]歸朝爲御前承應文字。[4]天會初，[5]遷殿中少監。[6]四年，從攻太原，遷少府監。[7]五年，宗翰克宋，[8]所得金珠承吉司其出入，無毫髮欺，及還，犢車載書史而已。尋遷昭文館直學士，[9]知絳州。[10]

[1]天慶：遼天祚帝年號（1111—1120）。

[2]祕書省校書郎：遼官名。爲秘書省下屬機構著作局的屬官，位在著作郎、著作佐郎之下。

[3]大定府：府名。治所在今内蒙古自治區寧城縣西大明城。　金源令：遼縣官名。金源縣，治所在今遼寧省建平縣東北喀喇沁鄉。

[4]御前承應文字：與御前管勾文字皆爲官制改革以前官名，所掌與後來的翰林學士院大體相同，官職高者爲管勾御前文字，官

職低者爲御前承應文字。據本卷，范承吉自遼金源令升任此官，本書卷八三《張浩傳》，張浩由此官升爲秘書郎（正七品），則此官應爲七品。

[5]天會：金太宗年號（1123—1135），金熙宗初年沿用不改（1135—1137）。原本作“天眷”，從施國祁《金史詳校》卷一〇改。

[6]殿中少監：宋制，殿中少監爲殿中省屬官。協助長官殿中監負責掌供奉皇帝飲食、醫藥、服御、輿輦、舍次等政令。此處當是金初仿宋制而設立的官職，官制改革後取消，故本書《百官志》不載。

[7]少府監：官名。少府監長官。掌邦國百工營造之事。正四品。

[8]宗翰：女真人。本名粘没喝，漢語訛爲粘罕，國相撒改長子。本書卷七四有傳。

[9]昭文館直學士：遼宋官名。金初沿之。官制改革以後取消，故本書《百官志》不載。在宋，昭文館掌收藏經史子集四部圖籍以及修寫、校讎等事。置大學士、學士、直學士及直館、判官等。

[10]知絳州：州官名。帶京朝官銜或試銜者主持州事時稱知州事，簡稱知州。絳州，治所在今山西省新絳縣。

先是，軍興，民有爲將士所掠而逃歸者，承吉使吏偏諭，俾其自實，凡數千人，具白元帥府，[1]許自贖爲良，或貧無資者以公厨代輸。六年，改河東北路轉運使。[2]時承宋季之弊，民賦繁重失當，承吉迺爲經畫，立法簡便，所入增十數萬斛，[3]官既足而民有餘。歷同知平陽尹、西京副留守，[4]遷河東南路轉運使，[5]改同簽燕京留守事、順天軍節度使。[6]屬地震壞民廬舍，有欲争先營葺者，工匠過取其直，承吉命官屬董其役，先後以次，不間貧富，民賴以省費。

[1]元帥府：官署名。金天會三年（1125）設元帥府掌征討之事，長官爲都元帥，從一品。下設左、右副元帥，元帥左、右監軍，元帥左、右都監等官。

[2]河東北路轉運使：河東北路轉運司長官。正三品。河東北路轉運司設在太原府。

[3]十數萬斛："數"，據施國祁《金史詳校》卷一〇所載，當作"餘"。

[4]同知平陽尹：府官名。爲府尹佐貳，協助府尹掌宣風導俗，肅清所部，處理本府政務。從四品。平陽即平陽府，治所在今山西省臨汾市。　西京副留守：西京留守司屬官。從四品。西京，京路名，治所在今山西省大同市。

[5]河東南路轉運使：河東南路轉運司長官。正三品。河東南路轉運司設在平陽府，治所在今山西省臨汾市。

[6]同簽燕京留守事：即同知燕京留守事，爲燕京留守司屬官，例兼本府同知、本路兵馬都總管。正四品。燕京，京路名，治所在今北京市。　順天軍節度使：州官名。節度州長官。從三品。順天軍設在保州，治所在今河北省保定市。

歷鎮西軍節度使、行臺禮部尚書、泰寧軍節度使，[1]復鎮順天。[2]奚卒散居境内，率數千人爲盜，承吉繩以法，不少貸，懼而不敢犯。貞元二年以光禄大夫致仕，[3]卒，年六十六。

[1]鎮西軍節度使：州官名。節度州長官。從三品。鎮西軍設在嵐州，治所在今山西省嵐縣。　行臺禮部尚書：行臺尚書省屬

官。從三品。　泰寧軍節度使：節度州長官。從三品。泰寧軍設在兖州，治所在今山東省兖州市，大定十九年（1179）更爲泰定軍。

[2]順天：此指順天軍節度使。從三品。

[3]貞元：金海陵王年號（1153—1155）。　光禄大夫：文散官。爲從二品上階。

王政，辰州熊岳人也。[1]其先仕渤海及遼，皆有顯者。政當遼季亂，浮沈州里。高永昌據遼東，知政材略，欲用之。政度其無成，辭謝不就。永昌敗，渤海人争縛永昌以爲功，政獨逡巡引退。吴王闍母聞而異之，[2]言於太祖，授盧州渤海軍謀克。[3]從破白霫，[4]下燕雲。[5]及金兵伐宋，滑州降，[6]留政爲安撫使。[7]前此，數州既降，復殺守將，反爲宋守。及是，人以爲政憂，政曰："苟利國家，雖死何避。"宋王宗望壯之，[8]曰："身没王事，利及子孫，汝言是也。"政從數騎入州。是時，民多以饑爲盗，坐繫。政皆釋之，發倉廩以賑貧乏，於是州民皆悦，不復叛。傍郡聞之，亦多降者。宋王召政至轅門，撫其背曰："吾以汝爲死矣，乃復成功耶。"慰諭者久之。

[1]辰州：治所在今遼寧省蓋州市。　熊岳：縣名。治所在今遼寧省蓋州市西南六十里熊岳城。

[2]吴王：封爵名。天眷格，爲次國封號第五。　闍母：女真人。本書卷七一有傳。

[3]盧州：州名。治所在今遼寧省蓋州市西南熊岳城。

[4]白霫：東北少數民族名。《舊唐書》卷一九九下有傳。

[5]燕雲：皆州名。此代指北方十六州，即石敬瑭割給契丹人

的幽、薊、瀛、莫、涿、檀、順、新、嬀、儒、武、雲、應、寰、朔、蔚。十六州中幽州、雲州皆爲首府，幽州又稱燕州，故以燕雲代指十六州。

[6]滑州：治所在今河南省滑縣。

[7]安撫使：金初沿宋制於各州設安撫使，掌鎮撫地方。

[8]宋王：封爵名。天眷格，《大金集禮》爲大國封號第四，《金史·百官志》爲第三。　宗望：女真人。本名斡魯補，金太祖子。本書卷七四有傳。

天會四年，爲燕京都麯院同監。[1]未幾，除同知金勝軍節度使事。[2]改權侍衛親軍都指揮使、兼掌軍資。[3]是時，軍旅始定，筦庫紀綱未立，掌吏皆因緣爲奸。政獨明會計，嚴扃鐍，[4]金帛山積，而出納無錙銖之失。吳王闍母戲之曰："汝爲官久矣，而貧不加富，何也？"對曰："政以楊震四知自守，安得不貧。"吳王笑曰："前言戲之耳。"以黄金百兩、銀五百兩及所乘馬遺之。

[1]燕京都麯院同監：都麯使司也稱都麯院。同監爲都麯使司屬官。掌簽署文簿、檢視釀造。正八品。

[2]同知金勝軍節度使事：金勝軍，本書僅此一見，治於何處不詳，或爲遥授虚銜。

[3]權侍衛親軍都指揮使：又作侍衛親軍馬步軍都指揮使，爲侍衛親軍司長官，例由殿前都點檢兼任。掌行從宿衛，關防門禁。正隆五年（1160）罷侍衛親軍司後併入殿前都點檢司。

[4]扃（jiōng）鐍（jué）：門閂鎖鑰之類。扃，門窗箱櫃上的插關。鐍，有舌的環。

六年，授左監門將軍，[1]歷安州刺史、檀州軍州事、户吏房主事。[2]天眷元年，[3]遷保静軍節度使，[4]致仕，卒，年六十六。

[1]左監門將軍：按《遼史》卷四七《百官志三》，當爲左監門衛將軍，爲諸衛將軍之一。位在諸衛大將軍之下。

[2]安州刺史：刺史州長官。正五品。安州，治所在今河北省安新縣西南。　檀州軍州事：州官名。即知檀州軍州事，帶京朝官銜或試銜者主持州事時稱知州事，簡稱知州。檀州，州名，治所在今北京市密雲縣。　户吏房主事：金初仿遼制設此官，爲樞密院屬官，官制改革以後取消，故本書《百官志》不載。

[3]天眷：金熙宗年號（1138—1140）。

[4]保静軍節度使：州官名。節度州長官。從三品。按，《遺山文集》卷一六《王黄華墓碑》，“永壽之長子政，事金朝，官至金吾衛上將軍，建州保静軍節度使”。《遼史》卷三九《地理志三》“中京道建州”條作“保静軍，上，節度”，本書卷二四《地理志上》，“北京路建州”作“下，保靖軍刺史”，保静軍節度使當爲金初沿遼之建置。治所在今遼寧省朝陽市西北黄河灘上的喀喇城。

政本名南撒里，嘗使高麗，[1]因改名政。子遵仁、遵義、遵古。[2]遵古子庭筠有傳。[3]

[1]高麗：指王建建立的王氏高麗政權（918—1392）。

[2]遵仁：本書僅此一見。　遵義：本書僅此一見。　遵古：本書見於卷一〇、九九、一二六、一二八。

[3]遵古子庭筠有傳：原本作“遵古有傳”。本書無王遵古傳，中華點校本據施國祁《金史詳校》卷一〇補“子庭筠”三字，是。王庭筠，本書卷一二六有傳。

張奕字彦微，[1]其先澤州高平人。[2]以蔭補官，仕齊爲歸德府通判。[3]齊國廢，齊兵之在郡者二萬人謀爲亂，約夜半舉燎相應。奕知之，選市人丁壯授以兵，結陣扼其要巷，開小南門以示生路，亂不得作，比明亡匿略盡，擒其首惡誅之。後五日，都統完顔阿魯補以軍至歸德，[4]欲根株餘黨，奕以闔門保郡人無他，遂止。行臺承制除同知歸德尹。[5]

[1]彦微：施國祁《金史詳校》卷一〇認爲，“微”當作“徽”。

[2]澤州：治所在今山西省晋城市。　高平：縣名。治所在今山西省高平市西北。

[3]齊：天會八年（1130），金太宗册立宋降將劉豫爲帝，國號齊。天會十五年廢，以原齊國統治區設行臺尚書省。　歸德府通判：齊國官名。齊仿宋制於州府設通判，爲州府之副長官，凡民政、財政、户口、賦役、司法等事務，必須知州或知府與通判連署，方能生効。通判有監察所在地區官員之權。歸德府，治所在今河南省商丘市。

[4]都統：都統府長官。負責本路軍民之政。　完顔阿魯補：女真人。也作完顔阿盧補。本書卷六八有傳。原本脱“阿”字，從中華點校本補。

[5]行臺：官署名。即行臺尚書省，也稱行省，負責管理原齊國統治區。天眷元年（1138）以河南地與宋，改燕京樞密院爲行臺尚書省，天眷三年復移置於汴京。行臺尚書省各官品級較尚書省相應各官品級低一級。　同知歸德尹：府官名。爲府尹佐貳。從四品。歸德即歸德府。

天眷元年，以河南與宋，[1]改同知沂州防禦使事。[2]三年，宗弼復取河南，[3]徵奕赴行省，[4]既定汴京，[5]授汴京副留守。[6]歷陳、秦州防禦使，[7]同知太原尹。[8]

[1]河南：指後來南京路所統地區。北接河東南路、河北西路、大名府路、山東西路，東爲山東西路，西爲京兆府路，南接南宋的京西南路、荆湖北路、淮南東路與淮南西路，以淮水爲界。

[2]同知沂州防禦使事：州官名。同知爲防禦使佐貳。正六品。沂州，治所在今山東省臨沂市。

[3]宗弼：女真人。本名斡啜，又作兀术、斡出、晃斡出，金太祖子。本書卷七七有傳。

[4]行省：官署名。即行臺尚書省。

[5]汴京：京路名。即北宋舊都汴京，金貞元元年（1153）改名爲南京。治所在今河南省開封市。

[6]汴京副留守：汴京留守司屬官，例兼本府少尹、本路兵馬副總管。從四品。

[7]陳、秦州防禦使：州官名。皆爲防禦州長官。從四品。陳州，治所在今河南省淮陽縣。秦州，治所在今甘肅省天水市。

[8]同知太原尹：府官名。太原即太原府，治所在今山西省太原市。同知爲府尹佐貳。從四品。

晋寧軍報夏人侵界，[1]詔奕往征之。奕至境上，按籍各歸所侵土，還奏曰："折氏世守麟府，[2]以抗夏人，本朝有其地，遂以與夏。夏人夷折氏墳壟而戮其屍，折氏怨入骨髓而不得報也。今復使守晋寧，故激怒夏人使爲鼠侵，而條上其罪，苟欲開邊釁以雪私讎耳。獨可徙折氏他郡，則夏人自安。"朝廷從之，遂移折氏守青州。[3]

[1]晋寧軍：軍鎮名。屬河東北路，治所在今山西省佳縣，大定二十二年（1182）改名爲晋寧州，大定二十四年改名爲葭州。　夏：指党項族建立的西夏政權（1038—1227）。

[2]折氏：折氏家族原爲北宋將門，世代鎮守西北，抵禦西夏人的入侵，號稱折家軍。金初曾與女真人的部隊作戰。後降金，仍駐守西北。　麟府：宋路名。本稱麟州，治所在今陝西省神木縣東北。

[3]青州：治所在今山東省青州市。

正隆間，[1]同知西京留守事，[2]遷河東北路轉運使。大定二年，徵爲户部尚書，[3]甫視事，得疾卒。

[1]正隆：金海陵王年號（1156—1161）。

[2]同知西京留守事：西京留守司屬官，例兼本府同知、本路兵馬都總管。正四品。西京，京路名，治所在今山西省大同市。

[3]户部尚書：尚書户部長官。掌户口、錢糧、田土的政令及貢賦出納、金幣轉通、府庫收藏等事。正三品。

李瞻，薊州玉田人。[1]遼天慶二年進士，爲平州望雲令。[2]張覺據平州叛，[3]以瞻從事。宗望復平州，覺亡去，城中復叛，瞻踰城出降，其子不能出，爲賊所害。宋王宗望嘉之，承制以爲興平府判官。[4]

[1]薊州：治所在今天津市薊縣。　玉田：縣名。治所在今河北省玉田縣。

[2]平州：治所在今河北省盧龍縣。　望雲令：縣長官。望雲，縣名，治所在今河北省赤城縣北望雲川。

[3]張覺：本書卷一三三有傳。

[4]興平府判官：興平府本書僅此一見，據上下文來看，應是指平州。本書卷二四《地理志上》："平州，中，興平軍節度使。"施國祁《金史詳校》卷一〇認爲"興平府"爲"興平軍"之誤。判官，州官名，即節度判官，掌紀綱節鎮衆務，僉判兵馬之事，兼判兵、刑、工案事，正四品。

天會三年，遷大理少卿，[1]從宗望南伐，爲漢軍糧料使。[2]四年，金兵圍汴，宋人請割河北三鎮，瞻與禮部侍郎李天翼安撫河北東、西兩路，[3]略定懷、濬、衛等州，[4]衛、湯陰等縣。[5]七年，知寧州，[6]累遷德州防禦使。[7]爲政寬平，民懷其惠，相率詣京師請留者數百千人。

[1]大理少卿：大理寺屬官。協助大理卿掌審斷天下奏案，詳核疑獄。從五品。

[2]漢軍糧料使：軍官名。屬宗望的部隊，當是負責軍需工作的官員。

[3]禮部侍郎：尚書禮部屬官。官制改革後爲正四品。　李天翼：本書僅見於此。　河北東、西兩路：路名。天會七年（1129）析河北路爲河北東、西路。河北東路治所在今河北省河間市，河北西路治所在今河北省正定縣。

[4]懷：州名。治所在今河南省沁陽市。　濬：州名。治所在今河南省濬縣。　衛：州名。治所在今河南省衛輝市。

[5]衛：縣名。治所在今河南省濬縣西南。　湯陰：縣名。治所在今河南省湯陰縣西南。

[6]知寧州：州官名。帶京朝官銜者或試銜者主持州事時稱知州事，簡稱知州。寧州，治所在今甘肅省寧縣。

[7]德州防禦使：防禦州長官。從四品。德州，州名，治所在今山東省陵縣。

貞元三年，遷濟州路轉運使，[1]改忠順軍節度使。[2]正隆末，盜賊蜂起，瞻增築城壘爲備，蔚人賴之以安。大定初，卒于官。

[1]濟州路轉運使：濟州路轉運司長官。濟州路轉運司設在濟州，治所在今吉林省農安縣。

[2]忠順軍節度使：節度州長官。從三品。忠順軍設在蔚州。

劉敏行，平州人。登天會三年進士。除太子校書郎，[1]累遷肥鄉令。[2]歲大饑，盜賊掠人爲食。諸縣老弱入保郡城，不敢耕種，農事廢，畎畝荒蕪。敏行白州，借軍士三十護縣民出耕，多張旗幟爲疑兵，敏行率軍巡邏，日暮則閲民入城，由是盜不敢犯而耕稼滋殖。

[1]太子校書郎：據《遼史》卷四七《百官志三》，太子校書郎爲東宫屬官，屬左春坊文學館。此當爲金初仿遼制所設東宫官屬，官制改革後取消，故本書《百官志》不載。

[2]肥鄉令：縣長官。肥鄉，縣名，治所在今河北省肥鄉縣。

轉高平令。[1]縣城圮壞久不修，大盜横恣掠，縣鎮不能禦。敏行出己俸，率僚吏出錢，顧役繕治，[2]百姓欣然從之，凡用二千人，版築遂完。鄉村百姓入保，賊至不能犯。凡九遷，爲河北東路轉運使。[3]致仕，卒。

[1]高平令：縣長官。高平，縣名，治所在今山西省高平縣。

[2]顧：同“雇”。

[3]河北東路轉運使：河北東路轉運司長官。正三品。

傅慎微字幾先。[1]其先秦州沙溪人，[2]後徙建昌。[3]慎微遷居長安。[4]宋末登進士，累官河東路經制使。[5]宗翰已克汴京，使婁室定陝西，[6]慎微率衆迎戰，[7]兵敗被獲，送至元帥府。元帥宗翰愛其才學，弗殺，羈置歸化州，[8]希尹收置門下。[9]宗弼復取河南地，起爲陝西經略使，[10]尋權同州節度使事。[11]明年，陝西大旱，饑死者十七八，以慎微爲京兆、鄜延、環慶三路經濟使，[12]許以便宜。慎微募民入粟，得二十餘萬石，立養濟院飼餓者，全活甚衆。改同知京兆尹，[13]權陝西諸路轉運使。[14]復修三白、龍首等渠以溉田，[15]募民屯種，貸牛及種子以濟之，民賴其利。轉中京副留守，[16]用廉改忻州刺史，[17]累遷太常卿，[18]除定武軍節度使，[19]移静難軍，忤用事者，蘇保衡救之得免。[20]

[1]傅慎微：即宋人傅亮（參見羅繼祖《讀〈金史·傅慎微傳〉》，《光明日報》1961年8月16日）。

[2]秦州：治所在今甘肅省天水市。　沙溪：屬秦州，所在地不詳。

[3]建昌：縣名。治所在今江西省南城縣。

[4]長安：縣名。治所在今陝西省西安市。

［5］河東路經制使：宋官名。經制使爲經制使司長官，負責檢察中外失陷錢物，催促未到綱運，措置糧草，總領各路提舉常平司事。河東路治并州，即今山西省太原市。

［6］婁室：女真人。本名斡里衍。本書卷七二有傳。　陝西：指陝西六路：鱗府路、鄜延路、環慶路、涇原路、秦鳳路、熙河路。

［7］率：百衲本作“卒”，顯誤。據中華點校本改。

［8］歸化州：治所在今河北省宣化縣。

［9］希尹：女真人。本名谷神。本書卷七三有傳。

［10］經略使：又稱經略安撫使。金初沿宋制設經略使，總一路兵民之政，兼馬步軍都總管。官制改革後取消，故本書《百官志》不載。

［11］權同州節度使事：州官名。節度州長官。從三品。同州定國軍，治所在今陝西省大荔縣。代理、攝守之官稱“權”。

［12］京兆、鄜延、環慶、三路經濟使：經濟使，本書僅此一見。據文意看，當是因災荒而設的臨時性負責救災的官員。京兆，路名，即京兆府路，治所在今陝西省西安市。鄜延，路名，治所在今陝西省延安市。環慶，路名，治所在今甘肅省慶陽縣。

［13］同知京兆尹：府官名。京兆即京兆府，治所在今陝西省西安市。同知爲府尹之佐。從四品。

［14］陝西諸路轉運使：指陝西東、西路轉運使，分別爲陝西東、西路轉運司長官。正三品。陝西東路轉運司設在京兆府，陝西西路轉運司設在平凉府（今甘肅省平凉市）。

［15］三白：渠名。三白渠亦稱白渠，在今陝西省涇陽、三原一帶。古引涇水南流，至涇陽縣北建三閘分水，北爲太白渠，中爲白渠，南爲南白渠。　龍首：渠名。此龍首渠指今陝西省西安市東北的龍首渠，一名滻水渠。

［16］中京副留守：中京留守司屬官。從四品。中京，京路名，治所在今內蒙古自治區寧城縣西大明城。

[17]忻州刺史：刺史州長官。負責處理本州政務。正五品。忻州，治所在今山西省忻州市。

[18]太常卿：太常寺長官。掌禮樂、郊廟、社稷、祠祀之事。從三品。

[19]定武軍節度使：州官名。節度州長官。從三品。定武軍設在定州，治所在今河北省定州市。

[20]蘇保衡：本書卷八九有傳。

大定初，復爲太常卿，遷禮部尚書，[1]與翰林侍講學士徒單子温、翰林待制移剌熙載俱兼同修國史。[2]卒官，年七十六。

慎微博學喜著書，嘗奏《興亡金鏡録》一百卷。性純質篤古，喜談兵，時人以爲迂闊云。

[1]禮部尚書：尚書禮部長官。掌禮樂、祭祀、燕享、學校、貢舉、儀式、制度、符印、表疏、圖書、册命、祥瑞、天文、漏刻、國忌、廟諱、醫卜、釋道、四方使客、諸國進貢、犒勞張設等事。正三品。

[2]翰林侍講學士：翰林學士院屬官。掌制撰詞命，凡應奉文字，銜内帶“知制誥”。從三品。　徒單子温：女真人。大定初爲翰林侍講學士，曾將《貞觀政要》《白氏策林》《史記》《漢書》等書譯成女真語，因贓被處死。　翰林待制：翰林學士院屬官。分掌詞命文字，分判院事，凡應奉文字，銜内帶“同知制誥”。不限員，正五品。　移剌熙載：本書見於卷六、六一、一二八。　同修國史：國史院屬官。位在監修國史、修國史之下。負責國史的編寫工作。

劉煥字德文，中山人。[1]宋末兵起，城中久乏食，焕尚幼，煮糠覈而食之，自飲其清者，以醲厚者供其母，[2]鄉里異之。稍長就學，天寒擁糞火讀書不怠。登天德元年進士。[3]調任丘尉。[4]縣令貪污，[5]焕每規正之，秩滿，令持杯酒謝曰："尉廉慎，使我獲考。"調中都市令。[6]樞密使僕散忽土家有縧結工，[7]牟利於市，不肯從市籍役，焕縶之。忽土召焕，焕不往，暴工罪而笞之。焕初除市令，過謝鄉人吏部侍郎石琚，[8]琚不悦曰："京師浩穰，不與外郡同，棄簡就煩，吾所不曉也。"至是，始重之。

[1]中山：府名。治所在今河北省定州市。

[2]醲：同"濃"。

[3]登天德元年進士：海陵頭榜爲天德三年（1151）。熙宗皇統九年（1149）十二月改元爲天德，此天德元年或是皇統九年之誤，或者元年爲"三年"之誤。待考。

[4]任丘尉：縣官名。尉即縣尉，正九品。任丘，縣名，治所在今河北省任丘市。

[5]縣令：此指任丘縣令。

[6]中都市令：中都市令司長官。掌平物價，察度量權衡之違式，百貨之估直。正八品。

[7]樞密使：樞密院長官。掌武備機密之事。從一品。　僕散忽土：女真人。僕散師恭本名忽土。本書卷一三二有傳。

[8]石琚：本書卷八八有傳。

以廉升京兆推官，[1]再遷北京警巡使。[2]捕二惡少杖于庭中，戒之曰："孝弟敬慎，則爲君子。暴戾隱賊，則爲小人。自今以往，毋狃于故習，國有明罰，吾不得私也。”自是，衆皆畏憚，毋敢犯者。召爲監察御史，[3]父老數百人或臥車下，或挽其靴鐙，曰：“我欲復留使君期年，不可得也。”

[1]京兆推官：府官名。掌諮議參佐、糾正非違，分判户、刑案事，掌通檢推排簿籍。定員二人，從六品。

[2]北京警巡使：諸京警巡院長官。掌平理獄訟、警察所部，總判院事。正六品。

[3]監察御史：御史臺屬官。掌糾察内外非違、刷磨諸司察帳並監祭禮及出使之事。定員十二人，正七品。

以本官攝户部員外郎。[1]代州錢監雜青銅鑄錢，[2]錢色惡，類鐵錢。民間盜鑄，抵罪者衆，朝廷患之，下尚書省議。[3]煥奏曰：“錢寶純用黄銅精治之，中濡以錫，若青銅可鑄，歷代無緣不用。自代州取二分與四六分，青黄雜糅，務省銅而功易就。由是民間盜鑄，陷罪者衆，非朝廷意也。必欲爲天下利，宜純用黄銅，得數少而利遠。其新錢已流行者，宜驗數輸納準换。”從之。

[1]户部員外郎：尚書户部屬官。從六品。

[2]代州錢監：大定十八年（1178），金於代州立錢監負責鑄錢，大定二十年定名爲阜通，下設：監一員，正五品，以本州節度使兼；副監一員，正六品，以本州同知領；丞一員，正七品，以觀察判官兼；勾當官二員，從八品。後以副監、監丞爲正員，而以節度使領監事。

[3]尚書省：官署名。爲金最高政務機構。下屬機構有吏、户、禮、兵、刑、工六部及尚書左、右司。長官爲尚書令，正一品。

再遷管州刺史，[1]耆老數百人疏其著績十一事，詣節鎮請留焕，[2]曰："刺史守職奉法，乞留之。"以廉升鄭州防禦使，[3]遷官一階，轉同知北京留守事。[4]

[1]管州刺史：刺史州長官。正五品。管州，治所在今山西省静樂縣。

[2]節鎮：州官名。即節度使。從三品。

[3]鄭州防禦使：防禦州長官。從四品。鄭州，州名，治所在今河南省鄭州市。

[4]同知北京留守事：北京留守司屬官。例兼本府同知、本路兵馬都總管。正四品。北京，京路名，治所在今内蒙古自治區寧城縣西大明城。

世宗幸上京，[1]所過州郡大發民夫治橋樑馳道，以希恩賞，焕所部惟平治端好而已。上嘉其意，遷遼東路轉運使，[2]卒。

[1]上京：京路名。治所在今黑龍江省阿城市白城。

[2]遼東路轉運使：遼東路轉運司長官。正三品。遼東路轉運司設在咸平府，治所在今遼寧省開原市開原老城。

高昌福，中都宛平人。[1]父履，[2]遼御史中丞致仕，[3]太宗聞其名，召之，未及入見而卒，特詔昌福釋服應舉。登天會十年進士第，補樞密院令史。[4]明年，辟元帥府令史。[5]

[1]宛平：縣名。治所在今北京市。

[2]履：本書僅此一見。

[3]御史中丞：遼官名。爲御史臺屬官，位在御史大夫之下。

[4]樞密院令史：樞密院辦事員。負責文書案牘之事，爲無品級小官。定員十八人，其中女真人十二人，漢人六人。

[5]元帥府令史：元帥府辦事員。掌文書案牘之事，爲無品級小官。定員十八人，其中女真人十二人，漢人六人。

皇統初，宗弼復河南，元帥府治汴，人有疑似被獲，皆目爲宋諜者，即殺之。昌福讞得其實，釋去者甚衆。

許州都統韓常用法嚴，[1]好殺人，遣介送囚於汴，或道亡，監吏自度失囚，恐得罪，欲盡殺諸囚以滅口。昌福識監吏意，窮竟其狀，免死者十七八，而諸吏遂怨昌福，欲構害之。是時方用兵，梁、楚間夜多陰雨，元帥府選人偵宋兵動静，諸吏遣昌福。昌福不辭即行，盡得敵軍虚實報元帥府。師還，除震武軍節度副使，[2]轉行臺禮部員外郎。[3]天德間，行臺罷，改絳陽軍節度副使，[4]入爲兵部員外郎，[5]改河間少尹。[6]

[1]許州都統：許州都統府長官。負責本路兵民之政。許州，治所在今河南省許昌市。　韓常：金初名將。領有漢人猛安，參與伐宋之役，爲宗弼部將，以能戰著名。曾爲許州都統，用法嚴酷。爲驃騎衛上將軍，衍慶宫圖像功臣之一。其所統部隊後被稱爲韓常之軍。

[2]震武軍節度副使：節度州屬官。從五品。震武軍設在代州，治所在今山西省代縣。

[3]行臺禮部員外郎：行臺尚書省屬官。正七品。

[4]絳陽軍節度副使：州官名。節度州屬官。從五品。絳陽軍設在絳州，治所在今山西省新絳縣。

[5]兵部員外郎：尚書兵部屬官。協助兵部尚書掌兵籍、軍器、城隍、鎮戍、廄牧、鋪驛、車輅、儀仗、郡邑圖志、險阻、障塞、遠方歸化等事。從六品。

[6]改河間少尹：本書卷六《世宗紀上》作“同知河間尹”。河間少尹，府官名，爲府尹佐貳，協助府尹處理本府政務，正五品。河間即河間府。

世宗即位，上書陳便宜事，上披閱再三，因謂侍臣曰：“内外官皆上書言事，可以知人材優劣，不然，朕何由知之。”三除同知東京留守事，[1]治最，遷山東西路轉運使、工部尚書，[2]改彰德軍節度使。[3]上書言賦税太重，上問翰林學士張景仁曰：[4]“税法比近代爲輕，而以爲重何也？”景仁曰：“今之税殊輕，若復輕之，國用且不足。”事遂寢。累遷河中尹，[5]致仕，卒。

[1]同知東京留守事：東京留守司屬官。同知留守事爲留守佐貳，例兼同知本府府尹、本路兵馬都總管。正四品。東京，京路名，治所在今遼寧省遼陽市。

[2]工部尚書：尚書工部長官。掌修造營建法式、諸作工匠、屯田、山林川澤之禁、江河堤岸、道路橋樑等事。正三品。

[3]彰德軍節度使：節度州長官。從三品。彰德軍設在相州，治所在今河南省安陽市。

[4]翰林學士：翰林學士院屬官。掌制撰詞命，凡應奉文字，銜内帶“知制誥”。正三品。　張景仁：字壽甫。本書卷八四有傳。

[5]河中尹：府長官。河中即河中府，治所在今山西省永濟市蒲州鎮。

孫德淵字資深，興中府人也。[1]大定十六年進士，調石州軍事判官、淶水丞，[2]察廉遷沙河令。[3]有盜秋桑者，主逐捕之，盜以叉自刺其足面，曰："秋桑例不禁采，汝何得刺我。"主懼，賂而求免，盜不從，訴之縣。德淵曰："若逐捕而傷，瘡必在後，今在前，迺自刺也。"盜遂引服。選尚書省令史，[4]不就。丁父憂去官，民爲刻石祠之。

[1]興中府：府名。治所在今遼寧省朝陽市。百衲本作"興中州"，從施國祁《金史詳校》卷一〇改。

[2]石州軍事判官：州官名。刺史州屬官。參知州事，專掌通檢推排簿籍。從八品。　淶水丞：縣官名。丞即縣丞，縣令佐貳，正九品。淶水，縣名，治所在今河北省淶水縣。

[3]沙河令：縣長官。沙河，縣名，治所在今河北省沙河市北沙河東。

[4]尚書省令史：尚書省左、右司辦事員。負責文書案牘之事，爲無品級小官。定員七十人，女真、漢人各半。

察廉起復北京轉運司都勾判官，[1]以累薦遷中都左警巡使、監察御史、山東東路轉運副使，[2]累官大理丞、兼左拾遺。[3]審官院奏德淵剛正幹能，[4]可任繁劇，遂再任。丁母憂，服除特遷恩州刺史，入爲右司郎中，[5]滕州刺史，[6]遷同知河間府事，[7]歷大興治中、同知府事。[8]大安初，[9]遷盤安軍節度使，[10]改河北西路按察轉運使，[11]改昭義軍節度使。[12]潞州破，[13]被執，俄有拜于前者，皆沙河舊民也，密護德淵，由是得脱。

［1］北京轉運司都勾判官：北京路轉運司屬官。掌紀綱衆務，分判勾案。從六品。

［2］中都左警巡使：諸京警巡院屬官。負責平理獄訟，警察所部，總判院事。正六品。中都，京路名，爲金京城，治所在今北京市。　山東東路轉運副使：山東東路轉運司屬官。正五品。山東東路轉運司設在益都府，治所在今山東省青州市。

［3］大理丞：大理寺屬官。協助大理卿掌審斷天下奏案，詳核疑獄。從六品。　左拾遺：諫院屬官。正七品。

［4］審官院：官署名。始設於承安四年（1199），罷於大安二年（1210），掌奏駁除授失當之事。京朝官六品以上，外路官五品以上的任命，都要經過本院的考察。長官爲知院，從三品。

［5］恩州刺史：刺史州長官。正五品。恩州，治所在今山東省平原縣西恩城。　右司郎中：尚書省下屬機構右司負責人。掌本司奏事，總察兵、刑、工三部受事付事，兼帶修起居注。正五品。

［6］滕州刺史：刺史州長官。正五品。滕州，治所在今山東省滕州市。

［7］同知河間府事：府官名。爲府尹佐貳。從四品。河間即河間府，治所在今河北省河間市。

［8］大興治中：府官名。大興即大興府，治所在今北京市。治中爲府尹屬官，本書《百官志》不載。據本書卷八五《永功傳》，“家奴王唐犯罪至徒，永功曲庇之。平陽治中高德裔失覺察，笞四十”，則此官當是負責本府司法工作。據本卷下文“歷大興治中、同知府事”，《武都傳》“調太原治中，復爲都轉運副使”，《紇石烈德傳》“歷大名治中、安、曹、裕三州刺史”，同知府事爲從四品，都轉運副使爲正五品，刺史爲正五品，則此官當爲五品官。　同知

府事：府官名。即同知大興府事。從四品。

[9]大安：金衛紹王年號（1209—1211）。

[10]盤安軍節度使：節度州長官。從三品。盤安軍設在全州，治所在今內蒙古自治區赤峰市北一百八十里的烏丹城，一說在今內蒙古自治區翁牛特旗。

[11]河北西路按察轉運使：泰和八年（1208），因轉運使權輕，州縣官不畏，故以按察使兼理，稱按察轉運使，負責按察司、轉運司兩處公務。正三品。河北西路，治所在今河北省正定縣。

[12]昭義軍節度使：州官名。節度州長官。從三品。昭義軍設在潞州，治所在今山西省長治市。

[13]潞州：治所在今山西省長治市。

貞祐二年，拜工部尚書，攝御史中丞。[1]是時，山東乏兵食，[2]有司請鬻恩例舉人，居喪者亦許納錢就試。德淵奏，此大傷名教，事遂寢。尋致仕。監察御史許古論德淵[3]"忠亮明敏，可以大用，近許告老，士大夫竊嘆。望朝廷起復，必能建明以利國家"。宣宗嘉納，未及用而卒。

[1]御史中丞：御史臺屬官。協助御史大夫掌糾察朝儀、彈劾官邪、勘鞫官府公事，審斷所屬部門理斷不當引起上訴的案件。從三品。

[2]山東：路名。指山東東、西兩路。

[3]許古：字道真。本書卷一〇九有傳。

趙鑑字擇善，濟南章丘人。[1]宋建炎二年進士，[2]調廬州司理參軍。[3]是時江、淮方用兵，鑑棄官還鄉里。

齊國建，除歷城丞，[4]轉長清令，[5]皆劇邑難治，鑑政甚著。劉豫召見，[6]遷直祕閣、提舉涇原路弓箭手、兼提點本路刑獄公事，[7]誡之曰："邊將多不法，可痛繩之。"原州守將武悍自用，[8]以鑑年少，易之，鑑發其奸，守將坐免，郡縣聞風，無敢犯者。

[1]濟南：府名。治所在今山東省濟南市。　章丘：縣名。治所在今山東省章丘市北章丘城。

[2]建炎：宋高宗年號（1127—1130）。

[3]廬州司理參軍：宋州官名。簡稱司理。開寶六年（973）署諸州司寇參軍，太平興國四年（979）改爲司理參軍，掌獄訟勘鞫。廬州，宋州名，治所在今安徽省合肥市。

[4]歷城丞：齊國縣官名。丞即縣丞，縣令佐貳，正九品。歷城，縣名，治所在今山東省濟南市。

[5]長清令：齊國縣官名。長清，縣名，治所在今山東省長清縣。

[6]劉豫：本書卷七七有傳。

[7]直祕閣：齊國官名。宋於淳化元年（990）設此官，以朝官充任，掌管秘閣事務，元豐改制以後罷，僅以此官爲貼官。齊仿宋制設直秘閣，所掌不詳。　提舉涇原路弓箭手：齊國官名。齊沿宋制，以弓箭手爲鄉兵。此官爲鄉兵之長。涇原路，北宋康定二年（1041）置。治所在今甘肅省平涼市。金皇統二年（1142）廢。　提點本路刑獄公事：齊國官名。本路指涇原路，此官當爲負責涇原路司法的長官。

[8]原州：治所在今寧夏回族自治區固原市。

齊廢，除知城陽軍，[1]改山東東路轉運副使，攝行臺左司郎中。[2]行臺宰相欲以故宋宦者權都水監，[3]鑑曰："誤國閹豎，汴人視爲寇仇，付以美官，將失人望。"遂不用。以母憂解職，天德初，起爲濟州刺史，[4]移涿州。[5]海陵召鑑入朝，應對失旨，遣還郡，俄除知火山軍，[6]以病免。

[1]知城陽軍：州官名。帶京朝官銜或試銜者主持軍鎮事務時稱知軍事，簡稱知軍。城陽軍，大定二十二年（1182）升爲城陽州，大定二十四年改名爲莒州，治所在今山東省莒縣。

[2]攝行臺左司郎中：行臺左司郎中爲官名，行臺尚書省屬官。從五品。唐以來稱代理、攝守之官爲"攝"。

[3]行臺宰相：指行臺尚書省屬官。包括領行臺尚書省事、行臺左丞、行臺右丞、行臺平章政事。　都水監：都水監爲官名，都水監長官，掌川澤、津梁、舟楫、河渠之事，兼管沿河漕運事。正四品。

[4]濟州刺史：州官名。刺史州長官。正五品。濟州，治所在今山東省濟寧市。

[5]涿州：此指涿州刺史。刺史州長官。正五品。涿州，治所在今河北省涿州市。

[6]知火山軍：州官名。帶京朝官銜或試銜者主持軍鎮事務時稱知軍事，簡稱知軍。火山軍，大定二十二年升爲火山州，後改名爲隩州，治所在今山西省河曲縣。

大定初，起知寧海軍，[1]秋禾方熟，子方蟲生，[2]鑑出城行視，蟲迺自死。再遷鎮西軍節度使，改河北西路轉運使，[3]致仕，卒。

[1]知寧海軍：州官名。寧海軍，大定二十二年（1182）升爲

寧海州，治所在今山東省烟臺市東南。

［2］子方蟲：按，《齊民要术》卷一有“蚄蚄蟲”，《廣韻》陽韻，“蚄蚄，蟲名”，是證“子方”二字皆當有蟲旁。

［3］河北西路轉運使：河北西路轉運司長官。正三品。河北西路轉運司設在真定府，治所在今河北省正定縣。

蒲察鄭留字文叔，東京路斡底必剌猛安人。[1]大定二十二年進士，調高苑主簿、濬州司候，[2]補尚書省令史，除監察御史，累遷北京臨潢按察副使、户部侍郎。[3]御史臺奏鄭留前任北京稱職，[4]遷陝西路按察使，[5]改順義軍節度使。[6]

［1］斡底必剌猛安：猛安名。一説在東京路曷蘇館境内的斡篤河流域；一説在今遼寧省蓋州市附近。

［2］高苑主簿：縣官名。正九品。高苑，縣名，治所在今山東省高青縣東南高苑城。　濬州司候：州官名。諸防禦州司候司長官。正九品。濬州，治所在今河南省濬縣。

［3］北京臨潢按察副使：北京臨潢路按察司屬官。協助按察使掌審斷刑獄、照刷案牘、糾察貪官污吏豪猾之人、私鹽酒麯及一切應禁之事，兼勸農桑。正四品。北京臨潢路按察司設在臨潢府，治所在今内蒙古自治區巴林左旗林東鎮南波羅城。按察司前身爲提刑司，據本書卷二四《地理志上》，臨潢府，“置北京臨潢路提刑司”，《大金國志》卷三八載提刑司九處，第三處即北京臨潢路，可知此按察司原名應爲北京臨潢路提刑司，後改爲按察司。中華點校本在北京與臨潢中加頓號，誤。　户部侍郎：尚書户部屬官。正四品。

［4］御史臺：官署名。掌糾察朝儀、彈劾官邪、勘鞫官府公事，審斷所屬部門理斷不當引起上訴的案件。長官爲御史大夫，正三

品，大定十二年（1172）升爲從二品。

[5]陝西路按察使：全稱爲陝西東西路按察使，爲陝西東西路按察司長官。正三品。陝西路按察司設在平涼府，治所在今甘肅省平涼市。

[6]順義軍節度使：州官名。節度州長官。從三品。順義軍設在朔州，治所在今山西省朔州市。

西京人李安兄弟爭財，府縣不能決，按察司移鄭留平理，[1]月餘不問。會釋奠孔子廟，鄭留迺引安兄弟與諸生敘齒，列坐會酒，陳説古之友悌數事，安兄弟感悟，謝曰："節使父母也，誓不復爭。"迺相讓而歸。朔州多盜，鄭留禁絶游食，多蓄兵器，因行春撫諭之，盜迺衰息，獄空。賜錫宴錢以褒之。

[1]按察司：官署名。原爲提刑司，掌審斷刑獄、照刷案牘、糾察貪官污吏豪猾之人、私鹽酒麴及一切應禁之事，兼勸農桑。長官爲按察使，正三品。

改利涉軍節度使，[1]詔括馬，鄭留使百姓飼養以須，御史劾之。既而伐宋，諸路括馬皆瘦，惟隆州馬肥，[2]乃釋鄭留。大安初，徙安國軍。[3]二年，知慶陽府事。[4]三年，夏人犯邊，鄭留擊走之。至寧元年，[5]改知平涼府。是時，平涼新被兵，夏人復來攻，鄭留招潰卒爲御守計，夏兵退，遷官四階。貞祐二年，[6]改東京留守，[7]致仕。貞祐四年，卒。

鄭留重厚寡言笑，人不見其喜愠，臨終取奏稿盡焚之。

[1]利涉軍節度使：節度州長官。從三品。利涉軍設在隆州，治所在今吉林省農安縣。

[2]隆州：遼爲黄龍府，天眷三年（1140）改名爲濟州，大定二十九年（1189），因與山東路濟州同名，改名隆州。治所在今吉林省農安縣。

[3]安國軍：此指安國軍節度使，州官名。從三品。安國軍設在邢州，治所在今河北省邢臺市。

[4]知慶陽府事：府官名。帶京朝官銜或試銜者出任府尹時稱知府事，簡稱知府。慶陽府，治所在今甘肅省慶陽縣。

[5]至寧：金衛紹王年號（1213）。

[6]貞祐：金宣宗年號（1213—1217）。

[7]東京留守：諸京留守司長官。例兼本府府尹與本路兵馬都總管。正三品。東京，京路名，治所在今遼寧省遼陽市。

女奚烈守愚字仲晦，本名胡里改門，真定府路吾直克猛安人也。[1]六歲知讀書。既亂，[2]或謂食肉昏神識，迺戒而不食。性至孝，父没時年十五，營葬如禮，治家有法，鄉人稱之。中明昌二年進士。調深澤主簿，[3]治有聲。遷懷仁令，[4]改弘文校理，[5]秩滿爲臨沂令。[6]有不逞輩五百人結爲黨社，大擾境内，守愚下車，其黨散去。蝗起莒、密間，[7]獨不入臨沂境。

[1]真定府路吾直克猛安：猛安名。吾直克疑即“吾的改”，亦即兀惹，應是由兀惹族部民構成。其族於金初被遷至隆安府，《宣和乙巳奉使金國行程録》有烏舍寨，可能時爲猛安所在，後遷

至此。

[2]齔（chèn）：指小孩换牙。

[3]深澤主簿：縣官名。正九品。深澤，縣名，治所在今河北省深澤縣。

[4]懷仁令：縣長官。懷仁，縣名，治所在今山西省懷仁縣，貞祐二年（1214）升雲州。

[5]弘文校理：弘文院屬官。掌校譯經史。正八品。

[6]臨沂令：縣長官。臨沂，縣名，治所在今山東省臨沂市。

[7]莒：州名。大定二十四年（1184）改城陽州置。治所在今山東省莒縣。　密：州名。治所在今山東省諸城市。

先是，朝廷括河朔、山東地，隱匿者没入官，告者給賞。莒州刺史教其奴告臨沂人冒地，[1]積賞錢三百萬，先給官鏹，迺徵于民，民甚苦之。守愚列其冤狀白州，州不爲理，即聞于户部而徵還之，[2]流民歸業，縣人勒其事于石。

[1]莒州刺史：刺史州長官。正五品。

[2]户部：官署名。尚書省下屬機構。掌户口、錢糧、田土的政令及貢賦出納、金幣轉通、府庫收藏等事。長官爲户部尚書，正三品。下設侍郎、郎中、員外郎等官。

改祕書郎。[1]母喪，勺飲不入口三日，終喪未嘗至内寢。太常寺、勸農司交辟守愚，[2]皆不聽，服除，除同知登聞檢院，[3]改著作郎、永定軍節度副使。[4]泰和伐宋，守愚爲山東行六部員外郎，[5]改大興都總管判官。[6]大安元年，除修起居注，[7]轉刑部員外郎、户部郎中、太子左諭德。[8]貞祐初，除户部侍郎，數月拜諫議大夫、提點近侍局。[9]二年，除保大軍節度使，[10]改翰林學士、參議陝西路安撫司事。[11]安撫完顔弼重其爲人，[12]每事咨而後行。未幾，有疾，詔賜御藥。三年，卒。

守愚爲人忠實無華，孜孜于公，蓋天性然也。

[1]祕書郎：秘書監屬官。通掌經籍圖書，定員二人。正七品。

[2]太常寺：官署名。皇統三年（1143）始設，掌禮樂、郊廟、社稷、祠祀之事。下屬機構有太廟署、廩犧署、郊社署、武成王廟署、諸陵署、園陵署、大樂署。長官爲太常卿，從三品。　勸農司：本書卷五五《百官志一》作勸農使司。泰和八年（1208）罷，貞祐間復置，興定六年（1222）罷，改立司農司。掌勸課天下力田之事。長官爲勸農使，正三品。

[3]同知登聞檢院：登聞檢院屬官。協助知登聞檢院掌奏御進告尚書省、御史臺理斷不當事。正六品。

[4]著作郎：著作局長官。掌修日曆。從六品。　永定軍節度副使：州官名。從五品。永定軍設在雄州，治所在今河北省雄縣。

[5]山東行六部員外郎：山東行尚書省屬官。金末地方有征伐時，設行尚書省以分任軍民之事。爲中央尚書省的派出機構，非定制，兵罷則取消，故本書《百官志》不載。

[6]大興都總管判官：爲府尹佐貳，掌紀綱總府衆務，分判兵案之事。從五品。大興即大興府，治所在今北京市。

[7]修起居注：記注院負責人，例由左右司首領官兼任。負責記録皇帝言行。

[8]刑部員外郎：尚書刑部屬官。從六品。　户部郎中：尚書户部屬官。從五品。　太子左諭德：東宫屬官。掌贊諭道德、侍從文章。正五品。

[9]諫議大夫：諫院設左、右諫議大夫。皆正四品。　提點近

侍局：殿前都點檢司下屬機構近侍局的負責人。掌侍從，承勅令，轉進奏帖。正五品。

[10]保大軍節度使：節度州長官。從三品。保大軍設在鄜州，治所在今陝西省富縣。

[11]参議陝西路安撫司事：陝西路安撫司屬官。参掌鎮撫人民、譏察邊防軍旅、審録重刑事。陝西路安撫司設在平凉府。

[12]安撫：即安撫使，爲安撫司長官。掌鎮撫人民、譏察邊防軍旅、審録重刑事。正三品。承安四年（1119）改爲按察使。　完顔弼：女真人。本名達吉不。本書卷一〇二有傳。

石抹元字希明，懿州路胡土虎猛安人。[1]七歲喪父，號泣不食者數日。十三居母喪，如成人。嘗爲擊鞠戲，馬踣，嘆曰："生無兄弟，而數乘此險，設有不測奈何。"由是終身不復爲之。補樞密院、尚書省譯史，[2]調同知恩州軍州事，[3]遷監察御史，爲同知淄州軍州事。[4]劇盗劉奇久爲民患，[5]一日捕獲，方訊鞫，聞赦將至，亟命杖殺之，闔郡稱快。改大興府判官、沂王府司馬、沁南軍節度副使。[6]河内民家有多美橙者，[7]歲獲厚利。仇家夜入殘毁之，主人捕得，迺以劫財誣其人，仇家引服，贓不可得。元攝州事，究得其情。尋改河北西路轉運副使，累遷山東西路按察轉運使。[8]

[1]懿州路胡土虎猛安：猛安名。一説在今饒陽河或其支流附近；一説胡土虎河爲今新開河南之某水，猛安約在今舊廟附近。

[2]樞密院、尚書省譯史：皆官名。爲樞密院、尚書省下屬無品級小官。樞密院譯史定員三人，尚書省譯史特指尚書省左、右司所屬譯史，定員十四人，左右司各七人。

[3]同知恩州軍州事：節度州屬官。正五品。恩州，治所在今河北省清河縣西。後改爲刺史州，治所遷至今山東省武城縣東。

[4]淄州：治所在今山東省淄博市東。

[5]劉奇：本書僅此一見。

[6]大興府判官：府官名。從五品。　沂王府司馬：諸王府屬官。掌同檢校門禁，總統府事。章宗明昌四年（1193），諸王府增置司馬一人。從六品。沂王，封爵名，大定格，《大金集禮》爲次國封號第二十六，《金史·百官志》爲第二十五。章宗即位封兄從彝爲沂王。　沁南軍節度副使：節度州屬官。從五品。沁南軍設在懷州，治所在今河南省沁陽市。

[7]河内：縣名。治所在今河南省沁陽市。

[8]山東西路按察轉運使：泰和八年（1208），因轉運使權輕，州縣官不畏，故以按察使兼理，稱按察轉運使，負責按察司、轉運司兩處公務。正三品。

貞祐初，黄摑吾典徵兵東平，[1]擁衆不進，大括民財，衆皆忿怨。副統僕散掃合殺吾典於坐，[2]取其符佩之，縱恣尤甚。元密疏劾掃合擅殺近臣，無上不道，掃合坐誅。移知濟南府，[3]到官六月卒。

元生平寡言笑，尚節儉，居官自守，不交權要，人以是稱之。

[1]黄摑吾典：本書僅此一見。

[2]副統：都統府屬官。協助都統主持本路軍務。　僕散掃合：女真人。本書僅此一見。

[3]知濟南府：府官名。帶京朝官銜或試銜者任府尹時稱知府事，簡稱知府。

張彀字伯英，許州臨潁人。[1]大定二十八年進士，調寧陵縣主簿。[2]改泰定軍節度判官，[3]率儒士行鄉飲酒禮。改同州觀察判官。[4]是時，出兵備邊，州徵箭十萬，限以雕雁羽爲之，其價翔躍不可得。彀曰："矢，去物也，何羽不可。"節度使曰：[5]"當須省報。"彀曰："州距京師二千里，如民急何？萬一有責，下官身任其咎。"一日之間，價減數倍。尚書省竟如所請。補尚書省令史，除同知鄭州防禦使事，改北京鹽使。[6]丁父憂，服除，再遷監察御史。從伐宋，遷武寧軍節度副使。[7]居母憂。貞祐二年，改惠民司令，[8]歷河南治中、隰州刺史、刑部郎中、同知河南府事，[9]遷河東南路轉運使、權行六部尚書、安撫使。[10]興定元年，[11]以疾卒。

彀天性孝友，任子悉先諸弟，俸入所得亦委其弟掌之，未嘗問有無云。

[1]許州：治所在今河南省許昌市。　臨潁：縣名。治所在今河南省臨潁縣。

[2]寧陵縣主簿：縣官名。正九品。寧陵，縣名，治所在今河南省寧陵縣。

[3]泰定軍節度判官：節度州屬官。正七品。泰定軍設在兖州。

[4]同州觀察判官：節度州屬官。正七品。同州治所在今陝西省大荔縣。

[5]節度使：州長官。掌鎮撫諸軍防刺，總判本鎮兵馬之事，兼本州管内觀察使。從三品。

[6]北京鹽使：北京鹽使司長官。掌幹鹽利以佐國用。正五品。

[7]武寧軍節度副使：節度州屬官。協助節度使處理本州政務。從五品。武寧軍設在徐州，治所在今江蘇省徐州市。

［8］惠民司令：惠民司長官。掌修合發賣湯藥。從六品。

［9］河南治中：府官名。河南即河南府，治所在今河南省洛陽市。治中爲府尹屬官，本書《百官志》不載，爲五品官。　隰州刺史：刺史州長官。負責處理本州政務。正五品。隰州，治所在今山西省隰縣。　刑部郎中：尚書刑部屬官，位在刑部侍郎之下，刑部員外郎之上。從五品。　同知河南府事：府官名。從四品。

［10］權行六部尚書：行尚書省屬官。金末地方有征伐時，設行尚書省以分任軍民之事，爲中央尚書省的派出機構，非定制，兵罷則取消，故本書《百官志》不載。

［11］興定：金宣宗年號（1217—1222）。

趙重福字履祥，豐州人。[1]通女直大小字，[2]試補女直誥院令史。[3]轉兵部譯史、陝西提刑知法，[4]遷陝西東路都勾判官、右藏庫副使、同知陳州防禦事。[5]宋諜人蘇泉入河南，[6]重福迹之，至魚臺將渡河，[7]見前一舟且渡，令從者大呼泉姓名，前舟中忽有蒼惶失措者，[8]執之果泉也。

［1］豐州：治所在今内蒙古自治區呼和浩特市東南白塔村。

［2］女直大小字：女真大字始頒行於天輔三年（1119），創製者爲完顏希尹。女真小字始頒行於天眷元年（1138），創製者爲金熙宗。

［3］女直誥院令史：吏名。誥院令史，本書凡三見，爲承應人。但官署名却不見“誥院”。吏部掌出給制誥之政，下有“官誥院”，女直誥院令史當爲其屬吏，以識女真字者充任。

［4］兵部譯史：尚書兵部所屬無品級小官。定員三人。　陝西提刑知法：陝西提刑司屬官。從八品。陝西提刑司全名爲陝西東西路提刑司，設在平凉府。

[5]陝西東路都勾判官：陝西東路轉運司屬官。治所在今陝西省西安市。　右藏庫副使：太府監下屬機構右藏庫屬官，協助右藏庫使掌錦帛絲綿毛褐、諸道常課諸色雜物。從七品。　同知陳州防禦事：爲防禦州屬官。正六品。陳州，治所在今河南省淮陽市。

[6]蘇泉：本書僅見於此。

[7]魚臺：縣名。治所在今山東省魚臺縣西。

[8]蒼惶：即“倉皇”。

改滄州鹽副使。[1]歲饑，民煑鹵爲鹽，賣以給食，鹽官往往杖殺之。重福曰：“寧使課殿，不忍殺人。”歲滿，課殿當降，尚書右丞完顏匡、三司使按出虎知其事，[2]迺以歲荒薄其罰，除織染署令。[3]

[1]滄州鹽副使：滄州鹽使司屬官。定員二人，正六品。滄州，治所在今河北省滄州市境。

[2]尚書右丞：尚書省屬官。爲執政官，宰相之貳，佐治省事。正二品。　完顏匡：女真人。本名撒速。本書卷九八有傳。　三司使：泰和八年（1208）省户部官員置三司，謂兼勸農、鹽鐵、度支户部三科。以三司使爲長官，從二品。貞祐間罷。　按出虎：人名。本書僅此一見。

[3]織染署令：織染署長官。掌織紝、色染諸供御及宫中錦綺幣帛紗穀。從六品。

大安三年，佐户部尚書張煒調兵食于古北口，[1]遷都水少監，[2]行西北路六部郎中，[3]治密雲縣，[4]俄兼户部員外郎。貞祐二年，以守密雲功遷同知河間府事，[5]行六部侍郎，[6]權清州防禦使，[7]攝河北東路兵馬都總管。[8]三年，河間被圍，有劉中者嘗與重福密雲聯事，[9]勸重福出降，重福不聽。是時，河間兵少，多羸疾不任戰，欲亡去。重福勸其父老，率其子弟，强者戰、弱者守，會久雨，圍迺解去。遷河東北路轉運使，致仕。元光二年，[10]卒。

[1]張煒：字明仲。本書卷一〇〇有傳。按本書卷一〇〇《張煒傳》，“大安三年，起爲同簽三司事”，“累遷户部侍郎”，與此“户部尚書”異。　古北口：地名。在今北京市密雲縣古北口。

[2]都水少監：都水監屬官。分掌川澤、津梁、舟楫、河渠之事。從五品。

[3]行西北路六部郎中：西北路行尚書省屬官。爲中央尚書省的派出機構，非定制，兵罷則取消，故本書《百官志》不載。

[4]密雲縣：縣名。治所在今北京市密雲縣。

[5]同知河間府事：爲府尹佐貳。從四品。

[6]行六部侍郎：行尚書省屬官。本書《百官志》不載。

[7]權清州防禦使：防禦州長官。清州，州名，治所在今河北省青縣。

[8]攝河北東路兵馬都總管：河北東路兵馬都總管府長官。掌統諸城隍兵馬甲仗，總判府事。正三品。

[9]劉中：本書僅此一見。

[10]元光：金宣宗年號（1222—1223）。

武都字文伯，東勝州人。[1]大定二十二年進士，調陽穀主簿，[2]遷商水令。[3]縣素多盜，凡奸民嘗縱火行劫、椎埋發冢者，都皆廉得姓名，牓之通衢，約毋再犯，悉奔他境。察廉遷南京路轉運支度判官，[4]累遷中都路都轉運副使，[5]以親老，與弟監察御史郁俱乞侍。[6]尋丁憂，服除，調太原治中，[7]復爲都轉運副使，遷灤州刺史。[8]充宣差北京路規措官，[9]都拘括散逸官錢百萬。入爲户部郎中，權右司郎中，奏事稱旨。被詔由海道漕遼東粟賑山東，[10]都高其價直募人入粟，招海賈船致之。三遷中都西京按察副使。[11]大安三年，充宣差行六部侍郎，[12]以勞遷本路按察使，[13]行西南路六部尚書，[14]佐元帥抹撚盡忠備禦西京，[15]有勞，召爲户部尚書，賞銀二百兩、絹一百匹。

[1]東勝州：治所在今内蒙古自治區托克托縣。

[2]陽穀主簿：縣官名。正九品。陽穀，縣名，治所在今山東省陽穀縣。

[3]商水令：縣長官。商水，縣名，治所在今河南省周口市南。

[4]南京路轉運支度判官：南京路轉運司屬官。掌勾判、分判支度案事。從六品。南京路轉運司設在開封府。“支度”，百衲本作“度支”，從中華點校本改。

[5]中都路都轉運副使：中都路都轉運司屬官。協助轉運使掌賦税錢穀，倉庫出納，度量之制。正五品。中都路都轉運司設在大興府，治所在今北京市。

[6]郁：人名。本書見於卷一〇〇、一二八。

[7]太原治中：府官名。爲府尹屬官，本書《百官志》不載。當爲五品官。太原即太原府。

[8]灤州刺史：刺史州長官。正五品。灤州，治所在今河北省灤縣。

[9]宣差北京路規措官：不詳。

[10]遼東：指東京路。

[11]中都西京按察副使：中都西京路按察司屬官。協助按察使掌審斷刑獄、照刷案牘、糾察濫官污吏豪猾之人、私鹽酒麯及一切應禁之事，兼勸農桑。正四品。中都西京路按察司設在西京大同府。按察司前身爲提刑司，據本書卷二四《地理志上》，西京大同府，“置轉運司及中都西京路提刑司”，《大金國志》卷三八載提刑司九處，第一處即中都西京路，可知此按察司原名應爲中都西京路提刑司，後改爲按察司。中華點校本在中都與西京中間加頓號，誤。

[12]宣差行六部侍郎：官名。本書《百官志》不載。應是行省屬官。

[13]本路按察使：指中都西京路按察使，爲中都西京路按察司長官。正三品。

[14]行西南路六部尚書：西南路行尚書省屬官。行尚書省爲中央尚書省的派出機構，非定制，兵罷則取消，故本書《百官志》不載。

[15]抹撚盡忠：本名彖多。本書卷一〇一有傳。

宣宗即位，議衛紹王降封，[1]語在《衛紹王紀》。頃之，中都戒嚴，[2]都知大興府，[3]佩虎符便宜行事，彈壓中外軍民。都醉酒，以褻衣見詔使，坐是解職。起爲刑部尚書。[4]中都解圍，爲河東路宣撫使，[5]俄以參知政事胥鼎代之。[6]興定元年，以疾卒。

[1]衛紹王：即完顏永濟，小字興勝。衛爲其封號，紹爲其謚號。1209 年至 1213 年在位。

[2]中都：京路名。遼開泰元年（1012）建號燕京，金初因之。金貞元元年（1153）從上京遷都於此，改名爲中都。

[3]知大興府：府官名。帶京朝官銜或試銜者任府尹時稱知府

事，簡稱知府。

[4]刑部尚書：尚書刑部長官。掌律令、刑名、監户、官户、配隸、功賞、捕亡等事。正三品。

[5]河東路宣撫使：河東南北路宣撫司長官。正三品。後改爲安撫使。河東南北路宣撫司設在汾州。

[6]參知政事：執政官。爲宰相之貳，佐治省事。從二品。胥鼎：字和之。本書卷一〇八有傳。

紇石烈德字廣之，真定路山春猛安人。[1]明昌二年進士，調南京教授。[2]察廉能遷厭次令，[3]補尚書省令史，除同知泗州防禦事、監察御史、大名治中，安、曹、裕三州刺史，[4]歷同知臨潢、大興府事。[5]

[1]真定路山春猛安：猛安名。即東京路蓋州按春猛安，其原地在渾蠢水（今琿春河）。此猛安當由原地或蓋州移來。

[2]南京教授：金初設女真大字之後，於各地置此官推廣普及。據本書卷八三《納合椿年傳》，"初置女直字，立學官於西京"，"久之，選諸學生送京師，俾上京教授耶魯教之"。本書卷三《太宗紀》繫於天會三年（1125）十月，則各地教學負責人稱教授應不晚於天會三年。據本書卷八八《紇石烈良弼傳》，紇石烈良弼任此職三年以後"補尚書省令史"，知此爲無品級小官。

[3]厭次令：縣長官。厭次，縣名，治所在今山東省惠民縣。

[4]同知泗州防禦事：防禦州屬官。正六品。泗州，治所在今江蘇省盱眙縣北。　大名治中：府官名。大名即大名府，治所在今河北省大名縣東。　安、曹、裕三州刺史：皆官名。指安州刺史、曹州刺史、裕州刺史，皆爲刺史州長官。正五品。安州，天會七年升順安軍置，治所在今河北省高陽縣東舊城，大定二十八年（1189）移至今河北省安新縣西南安州，泰和八年（1208）移至今

河北省安新縣。曹州，治所在今山東省曹縣西北，大定八年移至今山東省荷澤市。裕州，泰和八年分唐、汝、許等地置，治所在今河南省方城縣。

[5]同知臨潢、大興府事：皆府官名。同知爲府尹佐貳。從四品。

貞祐二年，遷肇州防禦使。[1]是歲，肇州升爲武興軍節度，[2]德爲節度使，宣撫司署都提控。[3]肇州圍急，食且盡，有糧三百船在鴨子河，[4]去州五里，不能至。德迺浚濠增陴，築甬道導濠水屬之河。鑿陷馬阱，伏甲其傍以拒守，一日兵數接，士殊死戰。渠成，船至城下，兵食足，圍迺解。改遼東路轉運使，軍民遮道挽留，乘夜迺得去。

[1]肇州防禦使：防禦州長官。從四品。肇州，治所在今黑龍江省肇源縣望海屯舊城址。一説在今黑龍江省肇東市八里城；一説在今黑龍江省肇源縣茂興站南的吐什吐。

[2]武興軍節度：節度州名。長官爲節度使，從三品。武興軍設在肇州。

[3]宣撫司署都提控：宣撫司屬官名。泰和六年（1206）置陝西路宣撫司，八年改爲安撫司。初置宣撫司使，從一品，節制陝西右監軍、右都監兵馬公事。提控，意爲執掌、管理。紇石烈德在貞祐二年（1214）爲肇州節度使，其宣撫司署都提控當是設於肇州的宣撫司署都提控。

[4]鴨子河：河名。一説爲今松花江自吉林省扶餘縣陶賴昭至黑龍江省肇東市南一段和嫩江與洮兒河合流以下一段；一説爲今西流松花江下游的伊通河到嫩江一段；一説爲今東流松花江西段。

蒲鮮萬奴逼上京，[1]德與部將劉子元戰却之。[2]遷東京留守，歷保静、武勝軍節度使。[3]興定二年，以本官行六部事。[4]三年，以節度權元帥右都監，[5]與左都監單州經略使完顔仲元，[6]俱行元帥府于宿州。[7]四年，遷工部尚書。明年，召還中都。是歲，卒。

[1]蒲鮮萬奴：女真人。初爲尚厩局使。金泰和六年（1206），以右翼都統從攻南宋，後升至咸平招討使。金貞祐二年（1214）領兵攻耶律留哥敗績，繼而據遼陽自立，稱天王，建國號大夏（史稱東夏），建元天泰。瀋、澄諸州及東京猛安謀克多從之。因東京爲耶律留哥襲破，引衆十萬遁海島。後降蒙元。元太祖十二年（1217）率衆登陸，破金兵，駐南京（今吉林省延吉市城子山古城）。後與高麗結盟叛蒙，爲蒙古軍執殺。一説未死，逃歸，於蒙古迺馬真后四年（1245）爲蒙古貴由、兀良合臺軍所敗。

[2]劉子元：本書僅此一見。

[3]保静、武勝軍節度使：皆州官名。節度州長官。從三品。保静軍設在宿州，治所在今安徽省宿州市。武勝軍設在鄧州，治所在今河南省鄧州市。

[4]以本官行六部事：行六部事，即行尚書省六部事，屬地方行省屬官。

[5]權元帥右都監：元帥府屬官。金設元帥府掌征討之事，元帥右都監位在都元帥、左右副元帥、元帥左右監軍、元帥左都監之下。從三品。

[6]左都監：元帥府屬官。位在都元帥、左右副元帥、元帥左右監軍之下。從三品。　單州經略使：州官名。單州，治所在今河南省單縣。　完顔仲元：本姓郭。本書卷一〇三有傳。

[7]行元帥府：官署名。爲元帥府的派出機構。　宿州：治所在今安徽省宿州市。

張特立字文舉，[1]曹州東明人。[2]泰和三年中進士第，調宣德州司候。[3]郡多皇族巨室，特立律之以法，闔境肅然。調萊州節度判官，[4]不赴，躬耕杞之圉城，[5]以經學自樂。正大初，[6]左丞侯摯、參政師安石薦其才，[7]授洛陽令。[8]

[1]張特立：《元史》卷一九九有《張特立傳》。

[2]曹州：治所在今山東省菏澤市。　東明：縣名。治所在今山東省東明縣東南東明集。

[3]宣德州司候：州官名。司候，諸防禦州司候司長官。正九品。宣德州，治所在今河北省宣化縣。

[4]萊州節度判官：節度州屬官。正七品。萊州，治所在今山東省萊州市。

[5]杞：縣名。治所在今河南省杞縣。　圉城：鎮名。在今河南省杞縣南。原本作"韋城"，從中華點校本改。

[6]正大：金哀宗年號（1224—1232）。

[7]侯摯：初名師尹，字莘卿。本書卷一〇八有傳。　師安石：字子安，本姓尹。本書卷一〇八有傳。

[8]洛陽令：縣長官。洛陽縣，治所在今河南省洛陽市。

四年，拜監察御史。拜章言："鎬厲二宅，[1]久加禁錮，棘圍柝警，如防寇盜。近降赦恩，謀反大逆皆蒙湔雪，彼獨何罪，幽囚若是。世宗神靈在天，得無傷其心乎。聖嗣未立，未必不由是也。"又言："方今三面受敵，百姓凋敝，宰執非才，[2]臣恐中興之功未可以歲月期也。"又言："尚書右丞顏盞世魯遣其奴與小民爭田，[3]失大臣體。參知政事徒單兀典諂事近習，[4]得居其位。皆宜罷之。”

[1]鎬厲：指金世宗子永中。鎬爲其封號，厲爲其謚號。本書卷八五有傳。　二宅：指鎬厲王永中與衛紹王永濟二族。本書卷一七《哀宗紀》天興元年（1232）四月，“釋鎬厲王、衛紹王二族禁錮，聽自便”。本文“鎬厲”與“二宅”之間，應脱“衛紹”二字。中華點校本在“鎬”與“厲”之間加頓號，誤。

[2]宰執：宰相與執政官。金於尚書省設尚書令一員、左右丞相各一員、平章政事二員，爲宰相，設左右丞各一員、參知政事二員，爲執政官。

[3]尚書右丞：尚書省屬官。爲執政官，宰相之貳，佐治省事。正二品。　顔盞世魯：本書關於顔盞世魯的記載甚爲混亂。本書卷一七《哀宗紀》中兩見：一是在正大五年（1228）八月，“參知政事白撒爲尚書右丞，太常卿顔盞世魯權參知政事”；一是天興元年七月，“尚書右丞顔盞世魯罷”。是知其爲相不會超過四年。本書卷一一四《斜卯愛實傳》“右丞顔盞世魯居相位已七八年”，誤。本卷稱其爲右丞繫於正大四年之下，卷一一三《完顔賽不傳》稱其爲左丞，也繫於正大四年，皆誤。唯本書卷一一三《白撒傳》稱其爲右丞，繫於天興元年是正確的。又，《元史》卷一九九《張特立傳》作“顔盞石魯”，應是同音異譯。

[4]徒單兀典：本書卷一一六有傳。

當路者忌其直，陰有以擠之。因劾省掾高楨輩受請托，[1]飲娼家。時平章政事白撒犒軍陝西歸，[2]楨等泣訴于道，以當時同席并有省掾王賓，[3]張爲其進士故不劾。白撒以其私且不實，并治特立及賓。特立左遷邳州軍事判官，[4]杖五十，賓亦勒停。士論皆惜特立之去。後卒癸丑歲，年七十五。

［1］省掾：指尚書省所屬佐貳官。　高楨：本書卷八四有傳。

［2］平章政事：爲宰相，掌丞天子，平章萬機。從一品。　白撒：本書卷一一三有傳。

［3］王賓：本書僅此一見。

［4］邳州軍事判官：刺史州屬官。從八品。邳州，治所在今江蘇省睢寧縣西北古邳鎮東。“事”，原本作“士”，從中華點校本改。

王浩，由吏起身，初辟涇陽令，[1]廉白爲關輔第一。[2]時西臺檄州縣增植棗果，[3]督責嚴急，民甚被擾，浩獨無所問，主司將坐之，浩曰：“是縣所植已滿其數，若欲增植，必盗他人所有，取彼置此，未見其利。”其愛民多此類。所在有善政，民絲毫無所犯，秦人爲立生祠，[4]歲時思之。

［1］涇陽令：縣長官。涇陽，縣名，治所在今陝西省涇陽縣。

［2］關輔：地區名。關中與三輔的合稱。大約相當於今陝西省關中地區。

［3］西臺：宋稱“陝西諸道行御使臺”爲西臺，金沿舊稱。

［4］秦：代指關輔地區。

南遷後，爲扶溝令。[1]開興元年正月，[2]民錢大亨等執縣官送款于北，[3]大亨以浩有恩於民，不忍加刃，日遣所知勸之降，浩終不聽，於是殺之，無血。主簿劉坦、尉宋乙並見害。[4]棄屍道路，自春徂夏，獨浩屍儼然如生，目且不瞑，烏犬莫敢近，殆若有神護者。

[1]扶溝令：縣長官。扶溝，縣名，治所在今河南省扶溝縣。

[2]開興：金哀宗年號（1232）。

[3]錢大亨：本書僅見於此。

[4]劉坦：本書僅此一見。　宋乙：本書僅此一見。

初，辟舉法行，縣官甚多得人，如咸寧令張天綱、長安令李獻甫、洛陽令張特立三人有傳。[1]餘如興平師夔、臨潼武天禎、汜水党君玉、偃師王登庸、高陵宋九嘉、登封薛居中、長社李天翼、河津孫鼎臣、郟城李無黨、滎陽李過庭、尉氏張瑜、長葛張子玉、猗氏安德璋、三原蕭邦傑、藍田張德直、葉縣劉從益皆清慎才敏，[2]極一時之選，而能扶持百年將傾之祚者，亦曰吏得其人故也。

[1]咸寧令：縣長官。咸寧，縣名，治所在今陝西省西安市。　張天綱：字正卿。見本書卷一一九。　長安令：縣長官。長安，縣名，治所在今陝西省西安市。　李獻甫：字欽用。本書卷一一〇有傳。　三人：施國祁《金史詳校》卷一〇認爲當作"五人"。

[2]興平：縣名。治所在今陝西省興平市。　師夔：本書僅此一見。　臨潼：縣名。治所在今陝西省臨潼縣。　武天禎：本書僅此一見。　汜水：縣名。治所在今河南省滎陽市西北。按，"汜"，原本作"氾"，古書中二字多混用。《漢書》作"氾水"，讀如"祀"。《水經》始作"汜水"，後人多從《水經》。顏師古謂，此水舊讀音"凡"，今彼鄉人呼之爲祀。　党君玉：本書僅此一見。　偃師：縣名。治所在今河南省偃師市東。　王登庸：本書僅此一

見。　高陵：縣名。治所在今陝西省高陵縣。　宋九嘉：字飛卿。本書卷一二六有傳。　登封：縣名。治所在今河南省登封市。　薛居中：本書僅此一見。　長社：縣名。治所在今河南省許昌市。　李天翼：本書僅見於此。　河津：縣名。治所在今山西省河津市東南。　孫鼎臣：本書僅此一見。　郟城：縣名。治所在今河南省郟縣。　李無黨：見於本書卷一一六與一二八。　滎陽：縣名。治所在今河南省滎陽市。　李過庭：本書僅此一見。　尉氏：縣名。治所在今河南省尉氏縣。　張瑜：本書僅此一見。　長葛：縣名。治所在今河南省長葛市東北。　張子玉：本書僅此一見。　猗氏：縣名。治所在今山西省臨猗縣。　安德璋：本書僅此一見。　三原：縣名。治所在今陝西省三原縣境。　蕭邦傑：本書僅此一見。　藍田：縣名。治所在今陝西省藍田縣。　張德直：本書僅此一見。　葉縣：縣名。治所在今河南省葉縣南。　劉從益：字雲卿。本書卷一二六有傳。

金史　卷一二九

列傳第六十七

酷吏

高閭山　蒲察合住

太史公有言，[1]“法家嚴而少恩”。信哉斯言也。金法嚴密，律文雖因前代而增損之，大抵多準重典。熙宗迭興大獄，[2]海陵翦滅宗室，[3]鈎棘傅會，告奸上變者賞以不次。於是中外風俗一變，咸尚威虐以爲事功，而讒賊作焉，流毒遠邇，慘矣。金史多闕逸，[4]據其舊録得二人焉，作《酷吏傳》。

[1]太史公：漢司馬談爲太史令，其子遷繼之，皆稱太史公。

[2]熙宗：廟號。即完顔合剌，漢名亶。金朝第三任皇帝，1135年至1149年在位。

[3]海陵：封號。即完顔迪古迺，漢名亮。金朝第四任皇帝，1149年至1161年在位。

［4］闕：同“缺”。

高閭山，澄州析木人。[1]選充護衛，[2]調順義軍節度副使，[3]轉唐括、移剌都乣詳穩，[4]改震武軍節度副使、曹王府尉、大名治中。[5]遷汝州刺史，[6]改單州。[7]制禁不依法用杖决人者，閭山見之，笑曰：“此亦難行。”是日，特用大杖杖死部民楊仙，[8]坐削一官，解職。久之，降鳳翔治中，[9]歷原州、濟州、泗州刺史，[10]改鄭州防禦使，[11]遷蒲與路節度使，[12]移臨海軍、盤安軍、寧昌軍。[13]貞祐二年，[14]城破，死之。

［1］澄州：治所在今遼寧省海城市。　析木：縣名。治所在今遼寧省海城市西南四十里析木城。

［2］護衛：皇宫的衛戍部隊。定員二百人，由五至七品官子孫及宗室、親軍、諸局分承應人中選拔，考試合格方可録用，負責皇宫的警衛及行從宿衛。

［3］順義軍節度副使：節度使佐貳，協助節度使掌鎮撫諸軍防刺，分判本鎮兵馬之事，處理本州政務。從五品。順義軍設在朔州，治所在今山西省朔州市。

［4］唐括、移剌都乣詳穩：即唐括都乣詳穩與移剌都乣詳穩。唐括又作唐古，移剌都又作耶剌都、移剌，皆屬西京路。詳穩，邊戍之官，掌撫輯軍户，守戍邊堡，餘同謀克，從五品。

［5］震武軍節度副使：節度使佐貳。從五品。震武軍設在代州，治所在今山西省代縣。　曹王府尉：親王府屬官。掌警嚴侍從，總統本府之事。從四品。曹王，封爵名，大定格，爲大國封號第二十，此處指世宗子完顔永升，本書卷八五有傳。　大名治中：府官名。大名即大名府，治所在今河北省大名縣東。治中爲府尹屬官，

本書《百官志》不載。據本書卷八五《永功傳》，“家奴王唐犯罪至徒，永功曲庇之。平陽治中高德裔失覺察，笞四十”，則此官當是負責本府司法工作。據本書卷一二八《孫德淵傳》，“歷大興治中、同知府事”，《武都傳》，“調太原治中，復爲都轉運副使”，《紇石烈德傳》，歷“大名治中、安、曹、裕三州刺史”，同知府事爲從四品，都轉運副使爲正五品，刺史爲正五品，則此官當爲五品官。

[6]汝州刺史：刺史州長官。總理本州政務。正五品。汝州，治所在今河南省汝州市。

[7]單州：此指單州刺史。正五品。單州，治所在今山東省單縣。

[8]楊仙：本書僅此一見。

[9]鳳翔治中：府官名。鳳翔即鳳翔府，治所在今陝西省鳳翔縣。

[10]原州：此指原州刺史，爲刺史州長官。正五品。治所在今寧夏回族自治區固原市。　濟州：此指濟州刺史，爲刺史州長官。治所在今山東省濟寧市。　泗州刺史：刺史州長官。治所在今江蘇省盱眙縣北。

[11]鄭州防禦使：防禦州長官。掌防捍不虞，禦制盜賊，總理本州政務。從四品。鄭州，治所在今河南省鄭州市。

[12]蒲與路節度使：蒲與路長官。掌鎮撫諸軍防刺，總判本鎮兵馬之事，處理本州政務。從三品。蒲與路，路名，隸屬於上京路，治所在今黑龍江省克東縣東北金城鄉古城村。

[13]臨海軍：此指臨海軍節度使，爲節度州長官。臨海軍設在錦州，治所在今遼寧省錦州市。原本脱“軍”字，從中華點校本補。　盤安軍：此指盤安軍節度使，爲節度州長官。從三品。盤安軍設在全州，治所在今内蒙古自治區赤峰市北一百八十里的烏丹城；一説在今内蒙古自治區翁牛特旗。　寧昌軍：此指寧昌軍節度使，爲節度州長官。從三品。寧昌軍設在懿州，治所在今遼寧省阜

新市塔營子古城。

[14]貞祐：金宣宗年號（1213—1216）。

蒲察合住，以吏起身，久爲宣宗所信，[1]聲勢烜赫，性復殘刻，人知其蠹國而莫敢言。其子充護衛，先逐出之。繼而合住爲恒州刺史，[2]需次近縣。後大兵入陜西，關中震動，或言合住赴恒州，爲北走計，朝廷命開封羈其親屬，[3]合住出怨言曰："殺却我即太平矣。"尋爲御史所劾，[4]初議笞贖，宰相以爲悖理，[5]斬於開封府門之下。故當時有宣朝三賊之目，謂王阿里、蒲察咬住，[6]合住其一也。

[1]宣宗：廟號。即完顔吾睹補，漢名珣。金朝第八任皇帝，1213年至1223年在位。

[2]恒州刺史：爲刺史州長官。正五品。恒州，治所在今河北省正定縣。本書卷一七《哀宗紀》正大元年（1224）正月"祕書監、權吏部侍郎蒲察合住改恒州刺史"。

[3]開封：府名。治所在今河南省開封市。

[4]御史：官名。御史臺長官爲御史大夫，正三品，大定十二年（1172）升爲從二品。屬官有御史中丞、侍御史、治書侍御史、殿中侍御史、監察御史等。掌糾察朝儀、彈劾官邪、勘鞫官府公事，審斷所屬部門理斷不當引起上訴的案件。此不詳何指。

[5]宰相：金於尚書省設尚書令一員、左右丞相各一員、平章政事二員，爲宰相。　悖：原本作"情"，依殿本改。

[6]王阿里：官爲右司員外郎。見於本書卷九三、一〇六、一二九。　蒲察咬住：女真人。見於本書卷一一六、一二九。

興定中，[1]駙馬僕散阿海之獄，[2]京師宣勘七十餘所，阿里輩乘時起事以肆其毒，朝士惴惴莫克自保，[3]惟獨吉文之在開封府幕，[4]明其不反，竟不署字，阿海誅，文之亦無所問。

[1]興定：金宣宗年號（1217—1222）。

[2]駙馬：官名。全稱駙馬都尉。正四品。　僕散阿海：女真人。本名阿海，漢名安貞。本書卷一〇二有傳，《宋史》卷四〇三《賈涉傳》作僕散萬忠。

[3]朝士惴惴莫克自保：惴惴，原本作“喘喘”，據中華點校本改。

[4]獨吉文之：本書僅此一見。

咬住，正大初致仕，[1]居睢陽，[2]潰軍變，與其家皆被殺。

[1]正大：金哀宗年號（1224—1232）。

[2]睢陽：縣名。治所在原河南省商丘縣南。

初，宣宗喜刑罰，朝士往往被笞楚，至用刀杖決殺言者。高琪用事，[1]威刑自恣。南渡之後習以成風，雖士大夫亦爲所移。如徒單右丞思忠好用麻椎擊人，[2]號“麻椎相公”。李運使特立號“半截劍”，[3]言其短小鋒利也。馮内翰璧號“馮劊”。[4]雷淵爲御史，[5]至蔡州得奸豪，[6]杖殺五百人，號曰“雷半千”。又有完顏麻斤出，[7]皆以酷聞，而合住、王阿里、李涣之徒，[8]胥吏中尤狡刻者也。

［1］高琪：女真人。即术虎高琪。本書卷一〇六有傳。

［2］徒單右丞思忠：女真人。徒單思忠字良弼，本名寧慶。本書卷一二〇有傳。右丞，爲執政官，宰相之貳，佐治省事。正二品。

［3］李運使特立：李特立，見於此及本書卷一〇二，官爲南京都轉運使行六部事。運使，即轉運使的簡稱，爲轉運司長官，掌稅賦錢穀，倉庫出納及度量之制。正三品。

［4］馮内翰璧：馮璧字叔獻。本書卷一一〇有傳。内翰，唐宋稱翰林爲内翰。馮璧嘗任應奉翰林文字，故稱馮内翰璧。

［5］雷淵：字希顔，一字季默。本書卷一一〇有傳。　御史：此指監察御史，御史臺屬官。掌糾察内外非違、刷磨諸司察帳並監祭禮及出使之事。正員十二人，正七品。

［6］蔡州：州名。治所在今河南省汝南縣。

［7］完顔麻斤出：女真人。曾任户部侍郎、知開封府事，因吊慰蒙古，奉使無狀除名。後奉命决黄河堤以衛京師，逢蒙古軍被殺。

［8］李涣：官至司農卿、權户部尚書。也見於本書卷一八。

佞　幸

蕭肄　張仲軻　李通　馬欽　高懷貞　蕭裕　胥持國

世之有嗜慾者，何嘗不被其害哉。龍，天下之至神也，一有嗜慾，見制於人，故人君亦然。嗜欲不獨柔曼之傾意也，征伐、畋獵、土木、神仙，彼爲佞者皆有以投其所好焉。金主内蠱聲色，外好大喜功，莫甚於熙宗、海陵，而章宗次之。[1]金史自蕭肄至胥持國得佞臣之尤者七人，皆被寵遇於三君之朝，以亡其身，以蠹其國，其禍皆始於此，可不戒哉。作《佞幸傳》。

[1]章宗：廟號。本名完顔麻達葛，漢名璟。1190年至1208年在位。

蕭肄，本奚人，有寵於熙宗，復諂事悼后，[1]累官參知政事。[2]皇統九年四月壬申夜，[3]大風雨，雷電震壞寢殿鴟尾，有火自外入，燒内寢幃幔。帝徙别殿避之，欲下詔罪己，翰林學士張鈞視草。[4]鈞意，欲奉答天戒，當深自貶損，其文有曰："惟德弗類，上干天威"及"顧兹寡昧眇予小子"等語。肄譯奏曰："弗類是大無道，寡者孤獨無親，昧則於人事弗曉，眇則目無所見，小子嬰孩之稱，此漢人托文字以詈主上也。"帝大怒，命衛士拽鈞下殿，榜之數百，不死，以手劍剺其口而醢之。[5]賜肄通天犀帶。

[1]悼后：女真人。即金熙宗悼平皇后。本書卷六三有傳。

[2]參知政事：執政官。爲宰相之貳，佐治省事。從二品。始設於天眷元年（1138）。按，本書卷四《熙宗紀》，皇統七年（1147）九月，"祕書監蕭肄爲參知政事"。

[3]皇統：金熙宗年號（1141—1149）。

[4]翰林學士：翰林學士院屬官。掌制撰詞命文字，凡應奉文字，銜内帶"知制誥"。正三品。　張鈞：始事遼，爲鴻臚少卿、遼興軍節度掌書記，因張覺歸降來朝，除徽猷閣待制。後仕齊。齊廢後爲行臺禮部侍郎。關於張鈞之死，《桯史》卷一二記載，"亶

大怒，亟召鈞至，詰其説，未及對，以手劍剺其口，棘而醢之”，與本書記載小異。《建炎以來繫年要録》卷一五九記張鈞當時的官職是翰林學士承旨，《桯史》則稱其爲當制學士。本書《百官志》無當制學士，此應是宋人對金國翰林學士承旨的俗稱。故張鈞的官職應以翰林學士承旨爲是。

[5]剺（lí）：同“𠠿”。

憑恃恩倖，倨視同列，遂與海陵有惡。及篡立，加大臣官爵，例加銀青光禄大夫。[1]數日，召肄詰之曰：“學士張鈞何罪被誅，爾何功受賞？”肄不能對。海陵曰：“朕殺汝無難事，人或以我報私怨也。”於是，詔除名，放歸田里，禁錮不得出百里外。

[1]銀青光禄大夫：文散官。本書卷五五《百官志一》作“銀青榮禄大夫”，爲正二品下階。

張仲軻幼名牛兒，市井無賴，説傳奇小説、雜以俳優詼諧語爲業。[1]海陵引之左右，以資戲笑。海陵封岐國王，[2]以爲書表，[3]及即位，爲祕書郎。[4]

[1]雜以俳優詼諧語爲業：“詼”，原本作“談”，此據殿本改。

[2]岐國王：封爵名。天眷格，《大金集禮》爲次國封號第十，《金史·百官志》爲第八。

[3]書表：又稱書表官，隨朝承應者稱隨朝書表，百司承應者稱隨府書表。此爲隨府書表。

[4]祕書郎：秘書監屬官。掌經籍圖書。正員二人，正七品。

海陵嘗對仲軻與妃嬪褻瀆，仲軻但稱死罪，不敢仰視。又嘗令仲軻裸形以觀之，侍臣往往令裸裼，雖徒單貞亦不免此。[1]兵部侍郎完顏普連、大興少尹李惇皆以贓敗，[2]海陵置之要近。伶人于慶兒官五品，[3]大氏家奴王之彰爲祕書郎。[4]之彰睪珠偏僻，[5]海陵親視之不以爲褻。唐括辯家奴和尚，[6]烏帶家奴葛温、葛魯，[7]皆置宿衛，有僥倖至一品者。左右或無官職人，或以名呼之，即授以顯階，海陵語其人曰："爾復能名之乎。"常置黄金裀褥間，喜之者令自取之，其濫賜如此。

[1]徒單貞：女真人。本名特思。本書卷一三二有傳。

[2]兵部侍郎：尚書兵部屬官。協助兵部尚書掌兵籍、軍器、城隍、鎮戍、厩牧、鋪驛、車輅、儀仗、郡邑圖志、險阻、障塞、遠方歸化等事。正四品。　完顏普連：女真人。本書僅見於此及卷五。　大興少尹：府官名。大興即大興府，治所在今北京市。少尹爲府尹佐貳，協助府尹處理本府政務。正五品。　李惇：後官至吏部尚書。本書見於卷五、一二九。

[3]于慶兒：本書僅此一見。

[4]王之彰：本書僅見於此卷。

[5]睪：百衲本、殿本皆作"置"，不可解。此從中華點校本改。

[6]唐括辯：女真人。本名斡骨剌。本書卷一三二有傳。　和尚：本書共十三人名和尚，此人僅此一見。

[7]烏帶：女真人。漢名言。本書卷一三二有傳。　葛温、葛魯：本書皆見於卷六三、一二九。

宋余唐弼賀登寶位，[1]且還，海陵以玉帶附賜宋帝，使謂宋帝曰："此帶卿父所常服，今以爲賜，使卿如見而父，當不忘朕意也。"使退，仲軻曰："此希世之寶，可惜輕賜。"上曰："江南之地，他日當爲我有，此置之外府耳。"由是知海陵有南伐之意。

[1]余唐弼：據《宋史》卷三〇《高宗紀》，應爲余堯弼。此及本書卷六〇《交聘表上》並爲余唐弼，當是爲避金世宗父諱而改。

俄遷祕書丞，[1]轉少監。[2]是時，營建燕京宫室，[3]有司取真定府潭園材木，[4]仲軻乘間言其中材木不可用，海陵意仲軻受請托，免仲軻官。未幾，復用爲少監。

[1]祕書丞：秘書監屬官。正六品。

[2]少監：秘書監屬官。正五品。

[3]燕京：京路名。遼開泰元年（1012）建號燕京，金初因之，金貞元元年（1153）遷都於此，改名中都。治所在今北京市。

[4]真定府：治所在今河北省正定縣。　潭園：園林名。在真定府。

海陵獵于途你山，[1]次于鐸瓦，[2]酹天而拜，謂群臣曰："朕幼時習射，至一門下，默祝曰：'若我異日大貴，當使一矢横加門脊上。'及射，果横加門脊上。後爲中京留守，[3]嘗大獵于此地，圍未合，禱曰：'我若有大位，百步之内當獲三鹿。若止爲公相，獲一而已。'於是不及百步連獲三鹿。又祝曰：'若統一海内，當復獲一大鹿。'於是果獲一大鹿。此事嘗與蕭裕言之，[4]朕今復至此地，故拜奠焉。”海陵意欲取江南，故先設機祥以諷群臣，是以仲軻每先逢其意，導之南伐。

[1]途你山：本書僅見於此及卷五《海陵紀》。“你”本作“儞”，古“爾”字。途你山當即兔爾山，亦作圖爾山。《遼史拾遺補》引毛奇齡説，謂在黑山（山在慶州北三十里）之北。

[2]鐸瓦：地名。在由遼上京至中京的途中，具體地點不詳。

[3]中京留守：爲中京留守司長官，例兼本府府尹、本路兵馬都總管。正三品。中京，京路名，治所在今内蒙古自治區寧城縣西大明城。

[4]蕭裕：奚人。本名遥折。本卷有傳。

貞元二年正月，[1]宋賀正旦使施巨朝辭，[2]海陵使左宣徽使敬嗣暉問施巨曰：[3]“宋國幾科取士?”對曰：“詩賦、經義、策論兼行。”又問：“秦檜作何官，[4]年今幾何?”對曰：“檜爲尚書左僕射、中書門下平章事，[5]年六十五矣。”復謂之曰：“我聞秦檜賢，故問之。”

[1]貞元：金海陵王年號（1153—1156）。

[2]施巨：本書僅此一見。《三朝北盟會編》作施鉅，字大在。

[3]左宣徽使：宣徽院長官。掌朝會、燕享、殿庭禮儀，監知御膳。正三品。　敬嗣暉：本書卷九一有傳。

[4]秦檜：《宋史》卷四七三有傳。

[5]尚書左僕射、中書門下平章事：宋官名。南宋初以左、右僕射爲宰相。宋建炎三年（1129），並中書省與門下省爲一省，稱中書門下省，中書門下平章事爲中書門下省屬官，爲宰相加銜。

正隆二年，[1]仲軻爲左諫議大夫，[2]修起居注，[3]但食諫議俸，不得言事。三年正月，宋賀正使孫道夫陛辭，[4]海陵使左宣徽使敬嗣暉諭之曰："歸白爾帝，事我上國多有不誠，今略舉二事：爾民有逃入我境者，邊吏皆即發還，我民有逃叛入爾境者，有司索之往往托辭不發，一也。爾於沿邊盜買鞍馬，備戰陣，二也。且馬待人而後可用，如無其人，得馬百萬亦奚以爲？我亦豈能無備。且我不取爾國則已，如欲取之，固非難事。我聞接納叛亡、盜買鞍馬，皆爾國楊太尉所爲，[5]常因俘獲問知其人，無能爲者也。"又曰："聞秦檜已死，果否？"道夫對曰："檜實死矣，陪臣亦檜所薦用者。"又曰："爾國比來行事，殊不似秦檜時何也？"道夫曰："容陪臣還國，一一具聞宋帝。"海陵蓋欲南伐，故先設納叛亡、盜買馬二事，而雜以他辭言之。

[1]正隆：金海陵王年號（1156—1161）。

[2]左諫議大夫：諫院長官。正四品。

[3]修起居注：記注院長官，例由尚書省左右司首領官兼任。負責記録皇帝言行。

[4]孫道夫：本書見於卷六〇、一二五、一二九。

[5]楊太尉：不詳。本書僅此一見。

海陵召仲軻、右補闕馬欽、校書郎田與信、直長習失入便殿侍坐。[1]海陵與仲軻論《漢書》，謂仲軻曰："漢之封疆不過七八千里，今吾國幅員萬里，可謂大矣。"仲軻曰："本朝疆土雖大，而天下有四主，南有宋，東有高麗，西有夏，若能一之，迺爲大耳。”海陵曰：“彼且何罪而伐之？”仲軻曰：“臣聞宋人買馬修器械，招納山東叛亡，[2]豈得爲無罪。”海陵喜曰：“向者梁珫嘗爲朕言，[3]宋有劉貴妃者姿質豔美，[4]蜀之華蕊、吴之西施所不及也。[5]今一舉而兩得之，俗所謂‘因行掉手’也。江南聞我舉兵，必遠竄耳。”欽與與信俱對曰：“海島、蠻越，臣等皆知道路，彼將安往。”欽又曰：“臣在宋時，嘗帥軍征蠻，所以知也。”海陵謂習失曰：“汝敢戰乎？”對曰：“受恩日久，死亦何避。”海陵曰：“汝料彼敢出兵否，彼若出兵，汝果能死敵乎？”習失良久曰：“臣雖懦弱，亦將與之爲敵矣。”海陵曰：“彼將出兵何地？”曰：“不過淮上耳。”[6]海陵曰：“然則天與我也。”既而曰：“朕舉兵滅宋，遠不過二三年，然後討平高麗、夏國。一統之後，論功遷秩，分賞將士，彼必忘勞矣。”

四年三月，仲軻死。冬至前一夕，海陵夢仲軻求酒，既覺，嗟悼良久，遣使者奠其墓。

[1]右補闕：諫院屬官。正七品。　馬欽：本卷有傳。　校書郎：秘書監屬官。專掌校勘在監文籍。從七品。　田與信：本書見於卷一二九、一三一。　直長：指武庫直長，爲殿前都點檢司下屬機構武庫署屬官。協助武庫署令掌收貯諸路常課甲仗。正八品。　習失：見於本書卷六三與此。

[2]山東：路名。指山東東路與山東西路。山東東路治所在今山東省青州市，山東西路治所在今山東省東平縣。

[3]梁珫：本書卷一三一有傳。

[4]劉貴妃：按，南宋此時有劉貴妃名希，浙江錢塘（今浙江省杭州市）人。宋紹興十八年（1148）入宫，後封明達貴妃。掌管御前文字，善繪畫。《宋史》卷二四三有劉貴妃，臨安人，入宫爲紅霞帔，宋紹興二十四年封爲貴妃，淳熙十四年（1187）死。疑爲同一人。待考。

[5]蜀之華蕊：蜀，國名，爲五代十國之一。華蕊即花蕊夫人，爲前蜀王建之妾，號小徐姬，有才色，後隨王衍歸唐，中途遇害。另一花蕊夫人是後蜀孟昶之夫人，青城人，効王建作宫詞百首，國亡入宋。此稱“蜀華蕊”，當指此二人。　吴之西施：吴國之西施。西施，春秋末越人。姓施，一作先施，又稱西子。因家於苧蘿（今浙江省諸暨市以南）浣紗村西而得名。越王勾踐依范蠡計將西施獻給吴王夫差以媾和。後越滅吴，西施乃與范蠡隱居太湖，不知所終。

[6]淮：即今淮河。

李通，以便辟側媚得幸於海陵。累官右司郎中，[1]遷吏部尚書。[2]請謁賄賂輻湊其門。正隆二年正月乙酉，詔左右司御史中丞以下奏事便殿，[3]海陵曰：“知子莫若父，知臣莫若君，朕嘗試之矣。朕詢及人材，汝等若不舉同類，必舉其相善者。朕聞女直、契丹之仕進者，必賴刑部尚書烏帶、簽書樞密遥設爲之先容，[4]左司員外郎阿里骨列任其事。[5]渤海、漢人仕進者，必賴吏部尚書李通、户部尚書許霖爲之先容，[6]左司郎中王蔚任其事。[7]凡在仕版，朕識者寡，不識者衆，莫非人臣，豈有遠近親疏之異哉。苟奉職無愆，尚書、侍郎、節度使便可得，[8]萬一獲罪，必罰無赦。”頃之，拜參知政事。

［1］右司郎中：尚書省下屬機構右司負責人。掌本司奏事，總察兵、刑、工三部受事付事，兼帶修起居注。正五品。

［2］吏部尚書：尚書吏部長官。掌文武選授、勳封、考課、出給制誥等政事。正三品。本書卷五《海陵紀》與卷六〇《交聘表上》皆載李通曾爲左司郎中。應在此之前。

［3］左右司：此指尚書省左、右司所屬官員，即左、右司郎中，左、右司員外郎，左、右司都事。　御史中丞：御史臺屬官。協助御史大夫掌糾察朝儀、彈劾官邪、勘鞫官府公事，審斷所屬部門理斷不當引起上訴的案件。從三品。

［4］刑部尚書：尚書刑部長官。掌律令、刑名、監户、官户、配隸、功賞、捕亡等事。正三品。　簽書樞密：即簽書樞密院事，樞密院屬官，協助樞密使掌武備機密之事。正三品。　遥設：白彦敬本名遥設。部羅火部族人。本書卷八四有傳。

［5］左司員外郎：尚書省下屬機構左司負責人，參掌本司奏事，總察吏、户、禮三部受事付事，兼帶修起居注。正六品。　阿里骨列：本書僅此一見。

［6］户部尚書：尚書户部長官，掌户口、錢糧、田土的政令及貢賦出納、金幣轉通、府庫收藏等事。正三品。　許霖：天眷年間，曾與蔡松年等人結黨構陷田瑴，至釀成“田瑴之獄”。金貞元二年（1154），曾以吏部侍郎使宋。後官至左諫議大夫、户部尚書、左宣徽使、御史大夫。大定二年（1162），金世宗將其降官，放歸田里。大定五年曾與高懷貞一起被金世宗再度起用。

［7］左司郎中：尚書省下屬機構左司負責人。正五品。　王蔚：字叔文。本書卷九五有傳。

［8］尚書：尚書省下屬機構吏、户、禮、兵、刑、工六部的負責人皆稱尚書。正三品。　侍郎：尚書省六部的下屬官員。正四品。

海陵恃累世强盛，欲大肆征伐，以一天下，嘗曰：“天下一家，然後可以爲正統。”通揣知其意，遂與張仲軻、馬欽、宦者梁琉近習群小輩，盛談江南富庶，子女玉帛之多，逢其意而先道之。海陵信其言，以通爲謀主，遂議興兵伐江南。

四年二月，海陵諭宰相曰：“宋國雖臣服，有誓約而無誠實，比聞沿邊買馬及招納叛亡，不可不備。”遣使籍諸路猛安部族及州縣渤海丁壯充軍，[1]仍括諸道民馬。於是，遣使分往上京、速頻路、胡里改路、曷懶路、蒲與路、泰州、咸平府、東京、婆速路、曷蘇館、臨潢府、西南招討司、西北招討司、北京、河間府、真定府、益都府、東平府、大名府、西京路，[2]凡年二十以上、五十以下者皆籍之，[3]雖親老丁多，求一子留侍，亦不聽。

[1]猛安：女真族的地方設置、官長名稱及軍事編制、軍官名稱。此籍諸路猛安部族指地方設置的猛安。

[2]上京：京路名。治所在今黑龍江省阿城市白城。　速頻：路名。又作恤品。治所在今俄羅斯濱海邊疆區烏蘇里斯克（雙城子）。　胡里改：路名。治所在今黑龍江省依蘭縣喇嘛廟。　曷懶：路名。一作合懶路。治所在今朝鮮咸鏡南道咸興城南五里處。　泰州：州路名。治所一説在今黑龍江省泰來縣塔子城；一説在今吉林省洮南市城四家子村古城。　咸平府：府路名。治所在今遼寧省開原市開原老城。　曷蘇館：路名。治所在今遼寧省熊岳城西南七十里永寧城。　臨潢府：路名。治所在今内蒙古自治區巴林左旗林東鎮南波羅城。　西南招討司：官署名。掌招懷降附，征討携離。長官爲招討使，正三品。大定八年（1168）以前設在豐州，治所在今

内蒙古自治區呼和浩特市東南白塔村。大定八年以後設在應州，治所在今山西省應縣。　西北招討司：官署名。西北路招討司最初設在撫州，大定八年遷至桓州。撫州治所在今河北省張北縣，一説在今内蒙古自治區興和縣境内。桓州治所在今内蒙古自治區正藍旗南黑城子，後北遷三十里建新桓州城，在今内蒙古自治區正藍旗北四郎城。　北京：京路名。治所在今内蒙古自治區寧城縣西大明城。　河間：府名。爲河北東路首府，治所在今河北省河間市。　真定：府名。爲河北西路首府，治所在今河北省正定縣。　益都：府名。爲山東東路首府，治所在今山東省青州市。　東平：府名。爲山東西路首府，治所在今山東省東平縣。　大名：府路名。治所在今河北省大名縣東。　西京：京路名。治所在今山西省大同市。

［3］凡年二十以上、五十以下者皆籍之：按本書卷五《海陵紀》，正隆四年（1159）二月，“調諸路猛安謀克軍年二十以上、五十以下者，皆籍之，雖親老丁多亦不許留侍”，與此應是一事。可見此處所列二十路徵兵是針對其中的猛安謀克户的。此時漢、渤海人的猛安謀克已取消，故此處是針對契丹、女真、奚三族的徵兵。《三朝北盟會編》卷二四二引《正隆事跡記》所述較詳，“委户部尚書梁球，先計女真、契丹、奚家三色之軍，不限丁而盡役之”，“中原漢家、渤海之地一十七路，於内除燕山中都路造軍器，南京開封路修大内，俱免差焉，餘十五路，每路簽漢軍一萬人”。據本書卷五《海陵紀》，正隆五年七月“遣使簽諸路漢軍”，説明海陵徵兵是分爲兩個標準的。對漢人是每路徵萬人，有定額，對猛安謀克户則是無定額，“盡役之”。據本書卷二四《地理志上》“婆速府路”注，“此路皆猛安户”，可知此處所説爲契丹、女真、奚的徵兵。故此處應删“及州縣渤海丁壯”。又，下文所列舉的二十路無中都、南京，應是因另有差役，這兩路中的猛安謀克户的兵役也免除了。

五年十一月，使益都尹京等三十一人押諸路軍器於軍行要會處安置，[1]俟軍至分給之。其分給之餘與繕完不及者，皆聚而焚之。

[1]益都尹：府長官。益都即益都府。尹即府尹，掌宣風導俗，肅清所部，總判府事。正三品。　京：女真人。本名忽魯。本書卷七四有傳。

六年正月，海陵使通諭旨宋使徐度等曰：[1]"朕昔從梁王，[2]嘗居南京，[3]樂其風土。[4]帝王巡狩，自古有之。淮右多隙地，欲校獵其間，從兵不逾萬人。汝等歸告汝主，令有司宣諭朕意，使淮南之民無懷疑懼。"[5]

二月，通進拜右丞，詔曰："卿典領繕完兵械，今已畢功，朕嘉卿忠謹，故有是命，俟江南事畢，別當旌賞。"

[1]徐度：本書僅見於卷五及此。

[2]梁王：封爵名。天眷格，《大金集禮》爲大國封號第三，《金史·百官志》爲第二。此處指宗弼。

[3]南京：京路名。治所在今河南省開封市。

[4]風土："風"，原本作"夙"，據殿本改。

[5]淮南：宋路名。指淮南東、西路。淮南東路治所在今江蘇省揚州市，淮南西路治所在今安徽省合肥市。

四月，簽書樞密院事高景山爲賜宋帝生日使，[1]右司員外郎王全副之，[2]海陵謂全曰："汝見宋主，即面數其焚南京宮室、沿邊買馬、招致叛亡之罪，當令大臣某人某人來此，朕將親詰問之，且索漢、淮之地，如不從，即厲聲詆責之，彼必不敢害汝。”海陵蓋使王全激怒宋主，將以爲南伐之名也。謂景山曰：“回日，以全所言奏聞。”全至宋，一如海陵之言詆責宋主，宋主謂全曰：“聞公北方名家，何迺如是？”全復曰：“趙桓今已死矣。”[3]宋主遽起發哀而罷。

[1]高景山：海陵時曾以簽書樞密院事出使南宋，後統軍征宋，爲都統。本書見於卷五、六、六〇、八六、八七、一二九。

[2]右司員外郎：本書卷一〇五《劉樞傳》，“大定初，與左司郎中王蔚、右司員外郎王全俱出補外”，作“右司員外郎”，卷七六《襄傳》，“詔大興尹蕭玉、左丞良弼、權御史大夫張忠輔、左司員外郎王全雜治”，則作“左司員外郎”。　王全：本書共四人名王全。此人本書見於卷七六、一〇五、一二九。

[3]趙桓：即宋欽宗。1125 年至 1127 年在位。

海陵至南京，宋遣使賀遷都，海陵使韓汝嘉就境上止之曰：[1]“朕始至此，比聞北方小警，欲復歸中都，[2]無庸來賀。”宋使迺還。

[1]韓汝嘉：是時官爲翰林直學士。本書見於卷六〇、八九、一二九。

[2]中都：京路名。治所在今北京市。

於是，大括天下贏馬，官至七品聽留一馬，等而上之。并舊籍民馬，其在東者給西軍，在西者給東軍，東西交相往來，晝夜絡繹不絶，死者狼籍于道。其亡失多者，官吏懼罪或自殺。所過蹂踐民田，調發牽馬夫役。詔河南州縣所貯糧米以備大軍，[1]不得他用，而贏馬所至當給芻粟，無可給，有司以爲請，海陵曰："此方比歲民間儲畜尚多，[2]今禾稼滿野，贏馬可就牧田中，借令再歲不獲，亦何傷乎。"及徵發諸道工匠至京師，疫死者不可勝數，天下始騷然矣。調諸路馬以户口爲率，富室有至六十匹者。凡調馬五十六萬餘匹，[3]仍令本家養飼，以俟師期。

[1]河南：指南京路。

[2]儲畜：同"儲蓄"。

[3]調馬五十六萬餘匹：本書卷五《海陵紀》與此同。但是這個數字甚爲可疑。據《三朝北盟會編》卷二四二引《正隆事跡記》，海陵徵發猛安謀克兵計二十四萬人，漢、渤海兵計十五萬人，共三十九萬人，而馬却有五十六萬匹之多。據本書卷六《世宗紀上》，大定二年（1162）正月"命河北、山東、陝西等路征南步軍並放還家"，説明南征軍中還有相當一部分步兵。本書卷一三三《窩斡傳》，"此去賊八十里，比遇賊馬已憊"，卷八七《僕散忠義傳》，"選馬一萬二千，阿里喜稱是"，都證明女真騎兵多爲一人一騎，無備用馬。則括馬數必不能如此之多。

海陵因出獵，遂至通州觀造戰船，[1]籍諸路水手得三萬餘人。及東海縣人張旺、徐元反，[2]遣都水監徐文等率師浮海討之，[3]海陵曰："朕意不在一邑，將試舟師耳。"

[1]通州：治所在今北京市通州區。

［2］東海縣：治所在今江蘇省連雲港市南。　張旺：本書見於卷五、七九、一二九。　徐元：本書見於卷五、七九、一二九。

［3］都水監：都水監長官。掌川澤、津梁、舟楫、河渠之事。正四品。　徐文：字彥武。本書卷七九有傳。

於是，民不堪命，盜賊蜂起，大者連城邑，小者保山澤，遣護衛普連二十四人，[1]各授甲士五十人，分往山東、河北、河東、中都等路節鎮州郡屯駐，[2]捕捉盜賊。以護衛頑犀爲定武軍節度副使，[3]尚賢爲安武軍節度副使，[4]蒲甲爲昭義軍節度副使，[5]皆給銀牌，[6]使督責之。是時，山東賊犯沂州，[7]臨沂令胡撒力戰而死。[8]大名府賊王九等據城叛，[9]衆至數萬。契丹邊六斤、王三輩皆以十數騎張旗幟，[10]白晝公行，官軍不敢誰何，所過州縣開劫府庫物置于市，令人攘取之，小人皆喜賊至，而良民不勝其害。太府監高彥福、大理正耶律道、翰林待制大穎出使還朝，[11]皆言盜賊事，海陵惡聞，怒而杖之，穎仍除名，自是人人不復敢言。

［1］普連：女真人。即完顏普連。本書見於卷五、一二九。

［2］河北：路名。天會七年（1129）析置河北東、西路。河北東路治所在今河北省河間市，河北西路治所在今河北省正定縣。　河東：路名。指河東南、北路。河東北路治所在今山西省太原市，河東南路治所在今山西省臨汾市。

［3］頑犀：本書僅此一見。　定武軍節度副使：節度使佐貳。從五品。定武軍設在定州，治所在今河北省定州市。

［4］尚賢：本書僅此一見。　安武軍：設在冀州，治所在今河北省冀州市。

［5］蒲甲：本書僅此一見。　昭義軍：設在潞州，治所在今山西省長治市。

［6］銀牌：金代牌符的一種。金太祖時始製金牌、銀牌、木牌，分賜給萬户、猛安、謀克等官佩帶，以爲符信。

［7］沂州：治所在今山東省臨沂市。

［8］臨沂令：縣長官。掌養百姓、按察所部、宣導風化、勸課農桑、平理獄訟、捕除盜賊、禁止游惰，兼管常平倉及通檢推排簿籍。小縣爲從七品，大縣爲正七品。臨沂，縣名，治所在今山東省臨沂市。　胡撒：本書僅此一見。

［9］王九：本書見於卷五、一二九。

［10］邊六斤：本書僅此一見。　王三：本書僅此一見。

［11］太府監：官名。太府監長官。掌出納邦國財用錢穀之事。正四品。　高彦福：本書僅此一見。　大理正：大理寺屬官。協助大理卿掌審斷天下奏案、詳核疑獄。正六品。　耶律道：契丹人。即移剌道，本名趙三。本書卷八八有傳。按本傳，其時官爲“大理丞兼工部員外郎”，與此異。　翰林待制：翰林學士院屬官。分掌詞命文字，分判院事，凡應奉文字，銜内帶“同知制誥”。正五品。　大潁：本書見於卷六、一二九。

海陵自將，分諸道兵爲神策、神威、神捷、神鋭、神毅、神翼、神勇、神果、神略、神鋒、武勝、武定、武威、武安、武捷、武平、武成、武毅、武鋭、武揚、武翼、武震、威定、威信、威勝、威捷、威烈、威毅、威震、威略、威果、威勇三十二軍，置都總管、副總管各一員，[1]分隸左右領軍大都督及三道都統制府。[2]置諸軍巡察使、副各一員。[3]以太保奔睹爲左領軍大都督，[4]通爲副大都督。海陵以奔睹舊將，使帥諸軍，以從人望，實使通專其事。

[1]都總管：海陵南征時所設臨時性軍官稱號，隸屬於左、右領軍大都督府，各負責總領本部軍對宋作戰。南征失敗後取消，故本書《百官志》不載。

[2]左右領軍大都督：海陵南征時所設臨時性軍事機構左、右領軍大都督府的長官，負責總領各總管的部隊對宋作戰。左領軍大都督爲完顔昂，右領軍大都督爲紇石烈良弼。南征失敗後取消。三道都統制府：官署名。指漢南道行營兵馬都統制府、西蜀道行營兵馬都統制府、浙東道水軍都統制府。海陵南征所設臨時性軍事機構，長官爲都統制，負責總領所屬各總管的部隊對宋作戰，南征失敗後取消。

[3]巡察使、副：指置於各軍的巡察使、巡察副使，皆金海陵南征時所設的臨時性軍官稱號，南征失敗後取消。

[4]太保：三師之一。正一品。　奔睹：女真人。完顔昂本名奔睹。本書卷八四有傳。

海陵召諸將授方略，賜宴于尚書省。[1]海陵曰："太師梁王連年南伐，[2]淹延歲月。今舉兵必不如彼，遠則百日，近止旬月。惟爾將士無以征行爲勞，戮力一心，以成大功，當厚加旌賞，其或弛慢，刑兹無赦。"海陵恐糧運不繼，命諸軍渡江無以僮僕從行，聞者莫不怨咨。徒單后與太子光英居守，[3]尚書令張浩、左丞相蕭玉、參知政事敬嗣暉留治省事。[4]

[1]尚書省：官署名。指徙於南京開封府的金最高政務機關尚書省的辦公處。

［2］太師：三師之一。正一品。

［3］徒單后：女真人。斜也之女。本書卷六三有傳。　太子光英：女真人。海陵太子，本名阿魯補。本書卷八二有傳。

［4］尚書令：尚書省長官。亦爲宰相。正一品。　張浩：渤海人。字浩然。本書卷八三有傳。　左丞相：爲宰相，掌丞天子，平章萬機。從一品。　蕭玉：奚人。本書卷七六有傳。

九月甲午，海陵戎服乘馬，具裝啓行。明日，妃嬪皆行，宫中慟哭久之。十月乙巳，陰晦失路，是夜二更始至蒙城。[1]丁未，大軍渡淮，至中流，海陵拜而酹之。至宿次，見築繚垣者，殺四方館使張永鈐。[2]將至廬州，[3]見白兔，[4]馳射不中。既而，後軍獲之以進，海陵大喜，以金帛賜之，顧謂李通曰："昔武王伐紂，白魚躍於舟中。今朕獲此，亦吉兆也。"癸亥，海陵至和州，[5]百官表奉起居，海陵謂其使："汝等欲伺我動静邪。自今勿復來，俟平江南始進賀表。"

［1］蒙城：縣名。治所在今安徽省蒙城縣。

［2］四方館使：四方館長官。掌提控諸路驛舍驛馬並陳設器皿。正五品。　張永鈐：本書僅此一見。

［3］廬州：治所在今安徽省合肥市。

［4］兔：本書卷五《海陵紀》作"鹿"。按，今安徽一帶恐難發現野生鹿，當以"兔"爲是。

［5］和州：治所在今安徽省和縣。

是時，梁山濼水涸，[1]先造戰船不得進，迺命通更造戰船，督責苛急，將士七八日夜不得休息，壞城中民居以爲材木，煮死人膏爲油用之。[2]遂築臺於江上，海陵被金甲登臺，殺黑馬以祭天，以一羊一豕投於江中。召都督昂、副都督蒲盧渾謂之曰：[3]“舟楫已具，可以濟江矣。”蒲盧渾曰：“臣觀宋舟甚大，我舟小而行遲，恐不可濟。”海陵怒曰：“爾昔從梁王追趙構入海島，[4]豈皆大舟邪。明日汝與昂先濟。”昂聞令已渡江，悲懼欲亡去。至暮，海陵使謂昂曰：“前言一時之怒耳，不須先渡江也。”明日，遣武平軍都總管阿隣、武捷軍副總管阿撒率舟師先濟。[5]宿直將軍温都奥剌、國子司業馬欽、武庫直長習失皆從戰。[6]海陵置黄旗紅旗於岸上，以號令進止，紅旗立則進，黄旗仆則退。既渡江，兩舟先逼南岸，水淺不得進，與宋兵相對射者良久，兩舟中矢盡，遂爲所獲，亡一猛安、軍士百餘人。海陵遂還和州。

[1]梁山濼：在今山東省鄆城、梁山二縣境内。

[2]用：百衲本作“周”，據殿本改。

[3]蒲盧渾：女真人。即烏延蒲盧渾，一作烏延蒲魯渾。本書卷八〇有傳。

[4]趙構：即宋高宗。1127年至1162年在位。

[5]阿隣：女真人。完顏宗雄之子。本書卷七三有傳。　阿撒：女真人。蒲察世傑本名阿撒，一作阿散。本書卷九一有傳。

[6]宿直將軍：殿前都點檢司屬官。掌總領親軍，凡宫城諸門衛禁及行從宿衛之事。定員八人，大定二十九年增至十人，復改爲十一人，從五品。　温都奥剌：女真人。見於本書卷五、一二九。國子司業：國子監屬官。掌學校。正五品。　武庫直長：殿前都點檢司下屬機構武庫署屬官。協助武庫署令掌收貯諸路常課甲仗。定

員二人，正八品。

於是尚書省使右司郎中吾補可、員外郎王全奏報：[1]世宗即位於東京，[2]改元大定。海陵前此已遣護衛謀良虎、特离補往東京，[3]欲害世宗，行至遼水，[4]遇世宗詔使撒八，[5]執而殺之，遂還軍中。海陵拊髀嘆曰："朕本欲平江南改元大定，此豈非天乎。"迺出素所書取一戎衣天下大定改元事，以示群臣。

[1]吾補可：本書僅此一見。　員外郎：官名。此指右司員外郎，尚書省右司屬官。

[2]世宗：廟號。即完顏烏禄，漢名雍。1161 年至 1189 年在位。　東京：京路名。治所在今遼寧省遼陽市。

[3]謀良虎：見於本書卷六、一二九。　特离補：本書僅此一見。

[4]遼水：即今遼河。

[5]撒八：本書共十人名撒八，此人僅此一見。

遂召諸將帥謀北歸，且分兵渡江。議定，通復入奏曰："陛下親師，深入異境，無功而還，若衆散於前，敵乘於後，非萬全計。若留兵渡江，車駕北還，諸將亦將解體。今燕北諸軍近遼陽者恐有異志，[1]宜先發兵渡江，斂舟焚之，絶其歸望。然後陛下北還，南北皆指日而定矣。"海陵然之。明日遂趨揚州，[2]過烏江縣，[3]觀項羽祠，[4]嘆曰："如此英雄不得天下，誠可惜也。"

[1]遼陽：府名。治所在今遼寧省遼陽市。

［2］揚州：治所在今江蘇省揚州市。

［3］烏江縣：治所在今安徽省和縣東北烏江。

［4］項羽：見《史記》卷七《項羽本紀》。

海陵至揚州，使符寶耶律没荅護神果軍扼淮渡，[1]凡自軍中還至淮上，無都督府文字皆殺之。[2]迺出内箭飾以金龍，題曰御箭，繫帛書其上，使人乘舟射之南岸，其書言："宋國遣人焚毀南京宫室、及沿邊買馬、招誘軍民，今興師問罪，義在弔伐，大軍所至，必無秋毫之犯。"以此招諭宋人。於是，宋將王權亦縱所獲金軍士三人，[3]賫書數海陵罪，通奏其書，即命焚之。

［1］符寶：即符寶郎，殿前都點檢司屬官。舊名牌印祗候，大定二年（1162）改爲符寶祗候，掌御寶及金銀等牌。定員四人。耶律没荅：本書僅此一見。

［2］都督府：官署名。海陵南征時設左、右領軍大都督府。長官爲左、右領軍大都督。

［3］王權：本書見於卷五、七三、一二九。

海陵怒，亟欲渡江。驍騎高僧欲誘其黨以亡，[1]事覺，命衆刃剉之。迺下令，軍士亡者殺其蒲里衍，[2]蒲里衍亡者殺其謀克，[3]謀克亡者殺其猛安，猛安亡者殺其總管，由是軍士益危懼。甲午，令軍中運鴉鶻船及糧船於瓜洲渡，[4]期以明日渡江，敢後者死。

［1］驍騎高僧：本書僅此一見。驍騎當是其官名，指驍騎都指揮使、驍騎副都指揮使。

［2］蒲里衍：又譯作蒲輦。女真軍事編制謀克的副職，一謀克轄兩蒲里衍，一蒲里衍管正軍（即甲軍）五十名。

［3］謀克：女真族地方行政、軍事編制與官長名稱。此爲軍事編制的謀克。

［4］瓜洲渡：一作瓜洲鎮，在今江蘇省揚州市南長江沿岸。

乙未，完顏元宜等以兵犯御營，[1]海陵遇弑。都督府以南伐之計皆通等贊成之，徒單永年迺其姻戚，[2]郭安國衆所共惡，[3]皆殺之。大定二年，詔削通官爵，人心始快。

［1］完顏元宜：契丹人。本姓耶律，賜姓完顏，本名阿列，一作移特輦。本書卷一三二有傳。

［2］徒單永年：女真人。本書見於卷五、一二九、一三一。

［3］郭安國：渤海人。郭藥師之子。本書卷八二有傳。

馬欽，幼名韓哥，嘗仕江南，[1]故能知江南道路。正隆三年，海陵將南伐，遂召用欽，自貴德縣令爲右補闕。[2]欽爲人輕脱不識大體，海陵每召見與語，欽出宫輒以語人曰："上與我論某事，將行之矣。"其視海陵如僚友然。累遷國子司業。

［1］嘗仕江南：江南指宋。據《建炎以來繫年要録》，馬欽曾爲劉光世親軍副都統。

［2］貴德縣令：縣長官。貴德縣，治所在今遼寧省撫順市城北高爾山下古城。

海陵至和州，欲遣蒲盧渾渡江，蒲盧渾言舟小不可濟，海陵使人召欽，先戒左右曰："欽若言舟小不可渡江，即殺之。"欽至，問曰："此舟可渡江否?"欽曰："臣得筏亦可渡也。"

大定二年，除名。[1]是日，起前翰林待制大穎爲祕書丞。穎在正隆間嘗言山東盜賊，海陵惡其言，杖之除名。世宗嘉穎忠直，惡欽巧佞，故復用穎而放欽焉。

[1]大定二年，除名：據《建炎以來繫年要録》，"金主被弑，諸將殺補闕馬欽"。此云世宗大定二年（1162）除名、放欽，當是誤記。

高懷貞，爲尚書省令史，[1]素與海陵狎昵。海陵久蓄不臣之心，嘗與懷貞各言所志，海陵曰："吾志有三：國家大事皆自我出，一也；帥師伐國，執其君長問罪於前，二也；得天下絶色而妻之，三也。"由是小人佞夫皆知其志，争進諛説。大定縣丞張忠輔謂海陵言：[2]"夢公與帝擊毬，公乘馬衝過之，帝墜馬下。"海陵聞之大喜。會熙宗在位久，委政大臣，海陵以近屬爲宰相，專威福柄，遂成弑逆之計，皆懷貞輩小人從臾導之。

[1]尚書省令史：尚書省左、右司屬官。掌文書案牘之事，爲無品級小官。定員七十人，女真、漢人各半。

[2]大定縣丞：縣官名。大定縣，治所在今内蒙古自治區寧城縣西老哈河北岸大名城。縣丞爲縣令佐貳。正九品。　張忠輔：後官至御史中丞、權御史大夫。本書見於卷七六、八四、九〇、一二九。

海陵簒立，以懷貞爲修起居注，懷貞故父濱州刺史贈中奉大夫。[1]懷貞累遷禮部侍郎。[2]

[1]濱州刺史：刺史州長官。正五品。濱州，治所在今山東省濱州市。　中奉大夫：文散官。爲從三品下階。

[2]禮部侍郎：尚書禮部屬官。掌禮樂、祭祀、燕享、學校、貢舉、儀式、制度、符印、表疏、圖書、册命、祥瑞、天文、漏刻、國忌、廟諱、醫卜、釋道、四方使客、諸國進貢、犒勞張設等事。正四品。

大定二年，降奉政大夫，[1]放歸田里。五年，與許霖俱賜起復，懷貞爲定國軍節度使，[2]上戒之曰："汝等在正隆時，奸佞貪私，物論鄙之。朕念没身不齒則無以自新。若怙舊不悛，必不貸汝矣。"

[1]奉政大夫：文散官。爲從六品上階。

[2]定國軍節度使：節度州長官。從三品。定國軍設在同州，治所在今陝西省大荔縣。

蕭裕，本名遥折，奚人。初以猛安居中京，[1]海陵爲中京留守，與裕相結，每與論天下事。裕揣海陵有覬覦心，密謂海陵曰："留守先太師，[2]太祖長子。[3]德望如此，人心天意宜有所屬，誠有志舉大事，願竭力以從。"海陵喜受之，遂與謀議。海陵竟成弑逆之謀者，裕啓之也。

［1］中京：京路名。遼時爲中京，金初因之，金貞元元年（1153）改爲北京。

［2］先太師：指宗幹。本書卷七六有傳。

［3］太祖：廟號。即完顏阿骨打，漢名旻。1115 年至 1123 年在位。

海陵爲左丞，[1]除裕兵部侍郎，改同知南京留守事，[2]改北京。[3]海陵領行臺尚書省事，[4]道過北京，謂裕曰："我欲就河南兵建立位號，先定兩河，舉兵而北。君爲我結諸猛安以應我。"定約而去。海陵雖自良鄉召還，[5]不能如約，遂弑熙宗篡立，以裕爲祕書監。

［1］左丞：即尚書左丞。爲執政官，宰相之貳，佐治省事。正二品。

［2］同知南京留守事：南京留守司屬官，例兼同知本府尹、本路兵馬都總管。正四品。

［3］北京：指同知北京留守事，北京留守司屬官。正四品。此時的北京指臨潢府，治所在今内蒙古自治區巴林左旗林東鎮南波羅城。但據本書卷五《海陵紀》，海陵於皇統九年（1149）"過中京，與蕭裕定約而去"，天德二年（1150）正月，"以同知中京留守事蕭裕爲祕書監"，此處應指中京大定府。大定府至貞元元年（1153）始更爲北京，此時應稱中京爲是。

［4］領行臺尚書省事：行臺尚書省長官。位在行臺左、右丞相和行臺平章政事，行臺左、右丞之上。下文"道過北京"之"北京"同。

［5］良鄉：縣名。治所在今北京市房山區良鄉鎮。

海陵心忌太宗諸子，[1]欲除之，與裕密謀。裕傾險巧詐，因構致太傅宗本、秉德等反狀，[2]海陵殺宗本，唐括辯遣使殺秉德、宗懿及太宗子孫七十餘人、秦王宗翰子孫三十餘人。[3]宗本已死，裕迺求宗本門客蕭玉，教以具款反狀，令作主名上變。海陵既詔天下，天下冤之。海陵賞誅宗本功，以裕爲尚書左丞，加儀同三司，[4]授猛安，賜錢二千萬、馬四百匹、牛四百頭、羊四千口。再閱月，爲平章政事、監修國史。[5]舊制，首相監修國史，海陵以命裕，謂裕曰："太祖以神武受命，豐功茂烈光於四海，恐史官有遺逸，故以命卿。"久之，裕爲右丞相、兼中書令。[6]裕在相位，任職用事頗專恣，威福在己，勢傾朝廷。海陵倚信之，他相仰成而已。

[1]太宗：廟號。即完顏吴乞買，漢名晟。1123 年至 1135 年在位。

[2]太傅：三師之一。正一品。　宗本：女真人。完顏宗本本名阿魯，金太宗子。本書卷七六有傳。　秉德：女真人。本名乙辛，宗翰孫。本書卷一三二有傳。

[3]唐括辯：女真人。本名斡骨剌。本書卷一三二有傳。　宗懿：女真人。本名阿鄰，金太宗之子。熙宗時受封爲薛王，大定時追贈鄭王。　秦王：封爵名。天眷格，《大金集禮》爲大國封號第五民，《金史·百官志》爲第四。　宗翰：女真人。本名粘没喝，漢語訛爲粘罕，國相撒改長子。本書卷七四有傳。

[4]儀同三司：文散官。爲從一品中階。

[5]平章政事：爲宰相，掌丞天子，平章萬機。從一品。始設於天眷元年（1138）。　監修國史：國史院長官。位在修國史、同修國史之上，掌監修國史事。

[6]右丞相：爲宰相，掌丞天子，平章萬機。從一品。　中書令：爲中書省長官，金初例由右丞相兼任。正隆元年（1156）取消中書省，此官純成爲一種宰相的加銜。

裕與高藥師善，[1]嘗以海陵密語告藥師，藥師以其言奏海陵，且曰："裕有怨望心。"海陵召裕戒諭之，而不以爲罪也。或有言裕擅權者，海陵以爲忌裕者衆，不之信。又以爲人見裕弟蕭祚爲左副點檢，[2]妹夫耶律闢离剌爲左衛將軍，[3]勢位相憑藉，遂生忌嫉，迺出祚爲益都尹，闢离剌爲寧昌軍節度使，[4]以絶衆疑。

[1]高藥師：本書僅見於此。

[2]蕭祚：見於本書卷七六、一二九。　左副點檢：即殿前左副都點檢，殿前都點檢司屬官，例兼侍衛親軍馬步軍都指揮使。掌宫掖及行從。從三品。

[3]耶律闢离剌：契丹人。歷官近侍局副使，宿州防禦使。正隆四年（1159），爲賀宋正旦副使。　左衛將軍：即殿前左衛將軍，殿前都點檢司屬官。掌宫禁及行從宿衛警嚴，總領護衛。

[4]寧昌軍節度使：節度州長官。從三品。寧昌軍設在懿州，治所在今遼寧省阜新市塔營子村。

裕不知海陵意，遽見出其親表補外，不令己知之，自是深念恐海陵疑己。海陵弟太師兖領三省事，[1]共在相位，以裕多自用，頗防閑之，裕迺謂海陵使兖備之也。而海陵猜忍嗜殺，裕恐及禍，遂與前真定尹蕭馮家奴、前御史中丞蕭招折、博州同知遥設、裕女夫遏剌補謀立亡遼豫王延禧之孫。[2]

[1]兖：本名梧桐。本書卷七六有傳。　領三省事：屬於金初中央官制改革期間，由勃極烈制向三省制轉變過程中的過渡性官稱。原勃極烈以三師的身份出任領三省事，爲三省實際負責人。

[2]真定尹：府長官。正三品。真定即真定府，治所在今河北省正定縣。　蕭馮家奴：契丹人。遼天祚帝之婿，因參與蕭裕謀反事件，與其子一起被處死。本書見於卷五、一二九。　蕭招折：契丹人。曾上撻懶事變，後因與蕭裕合謀立遼天祚帝耶律延禧之孫造反，並爲蕭裕游説蕭懷忠而被蕭懷忠所執，後被殺。本書見於卷五、九一、一二九。　博州同知：即同知博州防禦使的簡稱。正六品。博州，治所在今山東省聊城市。　遥設：初爲都元帥府令史，因誣告撒离喝而被海陵升爲博州同知，並賜錢三百萬，至此以謀反被處死。本書見於卷五、七六、八四、一二九。　遏剌補：本書僅見於此。　豫王延禧：即遼天祚帝（1075—1128）。天會三年（1125）爲金兵所擒，金太宗封其爲海濱王，金熙宗改封其爲豫王。豫王，封爵名，天眷格，《大金集禮》爲大國封號第十六，《金史·百官志》爲第十四。

裕使親信蕭屯納往結西北路招討使蕭好胡，[1]好胡即懷忠。懷忠依違未决，謂屯納曰："此大事，汝歸遣一重人來。"裕迺使招折往。招折前爲中丞，以罪免，以此得詣懷忠。懷忠問招折與謀者復有何人，招折曰："五院節度使耶律朗亦是也。"[2]懷忠舊與朗有隙，而招折嘗上撻懶變事，[3]懷忠疑招折反覆，因執招折，收朗繫獄，遣使上變。

[1]蕭屯納：本書僅見於此。　西北路招討使：西北路招討司長官。掌招懷降附、征討携離。正三品。　蕭好胡：契丹人。蕭懷

忠本名好胡。本書卷九一有傳。

[2]五院節度使：五院部長官。掌統制各部，鎮撫諸軍，總判部事。從三品。五院部，契丹部族名。遼天贊元年（922）析迭剌部爲五院、六院兩部，五院部原有大蔑孤、小蔑孤兩個石烈，後增設甌昆、乙習本兩石烈，居烏古之地。　耶律朗：契丹人。本書見於卷九一、一二九。

[3]撻懶：女真人。完顔昌本名撻懶。本書卷七七有傳。

遥設亦與筆硯令史白荅書，[1]使白荅助裕以取富貴，白荅奏其書。海陵信裕不疑，謂白荅構誣之，命殺白荅於市。執白荅出宣華門，[2]點檢徒單貞得蕭懷忠上變事入奏，[3]遇見白荅，問其故，因止之。徒單貞已奏變事，以白荅爲請，海陵遽使釋之。

[1]筆硯令史：秘書監下屬機構筆硯局屬官。掌御用筆墨硯等事。大定三年（1163）改爲筆硯供奉，後因避諱改承奉。　白荅：本書僅見於此。

[2]宣華門：宫門名。在大興府皇宫中。

[3]點檢：即殿前都點檢，爲殿前都點檢司負責人，例兼侍衛親軍馬步軍都指揮使。掌行從宿衛，關防門禁，督攝隊仗，總判司事。正三品。

海陵使宰相問裕，裕即款伏。海陵甚驚愕，猶未能盡信，引見裕，親問之。裕曰：“大丈夫所爲，事至此又豈可諱。”海陵復問曰：“汝何怨於朕而作此事?”裕曰：“陛下凡事皆與臣議，及除祚等迺不令臣知之。領省國王每事謂臣專權，頗有隄防，恐是得陛下指意。[1]

陛下與唐括辯及臣約同生死，辯以强忍果敢致之死地，臣皆知之，恐不得死所，以此謀反，幸苟免耳。太宗子孫無罪皆死臣手，臣之死亦晚矣。”海陵復謂裕曰：“朕爲天子，若於汝有疑，雖汝弟輩在朝，豈不能施行，以此疑我，汝實錯誤。太宗諸子豈獨在汝，朕爲國家計也。”又謂之曰：“自來與汝相好，雖有此罪，貸汝性命，惟不得作宰相，令汝終身守汝祖先墳壟。”裕曰：“臣子既犯如此罪逆，何面目見天下人，但願絞死，以戒其餘不忠者。”海陵遂以刀刺左臂，取血塗裕面，謂之曰：“汝死之後，當知朕本無疑汝心。”裕曰：“久蒙陛下非常眷遇，仰戀徒切，自知錯繆，雖悔何及。”海陵哭送裕出門，殺之，并誅遥設及馮家奴。馮家奴妻，豫王女也，與其子穀皆與反謀，[2]并殺之。遣護衛厖葛往西北路招討司誅朗及招折，[3]而屯納、遏剌補皆出走，捕得屯納，棄市，遏剌補自縊死。

[1]指意：“指”，殿本作“旨”。
[2]穀：本書僅此一見。
[3]厖葛：本書僅見於此卷。“厖”，殿本作“龐”。

屯納出走，過河間少尹蕭之詳，[1]之詳初不知裕事，留之三日。屯納往之詳茶扎家，[2]茶扎遣人詣之詳告公引，得之付屯納，遣之他所。茶扎家奴發其事，吏部侍郎窊産鞫之，[3]之詳曰：“屯納宿二日而去。”法家以之詳隱其間，欺尚書省，罪當贖。海陵怒，命殺之，杖窊産及議法者，茶扎杖四百死。

[1]河間少尹：府官名。爲府尹佐貳。正五品。河間即河間府。蕭之詳：本書僅見於此卷。

[2]茶扎：本書僅見於此卷。"茶扎"二字前似有脱誤。

[3]窊産：本書僅見於此卷。

庞葛殺招折等，并殺無罪四人，海陵不問，杖之五十而已。以裕等罪詔天下。賞上變功，懷忠遷樞密副使，[1]以白荅爲牌印云。[2]高藥師遷起居注，進階顯武將軍。[3]藥師嘗奏裕有怨望，至是賞之云。

[1]樞密副使：樞密院屬官。協助樞密使掌武備機密之事。從二品。

[2]牌印：指牌印祗候。

[3]顯武將軍：武散官。爲從五品中階。

胥持國字秉鈞，代州繁畤人。[1]經童出身，累調博野縣丞。[2]上書者言民間冒占官地，如"太子務""大王莊"，非私家所宜有。部委持國按覈之。持國還言："此地自異代已爲民有，不可取也。"事遂寢。尋授太子司倉，[3]轉掌飲令，[4]兼司倉。皇太子識之，擢祗應司令。[5]

[1]代州：治所在今山西省代縣。　繁畤：縣名。治所在今山西省繁峙縣東南南關，貞祐三年（1215）升爲堅州。

[2]博野縣丞：縣官名。爲縣令佐貳。正九品。博野縣，治所在今河北省蠡縣。

[3]太子司倉：東宫屬官。掌倉庫出納薪炭等事。從八品。

[4]掌飲令：東宫屬官。承奉賜茶及酒果之事。正八品。

[5]祗應司令：祗應司屬官。掌給宫中諸色工作。從六品。

章宗即位，除宫籍副監，[1]賜宫籍庫錢五十萬、宅一區。俄改同簽宣徽院事、工部侍郎，[2]並領宫籍監。[3]閲三月，遷工部尚書，[4]使宋。明昌四年，拜參知政事，賜孫用康牓下進士第。[5]會河决陽武，[6]持國請督役，遂行尚書省事。[7]明年，進尚書右丞。

[1]宫籍副監：殿前都點檢司下屬機構宫籍監屬官。協助提點宫籍監掌内外監户及地土錢帛小大差發。正六品。

[2]同簽宣徽院事：宣徽院屬官。協助宣徽使掌朝會、燕享、殿庭禮儀及監知御膳。正五品。　工部侍郎：尚書工部屬官。正四品。

[3]領宫籍監：兼領宫籍監負責人。掌内外監户及地土錢帛小大差發。

[4]工部尚書：尚書工部長官。掌修造營建法式、諸作工匠、屯田、山林川澤之禁、江河堤岸、道路橋樑等事。正三品。

[5]孫用康牓：本書僅此一見。孫用康疑爲孫即康（大定十年狀元）之誤。

[6]陽武：縣名。治所在今河南省原陽縣。本書卷二七《河渠志》，河决陽武是在明昌五年（1194）八月，而胥持國爲都提控修河是明昌五年正月事，知此處誤。本書卷二三《五行志》明昌四年六月，“河决衛州，魏、清、滄皆被害”，疑此“陽武”應爲“衛州”。

[7]行尚書省事：行尚書省長官。行尚書省簡稱行省，爲中央尚書省的派出機構。非定制，事罷則取消，故本書《百官志》不載。

持國爲人柔佞有智術。初，李妃起微賤，[1]得幸於上。持國久在太子宫，素知上好色，陰以秘術干之，又多賂遺妃左右用事人。妃亦自嫌門地薄，欲藉外廷爲重，迺數稱譽持國能，由是大爲上所信任，與妃表裏，筦擅朝政。[2]誅鄭王永蹈、鎬王永中，[3]罷黜完顔守貞等事，[4]皆起于李妃、持國。士之好利躁進者皆趨走其門下。四方爲之語曰："經童作相，監婢爲妃。"惡其卑賤庸鄙也。

[1]李妃：名李師兒。本書卷六四有傳。

[2]筦：同"管"。

[3]鄭王：封爵名。大定格，爲次國封號第二。　永蹈：女真人。本名銀术可，初名石狗兒，金世宗子。本書卷八五有傳。　鎬王：封爵名。明昌格，爲大國封號第四。　永中：女真人。本名實魯剌，又名萬僧，金世宗子。本書卷八五有傳。

[4]完顔守貞：女真人。完顔希尹之孫。本書卷七三有傳。

承安三年，[1]御史臺劾奏："右司諫張復亨、右拾遺張嘉貞、同知安豐軍節度使事趙樞、同知定海軍節度使事張光庭、户部主事高元甫、刑部員外郎張巖叟、尚書省令史傅汝梅、張翰、裴元、郭郛，[2]皆趨走權門，人戲謂'胥門十哲'。復亨、嘉貞尤卑佞苟進，不稱諫職。俱宜黜罷。"奏可。於是持國以通奉大夫致仕，[3]嘉貞等皆補外。

[1]承安三年：本書卷一〇《章宗紀》作“承安二年八月丙戌，右丞胥持國致仕”。則此處“三年”疑誤。

[2]右司諫：諫院屬官。從五品。　張復亨：曾爲户部侍郎。見於本書卷四八、九九、一〇〇、一二九。　右拾遺：諫院屬官。正七品。　張嘉貞：曾爲都水監丞。見於本書卷九五、一〇〇、一二九。　同知安豐軍節度使事：州官名。同知節度使事爲節度使佐貳。正五品。安豐軍，治所在今安徽省壽縣。　趙樞：見於此與卷一〇〇。　同知定海軍節度使事：州官名。定海軍設在萊州，治所在今山東省掖縣。　張光庭：本書僅此一見。　户部主事：尚書省户部屬官。定員五人，女真司二員，通掌户度金倉等事，漢人司三員，同員外郎分掌曹事，兼提控編附條格、管勾架閣等事。從七品。　高元甫：本書僅此一見。　刑部員外郎：尚書刑部長官。掌律令、刑名、監户、官户、配隸、功賞、捕亡等事。　張巖叟：字孟弼。本書卷九七有傳。　傅汝梅：本書僅此一見。　張翰：字林卿。本書卷一〇五有傳。　裴元：本書僅此一見。　郭郛：泰和八年（1208）以吏部郎中爲高麗生日使。見於本書卷一二、一二九。

[3]通奉大夫：文散官。爲從三品中階。

頃之，起知大名府事，[1]未行，改樞密副使，佐樞密使襄治軍於北京。[2]一日，上召翰林修撰路鐸問以他事，[3]因語及董師中、張萬公優劣，[4]鐸曰：“師中附胥持國進。持國奸邪小人，不宜典軍馬，以臣度之，不惟不允人望，亦必不能服軍心，若回日再相，必亂天下。”上曰：“人臣進退人難，人君進退人易，朕豈以此人復爲相耶。第遷官二階，使之致仕耳。”尋卒于軍，謚曰“通敏”。後上問平章政事張萬公曰：“持國今已死，其爲人竟如何?”萬公對曰：“持國素行不純謹，如貨酒平樂樓一事，可知矣。”上曰：“此亦非好利。如馬琪位參政，[5]私鬻省醞，迺爲好利也。”子鼎，[6]别有傳。

[1]知大名府事：府官名。帶京朝官銜或試銜者出任府尹時稱知府事，簡稱知府。按，本書卷一〇《章宗紀二》承安二年(1197)九月，“知大興府事胥持國爲樞密副使”，疑“興”當是“名”之誤。

[2]樞密使：樞密院長官。掌武備機密之事。從一品。　襄：本名唵。本書卷九四有傳。

[3]翰林修撰：翰林學士院屬官。分掌詞命文字，分判院事，凡應奉文字，銜内帶同知制誥。從六品。　路鐸：字宣叔。本書卷一〇〇有傳。

[4]董師中：字紹祖。本書卷九五有傳。　張萬公：字良輔。本書卷九五有傳。

[5]馬琪：字德玉。本書卷九五有傳。

[6]鼎：字和之。本書卷一〇八有傳。

金史　卷一三〇

列傳第六十八

列女

阿鄰妻　李寶信妻　韓慶民妻　雷婦師氏　康住住
李文妻　李英妻　相琪妻　阿魯真　撒合輦妻　許古妻
馮妙真　蒲察氏　烏古論氏　素蘭妻　忙哥妻　尹氏
白氏　聶孝女　仲德妻　寶符李氏　張鳳奴附

漢成帝時，[1]劉向始述三代賢妃淑女，[2]及淫泆奢僭、興亡盛衰之所由，[3]彙分類別，號《列女傳》，[4]因以諷諫。范曄始載之漢史。[5]古者女子生十年有女師，漸長有麻枲絲繭之事，[6]有祭祀助奠之事，既嫁，職在中饋而已，故以無非無儀爲賢。若迺嫠居寡處，患難顛沛，是皆婦人之不幸也。一遇不幸，卓然能自樹立，有烈丈夫之風，是以君子異之。

[1]漢成帝：名劉驁。公元前 33 年至公元前 7 年在位。

［2］劉向：西漢人。《漢書》卷三六有傳。　三代：指夏、商、周三代。

［3］泆：放縱。　衰：原本作“褏”，據殿本改。

［4］《列女傳》：書名。又名《古列女傳》。西漢劉向撰，叙述上古著名婦女的事迹。七篇。

［5］范曄：南朝宋史學家，著有《後漢書》。《宋書》卷六九有傳。　漢史：指《後漢書》。

［6］麻枲（xǐ）：又作麻績，這裏泛指麻。枲，大麻的雄株，開雄花，不結實，也泛指麻。

阿鄰妻沙里質者，[1]金源郡王銀术可之妹。[2]天輔六年，[3]黄龍府叛卒攻鈔旁近部族。[4]是時，阿鄰從軍，沙里質糾集附近居民，得男女五百人，樹營栅爲保守計。賊千餘來攻，沙里質以氈爲甲，以裳爲旗，男夫授甲，婦女鼓噪，沙里質仗劍督戰，凡三日賊去。皇統二年，[5]論功封金源郡夫人。[6]大定間，[7]以其孫藥師爲謀克。[8]

［1］阿鄰：女真人。本書無傳，事迹不詳。

［2］金源郡王：封爵名。爲封王之郡號第一。　銀术可：女真人。金宗室子。本書卷七二有傳。

［3］天輔：金太祖年號（1117—1123）。

［4］黄龍府：治所在今吉林省農安縣。

［5］皇統：金熙宗年號（1141—1149）。

［6］金源郡夫人：命婦稱號。據本書卷五五《百官志一》，“郡王母妻封郡王夫人”。金源爲金封王之郡號第一。

［7］大定：金世宗年號（1161—1189）。

［8］藥師：女真人。本書僅此一見。　謀克：女真族地方行政

設置及官長名稱，相當於縣。同時也是軍事編制及軍官名稱。行政設置謀克領户，軍事編制謀克領夫。有親管（合扎）、世襲與非親管、世襲之别。謀克也用爲榮譽爵稱。

李寶信妻王氏。[1]寶信爲義豐縣令，[2]張覺以平州叛，[3]王氏陷賊中。賊欲逼室之，王氏罵賊，賊怒，遂支解之。大定十二年，贈“貞烈縣君”。[4]

[1]李寶信：本書僅此一見。

[2]義豐縣令：縣官名。爲一縣之長，掌養百姓、按察所部、宣導風化、勸課農桑、平理獄訟、捕除盜賊、禁止游惰，兼管常平倉及通檢推排簿籍。小縣爲從七品，大縣爲正七品。義豐，縣名，治所在今河北省灤縣。

[3]張覺：本書卷一三三有傳。　平州：州名。治所在今河北省盧龍縣。

[4]貞烈縣君：命婦稱號，貞烈爲其謚號。據本書卷五五《百官志一》，“四品文散少中大夫、武散懷遠大將軍以上母妻封縣君”。

韓慶民妻者，[1]不知何許人，亦不知其姓氏。慶民事遼爲宜州節度使。[2]天會中，[3]攻破宜州，慶民不屈而死，[4]以其妻配將士，其妻誓死不從，遂自殺。世宗讀《太宗實録》，[5]見慶民夫婦事，嘆曰：“如此節操，可謂難矣。”

[1]韓慶民：本書見於卷三、七一、八一、一三〇。

[2]宜州節度使：遼州官名。爲遼宜州崇義軍長官。宜州，治所在今遼寧省義縣。

［3］天會：金太宗年號（1123—1135）。金熙宗初年延用不改（1135—1137）。

［4］慶民不屈而死：本書卷二《太祖紀》，宜州於天輔七年（1123）正月降，二月復叛。則此處記載有誤。施國祁《金史詳校》卷一〇認爲，下文金世宗説“如此節操”，單指韓慶民妻，不包括韓慶民在内。

［5］世宗：廟號。即完顔烏禄，漢名雍。1161 年至 1189 年在位。　《太宗實録》：金實録之一。紇石烈良弼等人修撰，卷數不詳。

雷婦師氏，夫亡，孝養舅姑。姑病，刲臂肉飼之，姑即愈。舅姑既歿，兄師逵與夫姪規其財産，[1]迺僞立媒證致之官，欲必嫁之。縣官不能辨曲直，師氏畏逼，迺投縣署井中死。詔有司祭其墓，賜謚曰“節”。

［1］師逵：本書僅此一見。

康住住，鄜州人。[1]夫蚤亡，[2]服闋，父取之歸家，許嚴沂爲妻。[3]康氏誓死弗聽，欲還夫家不可得，迺投崖而死。詔有司致祭其墓。

［1］鄜州：治所在今山西省長治市。

［2］蚤：同“早”。

［3］嚴沂：本書僅此一見。

李文妻史氏，[1]同州白水人。[2]夫亡，服闋，誓死弗嫁。父强取之歸，許邑人姚乙爲妻。[3]史氏不聽，姚訴之官，被逮，遂自縊死。詔有司致祭其墓。

[1]李文：本書僅此一見。

[2]同州：治所在今陝西省大荔縣。　白水：縣名。治所在今陝西省白水縣。

[3]姚乙：本書僅此一見。

李英妻張氏。[1]英初爲監察御史，[2]在中都，[3]張居濰州。[4]貞祐元年冬，[5]大元兵取濰州，入其家，張氏盡以所有財物與之。既而，令張氏上馬，張曰："我盡以物與汝，猶不見贖邪？"答曰："汝品官妻，當復爲夫人。"張曰："我死則爲李氏鬼。"頓坐不起，遂見殺。追封隴西郡夫人，[6]謚"莊潔"。英仕至御史中丞，[7]有傳。

[1]李英：本書卷一〇一有傳。

[2]監察御史：御史臺屬官。掌糾察内外非違，刷磨諸司察賬並監祭禮及出使之事。正員十二人，正七品。

[3]中都：京路名。治所在今北京市。

[4]濰州：治所在今山東省濰坊市。

[5]貞祐：金宣宗年號（1213—1217）。

[6]隴西郡夫人：命婦稱號。

[7]御史中丞：御史臺屬官。協助御史大夫掌糾察朝儀、彈劾官邪、勘鞫官府公事，審斷所屬部門理斷不當引起上訴的案件。從三品。

相琪妻欒氏，[1]有姿色。琪爲萊州掖縣司吏。[2]貞祐三年八月，紅襖賊陷掖縣，[3]琪與欒氏及子俱爲所得。賊見欒，悦之，殺琪及其子而誘欒。欒奮起以頭觸賊而仆，罵曰："我豈爲犬彘所污者哉。"賊怒，殺之。追封西河縣君，[4]謚"莊潔"。

[1]相琪：女真人。本書僅見於此卷。

[2]萊州：治所在今山東省掖縣。　掖縣：治所在今山東省掖縣。　司吏：吏名。掌諸路總管府至司縣等衙門之文書案牘及衙門事務。有女真司吏與漢人司吏之别，漢人司吏是"驗户口置"，户多則多置，户少則少置。

[3]紅襖賊：即紅襖軍。金末山東、河北地區的農民起義軍，因身穿紅襖而得名。有山東益都楊安兒，濰州李全，密州方郭三，泰安劉二祖、霍儀，兖州郝定，河北真定周元等部。"賊"爲金朝統治者之蔑稱。

[4]縣君：命婦稱號。據本書卷五五《百官志一》，"四品文散少中大夫、武散懷遠大將軍以上母妻"封縣君，承安二年（1197）以後封郡君；"五品文散朝列大夫、武散宣武將軍以上母妻"爲鄉君，承安二年以後封縣君。

阿魯真，宗室承充之女，[1]胡里改猛安夾谷胡山之妻。[2]夫亡寡居，有衆千餘。興定元年，[3]承充爲上京元帥，[4]上京行省太平執承充應蒲鮮萬奴。[5]阿魯真治廢壘，修器械，積芻糧以自守。萬奴遣人招之，不從，乃射承充書入城，阿魯真得而碎之，曰："此詐也。"萬奴兵急攻之，阿魯真衣男子服，與其子蒲帶督衆力戰，[6]殺數百人，生擒十餘人，萬奴兵迺解去。後復遣將擊萬奴兵，獲其將一人。詔封郡公夫人，[7]子蒲帶視功遷賞。

[1]承充：女真人。本書見於卷一〇三、一二二、一三〇。

[2]胡里改猛安：猛安名。張博泉認爲，“此猛安當在今依蘭縣城”（見張博泉《金史論稿》第一卷，吉林文史出版社 1986 年版，第 292 頁）。　夾谷胡山：女真人。本書僅此一見。

[3]興定：金宣宗年號（1217—1222）。

[4]上京元帥：上京行元帥府長官。上京，京路名，治所在今黑龍江省阿城市白城。

[5]上京行省：上京行省長官。金末於各地設行尚書省，簡稱行省，分掌兵民之政，長官爲行尚書省事。　太平：本書見於卷一二二、一三〇。　蒲鮮萬奴：女真人。初爲尚厩局使。金泰和六年（1206），以右翼都統從攻南宋，後升至咸平招討使。金貞祐二年（1214）領兵攻耶律留哥敗績，繼而據遼陽自立，稱天王，建國號大夏（史稱東夏），建元天泰。瀋、澄諸州及東京猛安謀克多從之。因東京爲耶律留哥襲破，引衆十萬遁海島。後降元。元太祖十二年（1217）率衆登陸，破金兵，駐南京（今吉林省延吉市城子山古城）。後與高麗結盟叛蒙，爲蒙古軍執殺。一説未死，逃歸，於蒙古迺馬真后四年（1245）爲蒙古貴由、兀良合臺軍所敗。

[6]蒲帶：女真人。本書僅此一見。

[7]郡公夫人：命婦稱號。據本書卷五五《百官志一》，“郡公母妻封郡公夫人”。

承充已被執，乘間謂其二子女胡、蒲速乃曰：[1]“吾起身宿衛，致位一品，死無恨矣。若輩亦皆通顯，未嘗一日報國家，當思自處，以爲後圖。”二子迺冒險自拔南走，是年四月至南京。[2]

[1]女胡：女真人。本書僅此一見。　蒲速乃：女真人。本書

僅此一見。

[2]南京：京城名。即原宋汴京，貞元元年（1153）更名爲南京。治所在今河南省開封市。

獨吉氏，平章政事千家奴之女，[1]護衛銀术可妹也。[2]自幼動有禮法，及適内族撒合輦，[3]閨門肅如。撒合輦爲中京留守，[4]大兵圍之，撒合輦疽發背不能軍，獨吉氏度城必破，謂撒合輦曰："公本無功能，徒以宗室故嘗在禁近，以至提點近侍局，[5]同判睦親府，[6]今又爲留守外路第一等官，受國家恩最厚。今大兵臨城，公不幸病，不能戰禦。設若城破，公當率精鋭奪門而出，携一子走京師。不能則獨赴京師，又不能，戰而死猶可報國，幸無以我爲慮。"撒合輦出巡城，獨吉氏乃取平日衣服妝具玩好布之臥榻，資貨悉散之家人，艷妝盛服過於平日，且戒女使曰："我死則扶置榻上，以衾覆面，四圍舉火焚之，無使兵見吾面。"言訖，閉門自經而死。家人如言，臥屍榻上，以衾覆之。撒合輦從外至，家人告以夫人之死，撒合輦拊榻曰："夫人不辱我，我肯辱朝廷乎。"因命焚之。年三十有六。少頃，城破，撒合輦率死士欲奪門出，不果，投壕水死，有傳。

[1]平章政事：爲宰相，掌丞天子，平章萬機。從一品。始設於天眷元年（1138）。　千家奴：女真人。獨吉思忠本名千家奴，一作獨吉永中。本書卷九三有傳。

[2]護衛：此指皇宫的衛戍部隊。定員二百人，由五至七品官子孫及宗室、親軍、諸局分承應人中選拔，考試合格方可録用。負

責皇宫的警衛及行從宿衛。　銀术可：女真人。本書僅此一見。

[3]撒合輦：女真人。字安之。本書卷一一一有傳。

[4]中京留守：諸京留守司長官，例兼本府府尹、本路兵馬都總管。正三品。中京，京城名，即原遼中京大定府，金初因之。金貞元元年（1153）改爲北京，治所在今内蒙古自治區寧城縣西大明城。

[5]提點近侍局：近侍局長官。掌侍從，承勑令，轉進奏帖。正五品。按，本書卷一一一《撒合輦傳》，其升同判大睦親府事時官爲同簽樞密院事，與此不同。

[6]同判睦親府：即同判大睦親事，原名同判大宗正事，泰和六年（1206）改。掌糾率宗屬欽奉王命。從二品。

許古妻劉氏，[1]定海軍節度使仲洙之女也。[2]貞祐初，古挈家僑居蒲城，[3]後留劉氏母子于蒲，仕于朝。既而，兵圍蒲，劉謂二女曰："汝父在朝，而兵勢如此，事不可保。若城破被驅，一爲所污，奈何？不若俱死以自全。"已而，攻城益急，於是劉氏與二女相繼自盡。有司以聞于朝，四年五月，追封劉氏爲郡君，謚曰"貞潔"，其長女謚曰"定姜"，次"肅姜"，以其事付史館。

[1]許古：字道真。本書卷一〇九有傳。

[2]定海軍節度使：節度州長官。掌鎮撫諸軍防刺，總判本鎮兵馬之事，兼本州管内觀察使。從三品。定海軍設在萊州。　仲洙：劉仲洙，字師魯。本書卷九七有傳。

[3]蒲城：縣名。治所在今陝西省蒲城縣。

馮妙真，刑部尚書延登之女也。[1]生十有八年，適進士張愷。[2]興定五年，愷爲洛川主簿。[3]大元兵破葭州、綏德，[4]遂入鄜延。[5]鄜人震恐具守備，守臣以西路輸芻粟不時至，檄愷詣平涼督之。[6]時延登爲平涼行省員外郎，[7]愷欲偕妙真以往，妙真辭曰："舅姑老矣，雖有叔姒，妾能安乎。子行，妾留奉養。"十一月，洛川破，妙真從舅姑匿窟室，兵索得之。妙真泣與舅姑訣曰："婦生不辰，不得終執箕帚，義不從辱。"即携三子赴井死。縣人從而死者數十人。明年春，愷發井得屍，殯于縣之東郭外。死時年二十四。

[1]刑部尚書：尚書刑部長官。掌律令、刑名、監户、官户、配隸、功賞、捕亡等事。正三品。　延登：字子俊。本書卷一二四有傳。

[2]張愷：本書僅見於此卷。

[3]洛川主簿：縣官名。縣令佐貳。正九品。洛川，縣名，治所在今陝西省洛川縣東北舊縣北。

[4]葭州：治所在今陝西省佳縣。　綏德：州名。大定二十二年（1182）升綏德軍置。治所在今陝西省綏德縣。

[5]鄜延：路名。治所在今陝西省延安市。

[6]平涼：府名。治所在今甘肅省平涼市。

[7]行省員外郎：據本書卷一二四《忠義傳》，此時馮延登官爲"河中府判官兼行尚書省左右司員外郎"。行尚書省左右司員外郎，爲行尚書省左、右司屬官，從六品。

蒲察氏字明秀，鄜州帥訥申之女，[1]完顏長樂之妻也。[2]哀宗遷歸德，[3]以長樂爲總領，[4]將兵扈從。將行，屬蒲察氏曰："無他言，夫人慎毋辱此身。"明秀曰："君第致身事上，無以妾爲念。妾必不辱。"長樂一子在幼，出妻柴氏所生也，明秀撫育如己出。崔立之變，[5]驅從官妻子于省中，人自閲之。蒲察氏聞，以幼子付婢僕，且與之金幣，親具衣棺祭物，與家人訣曰："崔立不道，强人妻女，兵在城下，吾何所逃，惟一死不負吾夫耳。汝等惟善養幼子。"遂自縊而死，欣然若不以死爲難者。時年二十七。

[1]訥申：女真人。蒲察訥申。本書僅此一見。

[2]完顔長樂：女真人。本書見於卷一一三、一一六、一三〇。

[3]歸德：府名。治所在原河南省商丘市。

[4]總領：金正大二年（1225），選諸路精兵直隸樞密院，設諸總領司統之。長官爲總領，後改名爲都尉，班在隨朝四品之列。

[5]崔立：本書卷一一五有傳。

烏古論氏，伯祥之妹，[1]臨洮總管陀滿胡土門之妻也。[2]伯祥朝貴中聲譽藉甚，[3]胡土門死王事。[4]崔立之變，衣冠家婦女多爲所污，烏古論氏謂家人曰："吾夫不辱朝廷，我敢辱吾兄及吾夫乎。"即自縊。一婢從死。

[1]伯祥：女真人。本書僅見於此卷。

[2]臨洮總管：府官名。臨洮即臨洮府，治所在今甘肅省臨洮縣。總管爲諸總管府長官，掌統諸城隍兵馬甲仗，總判府事。正三品。　陀滿胡土門：女真人。字子秀。本書卷一二三有傳。

[3]藉：殿本作"籍"，張元濟《金史校勘記》認爲殿本是。

[4]胡土門死王事："王"，百衲本作"主"，從殿本改。

參政完顏素蘭妻，[1]亡其姓氏。當崔立之變，謂所親曰："吾夫有天下重名，吾豈肯隨衆陷身以辱吾夫乎。今日一死固當，但不可無名而死，亦不可離吾家而死。"即自縊于室。

[1]參政：即參知政事。爲執政官，宰相之貳，佐治省事。從二品。始設於天眷元年（1138）。　完顏素蘭：女真人。一名翼。本書卷一〇九有傳。

温特罕氏，夫完顏忙哥，[1]五朵山宣差提控回里不之子也，[2]系出蕭王。[3]忙哥叔父益都，[4]節度秦州，[5]爲大元兵所攻，適病不能軍，忙哥爲提控，獨當一面。兵退而益都死，忙哥以城守功世襲謀克，收充奉御。及崔立之變，忙哥義不受辱，與其妻訣。妻曰："君能爲國家死，我不能爲君死乎。"一婢曰："主死，婢將安歸。"是日，夫婦以一繩同縊，婢從之。

[1]完顏忙哥：女真人。本書見於卷一八、一一五、一二四、一三〇。

[2]五朵山宣差提控：官名。是五朵山一帶宣差便宜提控的簡稱。提控，金後期統兵官名，職位高於千户低於元帥。有守寨提控、軍中提控、行軍提控、先鋒提控諸多名目。而宣差提控，則是承制所授，往往佩以金牌，掌一方要地的統兵大權，宣差下或加"從宜""便宜"等字樣。五朵山，在鄧州南陽境，即今河南省南陽市。　回里不：女真人。本書僅此一見。

[3]蕭王：封爵名。天眷格，爲小國封號第二十八。海陵謀立，

封秉德爲蕭王。

[4]益都：女真人。本書見於卷一六、一三〇。卷一六稱其官職爲行軍提控。

[5]節度秦州：意指其爲秦州節度使，爲節度州長官。從三品。秦州，治所在今甘肅省天水市。

尹氏，完顏猪兒之妻也。[1]猪兒系出蕭王，天興二年正月從哀宗爲南面元帥，[2]戰死黄陵岡。[3]其妻金源郡夫人聞猪兒死，聚家資焚之，遂自縊，年三十一。猪兒贈官，弟長住即日詔補護衛。[4]

[1]完顏猪兒：女真人。本書見於卷一八、四四、一一三、一一四、一三〇。

[2]天興：金哀宗年號（1232—1234）。　哀宗：廟號。即完顏守緒，又作完顏守禮。1224 年至 1234 年在位。

[3]黄陵岡：地名。在今山東省曹縣西南舊黄河北岸。

[4]長住：女真人。本書僅此一見。

白氏，蘇嗣之之母，[1]許州人，[2]宋尚書右丞子由五世孫婦也。[3]初，東坡、潁濱、叔黨俱葬郟城之小峨嵋山，[4]故五世皆居許昌。[5]白氏年二十餘即寡居，服除，外家迎歸，兄嫂竊議改醮。白氏微聞之，牽車徑歸，曰："我爲蘇學士家婦，又有子，迺欲使我失身乎。"自是，外家非有大故不往也。嘗於宅東北爲祭室，畫兩先生像，圖黄州、龍川故事壁間，[6]香火嚴潔，躬自灑掃，士大夫求瞻拜者往往過其家奠之。天興元年正月庚戌，許州被兵，嗣之爲汴京廂官，[7]白拜辭兩先生前曰："兒子往京師，老婦死無恨矣，敢以告。”即自縊於室側。家人并屋焚之。年七十餘。嗣之本名宗之，避諱改焉。

[1]蘇嗣之：本名宗之。本書僅見於此卷。

[2]許州：治所在今河南省許昌市。

[3]宋尚書右丞：宋官名。尚書省屬官。位在尚書令、左右僕射、尚書左丞之下，掌參議大政、通治省事。　子由：蘇轍字子由。《宋史》卷三三九有傳。

[4]東坡：即蘇軾，號東坡。《宋史》卷三三八有傳。　潁濱：即蘇軾弟蘇轍，致仕後築室於河南許昌，號潁濱遺老。　叔黨：蘇軾子蘇過，字叔黨。《宋史》卷三三八有附傳。　郟城：縣名。治所在今河南省郟縣。　小峨嵋山：在今河南省郟縣西北三十五里，相傳蘇軾見其形似蜀中之峨嵋山，故名。

[5]許昌：宋府名。金爲許州，治所在今河南省許昌市。

[6]黄州：宋黄州齊安郡。治所在今湖北省黄岡市。　龍川：地名。在今四川省平武縣東南。

[7]汴京廂官：官名。宋於京城都門外置四廂，中置廂官，負責民間訴訟事，分使臣十人緝捕盜賊。此官名本書僅此一見，當是金末仿宋制所設的官職。

聶孝女字舜英，尚書左右司員外郎天驥之長女也。[1]年二十三，適進士張伯豪。[2]伯豪卒，歸父母家。及哀宗遷歸德，天驥留汴。崔立劫殺宰相，天驥被創甚，日夜悲泣，恨不即死。舜英謁醫救療百方，至刲其股雜他肉以進，而天驥竟死。

[1]尚書左右司員外郎：爲左、右司郎中佐貳。尚書左司員外郎參掌本司奏事，總察吏、户、禮三部受事付事，尚書右司員外郎

參掌本司奏事付事，總察兵、刑、工三部受事付事。皆兼帶修起居注，正六品。　天驥：字元吉。本書卷一一五有傳。

[2]張伯豪：本書僅見於此卷。

時京城圍久食盡，閭巷間有嫁妻易一飽者，重以崔立之變，剽奪暴凌，無復人理。舜英頗讀書知義理，自以年尚少艾，夫既亡，父又死非命，比爲兵所污，何若從吾父于地下乎。葬其父之明日，絶脰而死。[1]一時士女賢之，有爲泣下者。其家以舜英合葬張伯豪之墓。

[1]脰（dǒu）：頸項。

完顏仲德妻，[1]不知其族氏。崔立之變，妻自毁其容服，携妾及二子給以采蔬，自汴走蔡。[2]蔡被圍，丁男皆乘城拒守，謂仲德曰："事勢若此，丈夫能爲國出力，婦人獨不能耶。"率諸命婦自作一軍，親運矢石於城下，城中婦女争出繼之。城破自盡。

[1]完顏仲德：女真人。本名忽斜虎。本書卷一一九有傳。

[2]蔡：州名。治所在今河南省汝南縣。

哀宗寶符李氏，[1]國亡從后妃北遷，至宣德州，[2]居摩訶院，日夕寢處佛殿中，作幡旆。會當赴龍庭，將發，即於佛像前自縊死，且自書門紙曰："寶符御侍此處身故。"後人至其處，見其遺跡，憐而哀之。

[1]寶符：本書卷五七《百官志三》有寶符宸侍，正六品。寶符御侍，正七品。此寶符據下文當指寶符御侍。

[2]宣德州：治所在今河北省宣化縣。

天興元年，北兵攻城，矢石之際忽見一女子呼於城下曰："我倡女張鳳奴也，[1]許州破，被俘至此。彼軍不日去矣，諸君努力爲國堅守，無爲所欺也。"言竟，投濠而死。朝廷遣使馳祭于西門。

[1]倡：同"娼"。

正大、天興之際，[1]婦人節義可知者特數人耳。鳳奴之事别史録之，蓋亦有所激云。

[1]正大：金哀宗年號（1224—1232）。

金史　卷一三一

列傳第六十九

宦者

梁珫　宋珪　潘守恒附

古之宦者皆出於刑人，刑餘不可列於士庶，故掌宮寺之事，謂之“婦寺”焉。東漢以來，宦者養子以繼世。唐世，繼者皆爲閹人。其初進也，性多巧慧便僻、善固恩寵，及其得志，黨比糾結不可制。東漢以宦者亡，唐又甚焉。世儒論宦者之害，如毒藥猛虎之不可拯也。金法置近侍局，[1]嘗與政事，而宦者少與焉。惟海陵時有梁珫，[2]章宗時有梁道、李新喜干政，[3]二君爲所誤多矣。世傳梁道勸章宗納李妃後宮，[4]金史不載梁道始末，弗得而論次之。惟宋珪、潘守恒頗能諷諫宣、哀，[5]時有裨益，蓋傭之佼佼、鐵之錚錚者也。作《宦者傳》。

[1]近侍局：官署名。爲殿前都點檢司下屬機構，泰和八年（1208）創設，掌侍從，承勑令，轉進奏帖。設提點一員，正五品；使一員，從五品；副使一員，從六品。

[2]海陵：封號。女真名完顔迪古迺，漢名亮。1149 年至 1161 年在位。

[3]章宗：廟號。女真名完顔麻達葛，漢名璟。1190 年至 1208 年在位。　梁道：見於本書卷六四、一三一。　李新喜：章宗時太監。與章宗李妃勾結專權，參與議立衛紹王，後爲衛紹王所殺。其事見於本書卷一三、六四、九九、一〇一、一三一。

[4]李妃：章宗妃李師兒。本書卷六四有傳。

[5]宣、哀：皆廟號。金宣宗即完顔吾睹補，漢名珣。1213 年至 1223 年在位。金哀宗即完顔守緒，1224 年至 1234 年在位。

梁珫，本大臭家奴，[1]隨元妃入宫，[2]以閹豎事海陵。[3]珫性便佞，善迎合，特見寵信。舊制，宦者惟掌掖廷宫闈之事。天德三年，[4]始以王光道爲内藏庫使，[5]衛愈、梁安仁皆以宦官領内藏，[6]海陵謂光道等曰："人言宦者不可用，朕以爲不然。後唐莊宗委張承業以軍，[7]竟立大功，此中豈無人乎。卿等宜悉此意。帑藏之物皆出民力，費十致一，當糾察奸弊，犯者必罰無赦。"宦者始與政事，而珫委任尤甚，累官近侍局使。[8]及營建南京宫室，[9]海陵數數使珫往視工役。是時，一殿之費已不可勝計，珫或言其未善，即盡撤去。雖丞相張浩亦曲意事之，[10]與之均禮。

[1]大臭：渤海人。本名撻不野。本書卷八〇有傳。按，本書梁珫，《三朝北盟會編》《建炎以來繫年要録》與《桯史》皆稱其

爲梁漢臣，而本書無名梁漢臣者。考其事迹，實爲一人，且稱爲宋宦者師成養子，内侍，當是大臯伐宋時俘其爲家奴，更名梁珫。

[2]元妃：渤海人。大臯女。爲海陵王寶林。事見本書卷八〇《大磐傳》。元妃本爲金内命婦稱號，位在貴妃、淑妃、德妃、賢妃之上，正一品。

[3]豎：百衲本作“竪”，從施國祁《金史詳校》卷一〇改。

[4]天德：金海陵王年號（1149—1153）。

[5]王光道：本書僅此一見。　内藏庫使：宣徽院下屬機構内藏庫負責人。掌内府珍寶財物，率隨庫都監等供奉其事。從五品。

[6]衛愈：本書僅此一見。　梁安仁：本書僅此一見。

[7]後唐莊宗：即李存勗。《舊五代史》卷二七至三四及《新五代史》卷五有紀。　張承業：唐末宦官。先後追隨李克用、李存勗父子，爲後唐初期重要大臣。

[8]近侍局使：殿前都點檢司下屬機構近侍局屬官。從五品。

[9]南京：京路名。治所在今河南省開封市。

[10]丞相張浩：張浩是時官爲左丞相，掌丞天子，平章萬機，從一品。張浩，渤海人，字浩然，本書卷八三有傳。

海陵欲伐宋，珫因極言宋劉貴妃絶色傾國。[1]海陵大喜，及南征將行，命縣君高師姑兒貯衾褥之新潔者，[2]俟得劉貴妃用之。議者言珫與宋通謀，勸帝伐宋，徵天下兵以疲弊中國。

[1]宋劉貴妃：南宋當時有劉貴妃名希，浙江錢塘（今浙江省杭州市）人。宋紹興十八年（1148）入宮，後封明達貴妃。掌管御前文字，善繪畫。《宋史》卷二四三有劉貴妃，臨安人，入宮爲紅霞帔，紹興二十四年封爲貴妃，淳熙十四年（1187）死。疑爲同一人。待考。

[2]縣君：命婦稱號。據本書卷五五《百官志一》，“四品文散少中大夫、武散懷遠大將軍以上母妻”封縣君，承安二年（1197）爲郡君；　高師姑兒：本書見於此與卷六三。

海陵至和州，[1]聞琉與宋人交通有狀，謂琉曰：“聞汝與宋國交通，傳泄事情。汝本奴隸，朕拔擢至此，迺敢爾耶？若至江南詢得實迹，殺汝亦未晚也。”又謂校書郎田與信曰：[2]“爾面目亦可疑，必與琉同謀者。”皆命執於軍中。海陵遇弑，琉、與信皆爲亂軍所殺。

[1]和州：治所在今安徽省和縣。

[2]校書郎：秘書監屬官。掌校勘在監文籍。從七品。　田與信：見於此與卷一二九。

宋珪本名乞奴，燕人也。[1]爲内侍殿頭。[2]宣宗嘗以元夕欲觀燈戲，命乞奴監作，乞奴誶語云：[3]“社稷棄之中都，[4]南京作燈戲有何看耶。”宣宗微聞之，杖之二十，既而悔之，有旨宣諭。

[1]燕：古州名。此代指遼燕京，爲京路名，金初因之，治所在今北京市。海陵貞元元年（1153）遷都於此，更名爲中都。

[2]内侍殿頭：内侍官名。殿頭，在宋爲内侍階官名。宋政和二年（1112）改名爲右侍禁。

[3]誶（suì）：這裏指具有責備性質的語言。

[4]中都：京路名。金都城所在地。治所在今北京市。

哀宗放鷂後苑，鷂逸去，勅近侍追訪之。市中一農民臂此鷂，近侍不敢言宫中所逸者，百方索之，農民不與，與之物直，僅迺得。事聞，哀宗欲送其人於有司，乞奴從旁諫曰："貴畜賤人，豈可宣示四方。"哀宗惡其大訐，[1]又杖之，尋亦悔，賜物慰遣之。

[1]訐（jié）：揭發人之陰私。

及哀宗至歸德，[1]馬軍元帥蒲察官奴爲變，[2]殺左丞李蹊、參政石盞女魯歡以下從官三百餘人。[3]倉皇之際，哀宗不得已，以官奴權參知政事，既爲所制，含恨欲誅之，未能也。及官奴往亳州，[4]珪陰與奉御吾古孫愛實、納蘭忔荅，[5]護衛女奚烈完出、范陳僧、王山兒等謀誅之。[6]官奴自亳還，哀宗御臨漪亭，[7]召參政張天綱及官奴議事。[8]官奴入見，珪等即從旁殺之，及其黨阿里合、白進、習顯。[9]

[1]歸德：府名。治所在今河南省商丘市。

[2]馬軍元帥：官名。馬軍爲親衛馬軍的省稱，金末軍種之一，元帥爲其頭領官銜。　蒲察官奴：女真人。本書卷一一六有傳。

[3]左丞：執政官。爲宰相之貳，佐治省事。正二品。　李蹊：哀宗時累官守汝州防禦使、太常卿、兵部尚書、參知政事、京南司農卿。曾奉曹王出使蒙軍議和。　參政：即參知政事，執政官，爲宰相之貳，佐治省事，從二品。始設於天眷元年（1138）。　石盞女魯歡：女真人。本名十六。本書卷一一六有傳。

[4]亳州：治所在今安徽省亳州市。

[5]奉御：殿前都點檢司下屬機構近侍局的辦事人員。舊名入寢殿小底，定員十六人。　吾古孫愛實：女真人。烏古孫仲端之

子。見於本書卷一一六、一二四、一三一。　納蘭忔荅：見於本書卷一一六、一三一。

［6］女奚烈完出：見於本書卷一八、一一六、一一九、一三一。　范陳僧：後升爲忠孝軍元帥。見於本書卷一一六、一三一。　王山兒：因殺蒲察官奴而升爲忠孝軍元帥，哀宗自縊後自盡從死。見於本書卷一八、一一六、一一九、一三一。

［7］臨漪亭：在南京路歸德府。

［8］張天綱：本書卷一一九有傳。

［9］阿里合：女真人。即紇石烈阿里合，人稱小鼓椎，紇石烈牙吾塔之子。事迹見本書卷一一一《紇石烈牙吾塔傳》。　白進：見於本書卷一八、一一六、一三一。　習顯：僅見於本書卷一一六、一三一。

及蔡城破，[1]哀宗自縊於幽蘭軒，[2]珪與完顔斜烈、焦春和等皆從死。[3]

［1］蔡：州名。治所在今河南省汝南縣。

［2］幽蘭軒：在南京路蔡州。

［3］完顔斜烈：女真人。見於本書卷一八、一二四、一三一。是時官職爲權左副都點檢。　焦春和：是時官職爲近侍局大使。僅見於本書卷一二四、一三一。

有潘守恒者，亦内侍也，素稱知書，南遷後規益甚多。及哀宗自蒲城走歸德，[1]道次民家，守恒進櫛，曰："願陛下還宫之日，無忘此草廬中，再加儉素，以濟大業。"上聞其言，悽惋咨嗟久之。

［1］蒲城：在今陝西省蒲城縣。

方伎

劉完素　張從正　李慶嗣　紀天錫　張元素　馬貴中
武禎 子亢　李懋　胡德新

太史公叙九流，[1]述《日者》《龜策》《扁鵲倉公列傳》。[2]劉歆校中祕書，[3]以術數、方伎載之《七略》。[4]後世史官作《方伎傳》，蓋祖其意焉。或曰《素問》《内經》言天道消長、氣運贏縮，[5]假醫術，托岐、黄，以傳其祕奥耳。秦人致以《周易》列之卜筮，[6]斯豈易言哉！第古之爲術以吉凶導人而爲善，後世術者或以休咎導人爲不善，古之爲醫以活人爲功，後世醫者或因以爲利而誤殺人，故爲政於天下，雖方伎之事亦必慎其所職掌而務旌别其賢否焉。金世，如武禎、武亢之信而不誣，劉完素、張元素之治療通變，學其術者皆師尊之，不可不記云。

［1］太史公：即西漢司馬遷，著有《史記》。約生於公元前 145 年或公元前 135 年，卒年不詳。

［2］《日者》：《史記》篇名，其卷一二七爲《日者列傳》。《龜策》：《史記》篇名，其卷一二八爲《龜策列傳》。　《扁鵲倉公列傳》：《史記》篇名，其卷一〇五爲《扁鵲倉公列傳》。

［3］劉歆：劉向之子。西漢末年經學家、目録學家、天文學家。字子駿，後改名秀，字穎叔。繼承父業，總校群書。王莽當權後任

“國師”，後謀誅王莽，事泄自殺。著有《七略》《三統曆譜》。

［4］《七略》：書名。劉歆所著。包括《輯略》《六藝略》《諸子略》《詩賦略》《兵書略》《術數略》《方技略》。它的主要内容保存在《漢書·藝文志》中，對中國目録學的建立有一定作用。

［5］《素問》：中醫學書名。與《靈樞》合稱《内經》。它彙集了各家的醫論，是着重論述基礎理論的中醫學著作。原書九卷，其第七卷早已遺失，後由唐王冰以“舊藏之卷”補入（即現行本十卷至二十二卷中七篇大論），共八十一篇，分編爲二十四卷。隋全元起、唐王冰等均有注釋。其書闡述陰陽、藏象、經絡、病因、病機、診法、治則等豐富的醫學原理，其中不少論述至今仍在廣泛指導着臨床實踐，是中醫學的一部重要典籍。　《内經》：中醫學書名。《黄帝内經》的簡稱，現分爲《靈樞》《素問》兩書，是我國現存較早的一部重要醫學文獻，成書約在戰國時期。《漢書·藝文志》：“《黄帝内經》十八卷。”魏晉間皇甫謐《甲乙經·序》：“今有《針經》九卷，《素問》九卷，二九十八卷，即《内經》也。”一般認爲《針經》即今流傳的《素問》。

［6］秦人：指秦朝之人。秦始皇焚書令中規定卜筮種樹之書不在焚毁之列，《周易》因被視爲卜筮之書而得免。　致：殿本作“至”。張元濟《金史校勘記》認爲殿本是。　《周易》：亦稱《易經》，或簡稱《易》，爲儒家重要經典之一。“易”有變易、簡易、不易三義，相傳係周人所作，故名。

劉完素字守真，河間人。[1]嘗遇異人陳先生，[2]以酒飲守真，大醉，及寤，洞達醫術，若有授之者。迺撰《運氣要旨論》《精要宣明論》，慮庸醫或出妄説，又著《素問玄機原病式》，特舉二百八十八字，注二萬餘言。然好用涼劑，以降心火、益腎水爲主。自號“通元處士”云。

[1]河間：府名。治所在今河北省河間市。

[2]陳先生：本書僅此一見。

張從正字子和，睢州考城人。[1]精於醫，貫穿《難》《素》之學，[2]其法宗劉守真，用藥多寒凉，然起疾救死多取効。古醫書有《汗下吐法》，亦有不當汗者汗之則死，不當下者下之則死，不當吐者吐之則死，各有經絡脉理，世傳黄帝、岐伯所爲書也。從正用之最精，號“張子和汗下吐法”。妄庸淺術習其方劑，不知察脉原病，往往殺人，此庸醫所以失其傳之過也。其所著有“六門、二法”之目，[3]存於世云。

[1]睢州：天德三年（1151）改拱州置。治所在今河南省睢縣。　考城：縣名。治所在今河南省民權縣東北。

[2]《難》《素》之學：指《難經》與《素問》。

[3]六門、二法：施國祁《金史詳校》卷一〇認爲，“二”當作“三”，是。按，劉祁《歸潛志》卷六：“麻知幾九疇與之善，使子和論説其術，因爲文之，有‘六門、三法’之目。”宋濂《宋學士全集》卷九《贈醫師賈某序》：“從正以吐、汗、下三法，風、寒、暑、濕、火、燥六門爲醫之關鍵。”可見應爲“三法”，即吐、汗、下三法。

李慶嗣，洺人。[1]少舉進士不第，棄而學醫，讀《素問》諸書，洞曉其義。天德間，歲大疫，廣平尤甚，[2]貧者往往闔門臥病。慶嗣携藥與米分遺之，全活者衆。慶嗣年八十餘，無疾而終，所著《傷寒纂類》四卷、《改證活人書》三卷、《傷寒論》三卷、《針經》一卷，[3]傳於世。

[1]洺：州名。治所在今河北省永年縣東南永年。

[2]廣平：縣名。大定七年（1167）置。治所在今河北省廣平縣。

[3]《改證活人書》三卷：殿本作“二卷”。另，施國祁《金史詳校》卷一〇稱，《傷寒纂類》四卷、《改證活人書》二卷，“並見《世善堂書目》，疑僞”，“《針經》一卷，亦見《世善堂書目》，疑僞。案諸家書目每好妄列亡書以誇收藏之富，未足盡信”。

紀天錫字齊卿，泰安人。[1]早棄進士業，學醫，精於其技，遂以醫名世。集注《難經》五卷，[2]大定十五年上其書，[3]授醫學博士。[4]

[1]泰安：州名。治所在今山東省泰安市。

[2]《難經》：中醫學書名。原名《黄帝八十一難經》，舊題爲戰國秦越人所著。本書共八十一章，以問答體裁解釋《内經》中關於脉法、經絡、臟腑、疾病、腧穴、針法等方面的疑義。特别對脉法、針法等内容有所發揮，是中國醫學的重要文獻。

[3]大定：金世宗年號（1161—1189）。

[4]醫學博士：官名。始置於北魏，爲專業醫術者的職官。據此知金沿前代之舊也設有醫學博士一官，但本書《百官志》不載。

張元素字潔古，易州人。[1]八歲試童子舉。二十七試經義進士，犯廟諱下第。迺去學醫，無所知名，夜夢有人用大斧長鑿鑿心開竅，納書數卷於其中，自是洞徹其術。河間劉完素病傷寒八日，頭痛脉緊，嘔逆不食，不知所爲。元素往候，完素面壁不顧，元素曰："何見待之卑如此哉。"既爲診脉，謂之曰："脉病云云。"曰："然。""初服其藥，用某味乎？"曰："然。"元素曰："子誤矣。某味性寒，下降走太陰，陽亡汗不能出。[2]今脉如此，當服某藥則効矣。"完素大服，如其言遂愈，元素自此顯名。

平素治病不用古方，其説曰："運氣不齊，古今異軌，古方新病不相能也。"自爲家法云。

[1]易州：治所在今河北省易縣。

[2]亡：同"無"。

馬貴中，天德中，爲司天提點。[1]與校書郎高守元奏天象災異，[2]忤旨，海陵皆杖之，黜貴中爲大同府判官。[3]久之，遷司天監。[4]正隆三年三月辛酉朔，[5]日當食。是日，候之不食，海陵謂貴中曰："自今凡遇日食皆面奏，不須頒示内外。"

[1]司天提點：司天臺長官。掌天文曆數，風雲氣色，密以奏聞。正五品。

[2]高守元：本書僅此一見。

[3]大同府判官：府官名。大同府，治所在今山西省大同市。府判爲府尹佐貳，掌諮議參佐、糾正非違，紀綱衆務，分判吏、禮、工案事。從五品。

[4]司天監：司天臺屬官。從五品。

[5]正隆：金海陵王年號（1156—1161）。

海陵伐宋，問曰："朕欲自將伐宋，天道何如?"貴中對曰："去年十月甲戌，熒惑順入太微，至屏星，留、退、西出。《占書》，熒惑常以十月入太微庭，受制出伺無道之國。十二月，太白晝見經天，占爲兵喪、爲不臣、爲更主，又主有兵兵罷、無兵兵起。"

鎮戎軍地震大風，[1]海陵以問，貴中對曰："伏陰逼陽，[2]所以震也。"又問曰："當震，大風何也?"對曰："土失其性則地震，風爲號令，人君命令嚴急則有烈風及物之災。"

[1]鎮戎軍：軍名。大定二十二年（1182）升爲州。治所在今寧夏回族自治區固原市。

[2]伏陰逼陽：本書卷二三《五行志》作"伏陽逼陰"，施國祁《金史詳校》卷一〇認爲《五行志》誤。

六年二月甲辰朔，日有暈珥戴背，海陵問："近日天道何如?"貴中對曰："前年八月二十九日，太白入太微右掖門，九月二日，至端門，九日，至左掖門出，並歷左右執法。太微爲天子南宮，太白兵將之象，其占，兵入天子之廷。"海陵曰："今將征伐而兵將出入太微，正其事也。"貴中又曰："當端門而出，其占爲受制，歷左右執法爲受事，此當有出使者，或爲兵，或爲賊。"海陵曰："兵興之際，小盜固不能無也。"及被害于揚州，[1]貴中之言皆驗。

[1]揚州：治所在今江蘇省揚州市。

大定八年，世宗擊毬於常武殿，[1]貴中上疏諫曰："陛下爲天下主，守宗廟社稷之重，圍獵擊毬皆危事也。前日皇太子墜馬，可以爲戒，臣願一切罷之。"上曰："祖宗以武定天下，豈以承平遽忘之邪。皇統嘗罷此事，[2]當時之人皆以爲非，朕所親見，故示天下以習武耳。"

十年十一月，皇太子生日，世宗宴百官于東宫。上飲歡甚，貴中被酒前跪欲言事，錯亂失次，上不之罪，但令扶出。

[1]世宗：廟號。即完顔烏禄，漢名雍。1161 年至 1189 年在位。　常武殿：在大興府皇宫中，爲擊球、習射之所。

[2]皇統：金熙宗年號（1141—1149）。

武禎，宿州臨涣人。[1]祖官太史，靖康後業農，[2]後畫界屬金。禎深數學。貞祐間，[3]行樞密院僕散安貞聞其名，[4]召至徐州，[5]以上客禮之，每出師必資焉，其占如響。正大初，[6]徵至汴京，[7]待詔東華門。[8]其友王鉉問禎曰：[9]"朝廷若問國祚修短，子何以對？"禎曰："當以實告之，但更言周過其歷，秦不及期，亦在修德耳。"

[1]宿州：治所在今安徽省宿州市。　臨涣：縣名。治所在今安徽省宿州市西北臨涣集。

［2］靖康：宋欽宗年號（1126—1127）。

［3］貞祐：金宣宗年號（1213—1217）。

［4］行樞密院：由於軍事需要，在地方臨時設立的軍事行政機構。長官爲行樞密院事，簡稱行樞密院。　僕散安貞：女真人。本名阿海。本書卷一〇二有傳，《宋史》卷四〇三《賈涉傳》作“僕散萬忠”。

［5］徐州：治所在今江蘇省徐州市。

［6］正大：金哀宗年號（1224—1232）。

［7］汴京：京路名。貞元元年（1153）改名爲南京，此處當稱南京。

［8］東華門：宮門名。在南京開封府宮城中。

［9］王鉉：燕人。嘗登科甲。本書僅見於本卷。

時久旱祈禱不應，朝廷爲憂，禎忽謂鉉曰：“足下今日早歸，恐爲雨阻。”鉉曰：“萬里無雲，赤日如此，安得有雨。”禎笑曰：“若是，則天不誠也。天何嘗不誠。”既而東南有雲氣，須臾蔽天，平地雨注二尺，衆皆驚嘆。尋除司天臺管勾。[1]

［1］司天臺管勾：本書卷五六《百官志二》作“司天管勾”。不限資歷，以精於天文曆算者充，例於每科司天考試生員十人中録取一人任職，無定員。從九品。

子亢，寡言笑，不妄交。嘗與一學生終日相對，握籌布畫，目炯炯若有所營，見者莫測也。哀宗至蔡州，右丞完顏仲德薦其術。[1]召至，屏人與語，大悅，除司天長行，[2]賞賚甚厚。上書曰：“比者有星變于周、楚之分，彗星起于大角西，掃軫之左軸，蓋除舊布新之象。”又言：“鄭、楚、周三分埜當赤地千里，兵凶大起，王者不可居也。”又曰：“蔡城有兵喪之兆，楚有亡國之徵，三軍苦戰於西垣前後有日矣。城壁傾頽，内無見糧，外無應兵，君臣數盡之年也。”聞者悚然奪氣，哀宗惟嗟嘆良久，不以爲罪。性頗倨傲，朝士以此非之。

[1]右丞：即尚書右丞。爲執政官，宰相之貳，佐治省事。正二品。　完顔仲德：女真人。本名忽斜虎。本書卷一一九有傳。

[2]司天長行：本書卷五六《百官志二》作“司天長行人”，定員五十名。未授職事者，試補管勾。

天興二年九月，[1]蔡州被圍，亢奏曰：“十二月三日必攻城。”及期果然。末帝問曰：[2]“解圍當在何日？”對曰：“明年正月十三日，城下無一人一騎矣。”帝不知其由，迺喜圍解有期，日但密計糧草使可給至其日不闕者。明年甲午正月十日，蔡州破，十三日，大元兵退。是日，亢赴水死云。

[1]天興：金哀宗年號（1232—1234）。

[2]末帝：本書末帝所指不一。此處及卷五六《百官志二》、卷五九《宗室表》都是指金哀宗，而卷一八《哀宗紀》之末，哀宗傳位於承麟後自縊而死，之下云“末帝退保子城”，“末帝爲亂兵所害”，則是指承麟，卷一一三《白撒傳》亦言“末帝承麟”。此處殿本作“哀帝”，更準確。

李懋，不知何許人。有異術。正大間，游京兆，[1]

行省完顔合達愛其術，[2]與俱至汴京，薦於哀宗。遣近侍密問國運否泰，言無忌避。居之繁臺寺，朝士日走問之，或能道隱事及吉凶之變，人以爲神。帝惡其言太泄，遣使者殺之。使者迺持酒肴入寺，懋出迎，笑曰："是矣。"使者曰："何謂也?"懋曰："我數當盡今日，尚復何言。"遂索酒，痛飲就死。

[1]京兆：府名。治所在今陝西省西安市。

[2]行省：金末於各地設行尚書省，分理兵民之政。長官稱行尚書省事，簡稱行省。非定制，故本書《百官志》不載。　完顔合達：女真人。名瞻，字景山。本書卷一一二有傳，《元史》卷一四九《郭寶玉傳》作"哈達"。

胡德新，河北士族也。[1]寓居南陽，[2]往來宛、葉間，[3]嗜酒落魄不羈，言禍福有奇驗。正大七年夏，與燕人王鉉邂逅於葉縣村落中。與鉉初不相識，坐中謬以兵官對，胡曰："此公在吾法中當登科甲，何以謂之兵官。"衆愕然，遂以實告。二人相得甚歡，即命家人具鷄酒以待，酒酣、舉大白相屬曰："君此去事業甚遠，不必置問。某有所見，久不敢對人言，今欲告子。"遂邀至野田，密謂曰："某自去年來，行宛、葉道中，見往來者十且八九有死氣。今春至陳、許間，[4]見其人亦有太半當死者。若吾目可用，則時事可知矣。"鉉驚問應驗遲速，曰："不過歲月間耳，某亦不逃此厄，請密志之。"明年，大元兵由金、房入，[5]取峭石灘渡漢，[6]所過廬舍蕭然，胡亦舉家及難，其精驗如此。

［1］河北：路名。天會七年（1129），析置河北東、西路。河北東路治所在今河北省河間市，河北西路治所在今河北省正定縣。

［2］南陽：府名。治所在今河南省南陽市。

［3］宛：縣名。即宛丘縣。治所在河南省淮陽縣。　葉：縣名。治所在今河南省葉縣西南舊縣鎮。

［4］陳：州名。治所在今河南省淮陽縣。　許：州名。治所在今河南省許昌市。

［5］金：州名。治所在今陝西省安康市。　房：州名。治所在今湖北省房縣。

［6］峭石灘：地名。不詳。　漢：水名。即今長江支流漢江。

金史　卷一三二

列傳第七十

逆臣

秉德　本名乙辛　唐括辯[1]　烏帶　大興國　徒單阿里出虎　僕散師恭　本名忽土　徒單貞　李老僧　完顏元宜　紇石烈執中　本名胡沙虎

[1]唐括辯：百衲本作“辨”，下文“辯”“辨”互見，此從中華點校本統一爲“辯”。

昔者，孔子作《春秋》而亂臣賊子懼，[1]其法有五焉：微而顯，志而晦，婉而成章，盡而不污，懲惡而勸善。夫懲惡乃所以勸善也，作《逆臣傳》。

[1]孔子作《春秋》而亂臣賊子懼：語出《孟子·滕文公下》。《春秋》，書名，爲孔子所作，中國最早的編年體史書。

秉德，本名乙辛。初爲西南路招討使，[1]改汴京留守。[2]丁母憂，起復爲兵部尚書，[3]拜參知政事。[4]皇統八年，[5]與烏林荅蒲盧虎等廉察郡縣，[6]使還，拜平章政事。[7]廷議欲徙遼陽渤海人屯燕南，[8]秉德及左司郎中三合議其事。[9]近侍高壽星在徙中，[10]壽星訴於悼后，[11]后以白帝，帝怒，杖秉德而殺三合。

[1]西南路招討使：西南路招討司長官。掌招懷降附，征討携離。正三品。西南路招討司大定八年（1168）以前設在豐州，治所在今内蒙古自治區呼和浩特市東南白塔村，大定八年以後設在應州，治所在今山西省應縣。

[2]汴京留守：汴京留守司長官，例兼本府府尹與本路兵馬都總管。正三品。汴京，京路名，即北宋舊都汴梁，金初因之，治所在今河南省開封市。

[3]兵部尚書：尚書兵部長官。掌兵籍、軍器、城隍、鎮戍、厩牧、鋪驛、車輅、儀仗、郡邑圖志、險阻、障塞、遠方歸化等事。正三品。

[4]參知政事：執政官。宰相之貳，佐治省事。從二品。始設於天眷元年（1138）。

[5]皇統：金熙宗年號（1141—1149）。

[6]烏林荅蒲盧虎：女真人。仕至烏古迪烈招討使。正隆五年（1160）契丹人起義時被殺。本書見於卷一三二、一三三。

[7]平章政事：爲宰相，掌丞天子，平章萬機。從一品。始設於天眷元年。

[8]遼陽：府名。治所在今遼寧省遼陽市。　燕南：指燕京以南。燕京，遼京路名，金初因之，金貞元元年（1153）遷都於此。治所在今北京市。

[9]左司郎中：尚書省左司負責人。掌本司奏事，總察吏、户、禮三部受事付事，兼帶修起居注。正五品。　三合：本書見於卷

四、六三、一三二。

[10]高壽星：渤海人。本書見於卷四、六三、一三二。

[11]悼后：女真人。即熙宗悼平皇后裴滿氏。本書卷六三有傳。

是時，熙宗在位久，[1]悼后干政，而繼嗣未立，帝無聊不平，屢殺宗室，箠辱大臣。秉德以其故懷忿，迺與唐括辯、烏帶等謀廢立。[2]烏帶以其謀告海陵，[3]海陵乃與秉德謀弒熙宗。

[1]熙宗：廟號。即完顏合剌，漢名亶。金朝第三任皇帝，1135年至1149年在位。

[2]唐括辯：女真人。本名斡骨剌。本卷有傳。　烏帶：女真人。漢名言。本卷有傳。

[3]海陵：封號。即完顏迪古迺，漢名亮。金朝第四任皇帝，1149年至1161年在位。

皇統九年十二月九日，遂與唐括辯、烏帶、忽土、阿里出虎、大興國、李老僧、海陵妹夫特厮，[1]弒熙宗于寢殿。秉德初意不在海陵，已弒熙宗，未有所屬，忽土奉海陵坐，秉德等皆拜稱萬歲。殺曹國王宗敏、左丞相宗賢。[2]

[1]忽土：女真人。僕散師恭本名忽土，本卷有傳。"忽土"，原本作"烏土"，從中華點校本改。　阿里出虎：女真人。即徒單阿里出虎。本卷有傳。"出虎"，原本作"忽出"，從中華點校本改。　大興國：渤海人。本卷有傳。　李老僧：渤海人。本卷有

傳。　特厮：又作特思，即徒單貞。本卷有傳。

[2]曹國王：封爵名。天眷格，爲大國封號第二十。　宗敏：女真人。本名阿魯補。本書卷六九有傳。　左丞相：爲宰相，掌丞天子，平章萬機。從一品。　宗賢：女真人。本名賽里，一作塞里。本書卷七〇有傳。

時秉德位在海陵上，因被杖怨望謀廢立，而海陵因之以爲亂。既立，以秉德爲左丞相，兼侍中、左副元帥，[1]封蕭王，[2]賜鐵券，[3]與錢二千萬、絹一千匹、馬牛各三百、羊三千。久之，爲烏帶所譖，出領行臺尚書省事。[4]

[1]侍中：爲門下省長官，金初例由左丞相兼任。正隆元年（1156）罷門下省，此官純成爲宰相之加銜。　左副元帥：元帥府屬官。金太宗天會三年（1125）設元帥府，掌征討之事。設左副元帥一名，位僅次於都元帥，正二品。

[2]蕭王：封爵名。天眷格，爲小國封號第二十八。

[3]鐵券：本書卷七七稱“貸死誓券”，卷三稱“券書”，卷七三稱“鐵券”。“以鐵爲之，狀如卷瓦。刻字畫襴，以金填之。外以御寶爲合，半留内府，以賞殊功。”見本書卷五八。

[4]領行臺尚書省事：行臺尚書省負責人。位在行臺左右丞相、行臺平章政事、行臺左右丞、行臺參知政事之上。

時秉德方在告，亟召之，限十日内發行。會海陵欲除太宗諸子，[1]并除秉德，以秉德首謀廢立，及弒熙宗，不即勸進，銜之。烏帶因言秉德與宗本謀反有狀，[2]曰：“昨來秉德曾於宗本家飲酒，海州刺史子忠言，[3]秉德有福，貌類趙太祖，[4]秉德偃仰笑受其言。臣妻言秉德妻嘗指斥主上，語皆不順。及秉德與宗本相别時，指斥尤甚，且謂曆數有歸。秉德招刑部侍郎漫獨曰：[5]‘已前曾説那公事，頗記憶否？’漫獨曰：‘不存性命事，何可對衆便説。’似此逆狀甚明。”海陵遣使就行臺殺秉德，[6]并殺前行臺參知政事烏林荅贊謀。[7]

[1]太宗：廟號。即完顔吴乞買，漢名晟。金朝第二任皇帝，1123年至1135年在位。

[2]宗本：女真人。本名阿魯。本書卷七六有傳。

[3]海州刺史：刺史州長官。負責本州政務。正五品。海州，治所在今江蘇省連雲港市西南海州鎮。　子忠：本書僅此一見。

[4]趙太祖：指宋太祖趙匡胤。960年至975年在位。

[5]刑部侍郎：尚書刑部屬官。協助刑部尚書掌律令、刑名、監户、官户、配隸、功賞、捕亡等事。正四品。　漫獨：本書僅此一見。

[6]行臺：官署名。即行臺尚書省，負責管理原齊國統治區。天眷元年（1138）以河南地與宋，改燕京樞密院爲行臺尚書省。天眷三年復移置於汴京。行臺尚書省各官品級較尚書省相應各官品級低一級。

[7]行臺參知政事：行臺尚書省屬官。也稱參知行臺事，參知行臺尚書省事。從二品。　烏林荅贊謀：女真人。亦作烏林荅贊謨、兀林荅贊謀。《宋史》卷三七〇《鄭剛中傳》作“烏陵贊謨”。本書見於卷八四、一三二。

贊謀妻，秉德乳母也。初，贊謀與前行臺左丞温敦思忠同在行臺，[1]思忠黷貨無厭，贊謀薄之，由是有隙，故思忠乘是并誣贊謀及其子，殺之。贊謀不肯跪受刑，行刑者立而縊殺之。海陵以贊謀家財奴婢盡賜思忠。

[1]行臺左丞：行臺尚書省屬官。從二品。　温敦思忠：女真人。耨盌温敦思忠本名乙剌補。本書卷八四有傳。

秉德與烏帶以口語致怨，既死，遂并殺其弟特里、糺里，[1]及宗翰子孫，死者三十餘人，宗翰之後遂絶。[2]世宗即位，[3]追復秉德官爵，贈儀同三司。[4]

[1]特里：女真人。本書見於卷六三、一三二。　糺里：女真人。本書見於卷五、六三、一三二。

[2]宗翰：女真人。本名粘没喝，漢語訛爲粘罕，國相撒改長子。本書卷七四有傳。按本書卷七四載，宗翰有孫名斜哥，世宗時仍在，此不應稱"宗翰之後遂絶"。

[3]世宗：廟號。即完顔烏禄，漢名雍。金朝第五任皇帝，1161年至1189年在位。

[4]儀同三司：文散官。爲從一品中階。

初，撒改薨，[1]宗翰襲其猛安親管謀克。[2]秉德死，海陵以賞烏帶，傳其子兀荅補。[3]大定六年，[4]世宗憫宗翰無後，詔以猛安謀克還撒改曾孫盆買，[5]遣使改葬撒改、宗翰於山陵西南二十里，百官致奠，其家産給近親以奉祭祀。

[1]撒改：女真人。本書卷七〇有傳。

[2]猛安親管謀克：女真族地方行政設置及官長名稱。猛安相

當於防禦州，謀克相當於縣。同時也是軍事編制及軍官名稱。行政設置猛安謀克領户，軍事編制猛安謀克領夫。有親管（合扎）、世襲與非親管、世襲之别。猛安謀克亦作爲榮譽爵稱。此指對宗翰之親管謀克之襲封。

[3]兀荅補：女真人。一作完顔烏荅補。本書見於卷六三、八〇、一三二。

[4]大定：金世宗年號（1161—1189）。

[5]盆買：本書僅此一見。

秉德既死，其中都宅第，[1]左副元帥杲居之。[2]杲死，海陵遷都，迎其嫡母徒單氏居之。[3]徒單遇害，世宗惡其不祥，施爲佛寺。

[1]中都：京路名。遼開泰元年（1012）號燕京，金初因之。

[2]杲：女真人。本名撒离合，一作撒离喝、撒剌喝。本書卷八四有傳。

[3]徒單氏：女真人。宗幹正室。天德二年（1150）尊爲太后，號永壽宫太后。本書卷六三有傳。

唐括辯本名斡骨剌。尚熙宗女代國公主，[1]爲駙馬都尉。[2]累官參知政事、尚書左丞。[3]與右丞相秉德謀廢立，而烏帶以告海陵，海陵謂辯曰："我輩不能匡救，旦暮且及禍。若行大事，誰可立者？"辯曰："無迺胙王常勝乎？"[4]海陵問其次，辯曰："鄧王子阿楞。"[5]海陵曰："阿楞屬疏，安得立。"辯曰："公豈有意邪？"海陵曰："若不得已，捨我其誰。"於是，旦夕相與密謀。護衛將軍特思疑之，[6]以告悼后，曰："辯等因間每竊竊偶語，不知議何事。”悼后以告熙宗，熙宗怒，召辯責之曰：“爾與亮謀何事？將如我何？”杖而遣之。自是謀益甚。

[1]代國公主：公主封號。

[2]駙馬都尉：官名。正四品。

[3]尚書左丞：執政官。爲宰相之貳，佐治省事。正二品。

[4]胙王：封爵名。天眷格，爲小國封號第二十三。　常勝：女真人。完顏元本名常勝。本書卷六九有傳。

[5]鄧王：封爵名。天眷格，《大金集禮》爲次國封號第二十二，《金史・百官志》爲第二十。　阿楞：女真人。又作阿懶，官至奉國上將軍。本書見於卷四、五、五九、六九、一三二。

[6]護衛將軍：本書卷四稱其官爲左衛將軍。殿前都點檢司屬官。掌宮禁及行從宿衛警嚴，總領護衛。護衛將軍應是對點檢司下屬的左、右衛將軍，左、右衛副將軍的通稱。　特思：女真人。熙宗時官爲護衛將軍，曾向熙宗悼平皇后揭發海陵等謀反事。孫進因冒稱“皇帝按察大王”一案爲海陵所誣，熙宗殺之。詳見本書卷五《海陵紀》、卷六《胙王元傳》、卷八三《張通古傳》。

十二月九日，[1]代國公主爲其母悼后作佛事，居寺中，故海陵、秉德等俱會於辯家。至夜，辯等以刀藏衣下，相隨入宮，門者以辯駙馬，不疑，皆内之。至殿門，直宿護衛覺之，[2]辯舉刀呵之使無動。既弒熙宗，立海陵，辯爲尚書右丞相兼中書令，[3]封王，賜錢二千萬、絹千匹、馬牛各三百、羊三千、并鐵券。進拜左丞相。父彰德軍節度使重國，[4]遷東平尹。[5]

［1］十二月九日：中華點校本認爲，此上脱“皇統九年”四字。

［2］護衛：皇宫的衛戍部隊。定員二百人，由五至七品官子孫及宗室、親軍、諸局分承應人中選拔，考試合格方可録用。負責皇宫的警衛及行從宿衛。

［3］尚書右丞相：爲宰相，掌丞天子，平章萬機。從一品。中書令：爲中書省長官，金初例由右丞相兼任，正隆元年（1156）罷中書省，此官純成爲宰相之加銜。

［4］彰德軍節度使：節度州長官。掌鎮撫諸軍防刺，總判本鎮兵馬之事，兼本州管内觀察使。從三品。彰德軍設在相州，治所在今河南省安陽市。　重國：女真人。本書見於卷八八、一三二。

［5］東平尹：府長官。掌宣風導俗，肅清所部，總判府事。正三品。東平即東平府，治所在今山東省東平縣。

初，辯與海陵謀逆，辯嘗言其家奴多可用者，海陵固已懷之。及行弑之夕會於辯家，待興國出宫，辯因設饌，衆皆恇懼不能食，辯獨飽食自若，海陵由此知其忮忍，畏忌之。及即位，嘗與辯觀太祖畫像，海陵指示辯曰：“此眼與爾相似。”辯色動，海陵亦色動，由是疑辯，益忌之。及與蕭裕謀致宗本罪，[1]并致辯嘗與宗本謀反，即殺之。

［1］蕭裕：奚人。本名遥折。本書卷一二九有傳。

重國坐奪官，正隆二年，[1]起爲沂州防禦使，[2]改清州防禦使。[3]大定初，重國與徒單拔改俱以政跡著聞，[4]歷安國、彰化、横海軍節度使。[5]

［1］正隆：金海陵王年號（1156—1161）。

［2］沂州防禦使：防禦州長官。掌防捍不虞、禦制盜賊，總管本州政務。從四品。沂州，治所在今山東省臨沂市。

［3］清州防禦使：防禦州長官。從四品。清州，治所在今河北省青縣。

［4］徒單拔改：女真人。世宗時自真定尹轉爲興平軍節度使。本書僅見於卷八八、一三二。

［5］安國、彰化、横海軍節度使：皆州官名。節度州長官。從三品。安國軍設在邢州，治所在今河北省邢臺市。彰化軍設在涇州，治所在今甘肅省涇川縣北。横海軍設在滄州，治所在今河北省滄州市境内。

後辯子孫上書，言辯死天德間，[1]祖重國亦坐追削。正隆初，重國已復官職，乞追復辯官爵。是時，海陵已降爲庶人，以辯與弒逆，不許。

［1］天德：金海陵王年號（1149—1153）。

言本名烏帶，[1]行臺左丞相阿魯補子也。[2]熙宗時，累官大理卿。[3]熙宗晚年喜怒不常，大臣往往危懼，右丞相秉德、左丞唐括辯謀廢立，[4]烏帶即詣海陵啓之，遂與俱弒熙宗。海陵即位，烏帶爲平章政事，封許國王，[5]賜錢、絹、馬、牛、羊、鐵券，並如其黨。

［1］言本名烏帶："言本名"三字，百衲本誤入上文《唐括辯傳》之後。張元濟《金史校勘記》已指出此錯誤。

［2］行臺左丞相：行臺尚書省屬官。正二品。　阿魯補：女真人。本書卷八〇有傳。按，本書卷四《熙宗紀》，皇統六年（1146）“三月壬申，以阿离補爲行臺右丞相”，四月，“行臺右丞相阿离補薨”，皆作“行臺右丞相”。本書卷五九《宗室表》，“阿魯補，系出景祖，行臺左丞相”，卷八〇本傳，皇統“六年，爲行臺左丞相”，則與此同。

［3］大理卿：大理寺長官。掌審斷天下奏案、詳核疑獄。正四品。

［4］右丞相秉德：“右丞相”，本書卷四《熙宗紀》及本卷《秉德傳》皆作“左丞相”，與此異。

［5］許國王：封爵名。天眷格，爲大國封號第十二。

烏帶妻唐括氏淫泆，[1]舊與海陵通，又私其家奴閻乞兒，[2]秉德嘗對熙宗斥其事，烏帶銜之未發也。時海陵多忌，會有疾，少間，烏帶遂誣奏：“秉德有指斥語，曰：‘主上數日不視朝，若有不諱，誰當繼者？’臣曰：‘主上有皇子。’秉德曰：‘嬰兒豈能勝天下大任，必也葛王乎。’”[3]海陵以爲實然，故出秉德，已而殺之，以秉德世襲猛安謀克授烏帶。進右丞相。烏帶與宗本有親，海陵以烏帶告秉德事，故宗本之禍烏帶獨免，遂以秉德千户謀克及其子婦家産盡賜之。[4]進司空、左丞相，[5]兼侍中。

［1］唐括氏：見本書卷六三。　泆：放縱。

［2］閻乞兒：本書見於卷六三、一三二。

［3］葛王：封爵名。天眷格，爲小國封號第二十七。此處指金世宗。據本書卷六《世宗紀上》，皇統間，以宗室子例授光禄大夫，

封葛王。

［4］千户：對猛安的漢語意譯，也稱爲猛安。

［5］司空：三公之一。正一品。

居數月，烏帶早朝，以日陰晦將雨，意海陵不視朝，先趨出朝，百官皆隨之去。已而海陵御殿，知烏帶率百官出朝，惡之，遂落司空，出爲崇義軍節度使。[1]後海陵思慕唐括容色，因其侍婢來候問起居，海陵許立爲后，使殺烏帶。海陵詐爲烏帶哀傷，使其子兀荅補佩金符乘驛赴喪，追封爲王，仍詔有司送其靈車，賜絹三百爲道途費。納唐括於宫中，封貴妃。[2]

［1］崇義軍節度使：節度州長官。從三品。崇義軍設在義州，治所在今遼寧省義縣。

［2］貴妃：内命婦稱號。位在元妃之下，淑妃、德妃、賢妃之上，正一品。

兀荅補襲猛安謀克。大定六年，以猛安謀克還撒改曾孫，以阿魯補謀克授兀荅補，[1]終同知大興尹。[2]子瑭，[3]本名烏也阿補，以曾祖阿魯補功，充筆硯祗候。[4]

［1］阿魯補謀克：謀克名。其他不詳。

［2］同知大興尹：府官名。大興即大興府，治所在今北京市。同知爲府尹佐貳，協助府尹處理本府政務。從四品。

［3］瑭：女真人。本書見於卷八〇、一三二。

［4］筆硯祗候：即筆硯祗候郎君。秘書監屬官。掌御用筆硯等事。本書僅此一見。

大興國，事熙宗爲寢殿小底，[1]權近侍局直長，[2]最見親信，未嘗去左右。每逮夜，熙宗就寢，興國時從主者取符鑰歸家，主者即以付之，聽其出入以爲常。皇統九年，海陵生日，熙宗使興國以宋司馬光畫像及他珍翫賜海陵，[3]悼后亦以物附賜，熙宗不悦，杖興國一百。

[1] 寢殿小底：殿前都點檢司下屬機構近侍局的辦事員。亦名入寢殿小底，大定十二年（1172）更名爲奉御，定員十六人。

[2] 權近侍局直長：殿前都點檢司下屬機構近侍局屬官。正八品。攝守、代理之官稱“權”。

[3] 司馬光：北宋大臣、史學家。《宋史》卷三三六有傳。

海陵謀弒，意先得興國迺可伺間入宫行大事，且度興國無罪被杖必有怨望心，可乘此說之，迺因李老僧結興國。既而，知無異心，可與謀，迺召至臥内，令解衣，欲與之俱臥，意有所屬者。興國固辭不敢，曰：“即有使，惟大王之命。”海陵曰：“主上無故殺常勝，又殺皇后。迺以常勝家産賜阿楞，既又殺阿楞，遂以賜我。我深以爲憂，奈何?”興國曰：“是固可慮也。”海陵曰：“朝臣旦夕危懼，皆不自保。向者我生日，因皇后附賜物，君遂被杖，我亦見疑。主上嘗言，會須殺君，我與君皆將不免，寧坐待死，何如舉大事。我與大臣數人謀議已定，爾以爲如何?”興國曰：“如大王言，事不可緩也。”迺約十二月九日夜起事。興國取符鑰開門，矯詔召海陵入。夜二更，海陵、秉德等入。熙宗常置佩刀於御榻上，是夜興國先取投榻下，及亂作，熙宗求佩刀不得，遂遇弒。

海陵既立，以興國爲廣寧尹，[1]賜奴婢百口、犀玉帶各一、錢、絹、馬、牛、鐵券如其黨，進階金紫光禄大夫。[2]再賜興國錢千萬、黄金四百兩、銀千兩、良馬四匹、駝車一乘、橐駝三頭、真珠巾、玉鉤帶、玉佩刀及玉校鞍轡。[3]天德四年，改崇義軍節度使，賜名邦基。再授絳陽、武寧節度使，[4]改河間尹。[5]

[1]廣寧尹：府長官。正三品。廣寧即廣寧府，治所在今遼寧省北寧市。

[2]金紫光禄大夫：文散官。爲正二品上階。

[3]橐（tuò）：橐駝，即駱駝。

[4]絳陽、武寧節度使：皆節度州長官，從三品。絳陽軍設在絳州，治所在今山西省新絳縣。武寧軍設在徐州，治所在今江蘇省徐州市。

[5]河間尹：府長官。正三品。河間即河間府，治所在今河北省河間市。

世宗即位，廢于家，凡海陵所賜皆奪之。大定中，邦基兄邦傑自京兆判官還，[1]世宗曰："大邦傑因其弟進，濫厠縉紳，豈可復用。"并罷其子弟與所贈父官。及海陵降爲庶人，詔曰："大邦基與海陵同謀弒逆，逋誅至今，爲幸多矣。"遂磔于思陵之側。[2]

[1]邦傑：本書僅此一見。　京兆判官：府官名。京兆即京兆府，治所在今陝西省西安市。判官即京兆府判官，府尹佐貳，掌諮

議參佐、糾正非違，紀綱衆務，分判吏、禮、工案事。從五品。

［2］思陵：金熙宗之陵名思陵。貞元三年（1155），改葬熙宗於大房山蓼香甸，陵名思陵。大定二十八年（1188），以思陵狹小，遷葬於峨眉谷，仍號思陵。此時思陵指大房山蓼香甸的舊思陵。

徒單阿里出虎，會寧葛馬合窟申人，[1]徙懿州。[2]父拔改，[3]太祖時有戰功，領謀克，曷速館軍帥，[4]皇統四年爲兵部侍郎，[5]歷天德軍節度使，[6]改興中尹，[7]與宗幹世爲姻家。[8]

［1］會寧：府名。治所在今黑龍江省阿城市白城。　葛馬合窟申：地名。具體地點不詳。

［2］懿州：治所在今遼寧省阜新市塔營子村。

［3］拔改：見於此及卷八八。

［4］曷速館：路名。金初曷蘇館在遼陽府鶴野縣的長宜鎮，即今遼寧省蓋州市東南。天會七年（1129）徙治寧州，即今遼寧省熊岳城西南七十里永寧鎮，一説在今遼寧省金州區南。明昌四年（1193）廢。　軍帥：軍帥司長官。

［5］兵部侍郎：尚書兵部屬官。協助兵部尚書掌兵籍、軍器、城隍、鎮戍、厩牧、鋪驛、車輅、儀仗、郡邑圖志、險阻、障塞、遠方歸化等事。正四品。

［6］天德軍節度使：節度州長官。從三品。天德軍，治所在今内蒙古自治區呼和浩特市東郊。後廢。

［7］興中尹：府長官。正三品。興中即興中府，治所在今遼寧省朝陽市。

［8］宗幹：女真人。本名斡本，金太祖庶長子。本書卷七六有傳。

皇統九年，阿里出虎與僕散忽土俱爲護衛十人長。[1]海陵將弑熙宗，欲得二人者爲内應，遂許以女妻阿里出虎子，而以逆謀告之。阿里出虎素凶暴，聞其言喜甚，曰："阿家此言何晚邪，廢立之事亦男子所爲。主上不能保天下，人望所屬惟在阿家，今日之謀迺我素志也。"遂與忽土俱以十二月九日直禁中，海陵故以是夜二更入宫，至寢殿，阿里出虎先進刃，忽土次之，熙宗頓仆，海陵復刃之，血濺其面及衣。

[1]護衛十人長：當是總領護衛的小官，本書《百官志》不載。

海陵既立，以阿里出虎爲右副點檢，[1]賜錢、絹、馬、牛、羊如其黨，子朮斯剌尚榮國公主合女，[2]加昭毅大將軍、駙馬都尉。[3]天德二年，留守東京，[4]加儀同三司。八月，改河間尹，世襲臨潢府路斜剌阿猛安，[5]領親管謀克。以憂去職，起復爲太原尹，[6]封王。

[1]右副點檢：即殿前右副點檢，殿前都點檢司屬官，例兼侍衛親軍馬步軍副都指揮使。掌宫掖及行從。從三品。

[2]朮斯剌：僅見於此及卷五。　榮國公主：公主封號。　合女：女真人。海陵之女。本書僅此一見。

[3]昭毅大將軍：武散官。爲正四品中階。

[4]留守東京：指東京留守，爲東京留守司長官。正三品。東京，京路名，治所在今遼寧省遼陽市。

[5]臨潢府路：治所在今内蒙古自治區巴林左旗林東鎮南波羅城。　斜剌阿猛安：猛安名。日人三上次男認爲，斜剌阿可能與本

書卷二四《地理志上》“北京路臨潢府”條下的“撒里乃”有關係。撒里乃地在内蒙古自治區巴林左旗林東鎮之西北。

[6]太原尹：府長官。正三品。太原即太原府，治所在今山西省太原市。

阿里出虎自謂有佐立功，受鐵券，凶狠益甚，奴視僚屬，少忤其意輒箠辱無所恤。嘗問休咎於卜者高鼎，[1]遂以鼎所占問張王乞。[2]王乞以謂當有天命，阿里出虎喜，以王乞語告鼎。鼎上變，阿里出虎伏誅，并殺其妻及王乞。海陵使其子术斯剌焚其屍，投骨水中。

[1]高鼎：本書僅此一見。

[2]張王乞：本書僅此一見。

拔改自西京留守歷西南路招討使、忠順軍節度使，[1]入爲勸農使，[2]復爲河間尹，改臨洮尹，[3]入爲工部尚書，[4]改興平軍節度使、濟南尹，[5]卒。

[1]西京留守：西京留守司長官。西京，京路名，治所在今山西省大同市。　忠順軍節度使：節度州長官。從三品。忠順軍設在蔚州，治所在今河北省蔚縣。

[2]勸農使：勸農使司長官。掌勸課天下力田之事。正三品。

[3]臨洮尹：府長官。正三品。臨洮即臨洮府，治所在今甘肅省臨洮縣。

[4]工部尚書：尚書工部長官。掌修造營建法式、諸作工匠、屯田、山林川澤之禁、江河堤岸、道路橋樑等事。正三品。

[5]興平軍節度使：節度州長官。從三品。興平軍設在平州，

治所在今河北省盧龍縣。　濟南尹：府長官。濟南府治所在今山東省濟南市。

僕散師恭本名忽土，上京老海達葛人。[1]本微賤，宗幹嘗周恤之，擢置宿衛，爲十人長。海陵謀逆，以忽土出自其家，有恩，欲使爲内應，謂之曰："我有一言欲告君久矣，恐泄於人，未敢也。"忽土曰："肌肉之外皆先太師所賜，[2]苟有補於國王，死不敢辭。"先太師，謂宗幹也。海陵曰："主上失道，吾將行廢立事，必得君爲助迺可。"忽土許之。

［1］上京：京路名。治所在今黑龍江省阿城市白城。　老海達葛：地名。具體地點不詳。按，本書卷八二《僕散渾坦傳》則謂其弟"僕散渾坦，蒲與路挾懣人也"，與此異。

［2］太師：三師之一。正一品。

十二月九日，忽土直宿，海陵因之入宫。至寢殿，熙宗聞步屧聲，咄之，衆皆却立不敢動，忽土曰："事至此，不進得乎？"迺相與排闥而入。既弑熙宗，秉德等尚未有所屬，忽土曰："始者議立平章，[1]今復何疑。"迺奉海陵坐，衆前稱萬歲。遂召曹國王宗敏至，即使忽土殺之。

［1］平章：即平章政事。

既即位，忽土爲左副點檢，[1]賜錢、絹、馬、牛、羊、鐵券。轉都點檢,[2]改名師恭。[3]遷會寧牧,[4]拜太子少師、工部尚書,[5]封王。頃之,以憂解職。起復爲樞密副使,[6]進拜樞密使。[7]貞元三年,[8]爲右丞相。正隆初,拜太尉,復爲樞密使。無何,以憂去,起復爲太尉、樞密使。[9]

[1]左副點檢:即殿前左副點檢,殿前都點檢司屬官,例兼侍衛親軍馬步軍副都指揮使。掌宫掖及行從。從三品。

[2]都點檢:即殿前都點檢,爲殿前都點檢司長官,例兼侍衛親軍馬步軍都指揮使。掌行從宿衛,關防門禁,督攝隊仗,總判司事。正三品。

[3]師恭:百衲本作“思恭”,從中華點校本改。

[4]會寧牧:府官名。會寧即會寧府,治所在今黑龍江省阿城市。

[5]太子少師:東宫屬官。宫師府三少之一。正三品。

[6]樞密副使:樞密院屬官。協助樞密使掌武備機密之事。從二品。

[7]樞密使:樞密院長官。掌武備機密之事。從一品。

[8]貞元:金海陵王年號(1153—1156)。

[9]太尉:三公之一。正一品。

海陵至汴京,賜忽土第一區,鄰寧德宫。[1]宫,徒單太后所居也。[2]忽土時時入見太后。及契丹撒八反,[3]海陵命忽土與蕭懷忠北伐。[4]比行,忽土入辭寧德,太后與語久之。海陵聞而惡之,疑其與太后有異謀。是時,蕭秃剌、斡盧補與契丹撒八連戰皆無功,[5]糧運不繼,迺退軍臨潢。[6]而撒八聞師恭以大軍且至,迺謀歸大石，[7]沿龍駒河西去。[8]師恭至臨潢，追之不及。海陵使樞密副使白彦敬等討撒八，[9]師恭還，遣其子忽殺虎乘傳逆之，至則執而戮于市。師恭臨刑，繩枚窒口不能言，但舉首視天日而已。遂族滅之，并誅滅蕭秃剌、蕭賾、蕭懷忠家。[10]

[1]寧德宫：宫殿名。原爲秉德及左副元帥杲之宅第。

[2]徒單太后：女真人。宗幹正室，天德二年（1150）尊爲太后，號永壽宫太后。本書卷六三有傳。

[3]撒八：契丹人。金代契丹人大起義的主要領導者。事迹附見於本書卷一三三《移剌窩斡傳》中。

[4]蕭懷忠：契丹人。本名好胡。本書卷九一有傳。

[5]蕭秃剌：契丹人。本書見於卷五、九一、一三二、一三三。斡盧補：本書見於卷五、九一、一三二。

[6]臨潢：府名。治所在今内蒙古自治區巴林左旗林東鎮南波羅城。

[7]大石：契丹人。即耶律大石。事詳《遼史》卷三〇《天祚紀》中。

[8]龍駒河：今黑龍江省南源克魯倫河。

[9]白彦敬：本名遥設。本書卷八四有傳。

[10]蕭賾：海陵時官爲吏部尚書、參知政事、尚書右丞。後罷爲北京留守，統兵與契丹起義軍作戰。因戰事不利被處死，並被滅族，家屬没爲奴，至世宗大定二年（1162）始免爲良人。

大定初，皆復官爵。及海陵降爲庶人，師恭以預弑復削之。世宗幸上京，過老海達葛，師恭族人臨潢尹守中、定遠大將軍阿里徒等皆奪官。[1]二十八年，上謂宰臣曰："海陵遣僕散師恭、蕭禿剌、蕭懷忠追撒八不及，皆坐誅，遂夷其族，虐之甚也。"平章政事襄對曰：[2]"是時臣在軍中，忽土、醻有精甲一萬三千有餘，[3]賊軍雖多，皆脅從之人，以氈紙爲甲，易與也。忽土等恇怯遷延，賊迺遁去。"上曰："審如是，則誅之可也。"兄渾坦。[4]

[1]守中：女真人。即僕散守中，大定九年（1169）以宿直將軍爲夏國生日使，大定二十五年以臨潢尹爲賀宋正旦使。　定遠大將軍：文散官。爲從四品中階。　阿里徒：本書僅此一見。

[2]襄：女真人。本名唵。本書卷九四有傳。

[3]醻：當指上文提到的蕭醻。張元濟《金史校勘記》認爲百衲本、殿本此字皆誤，"疑當作'積'"。

[4]渾坦：女真人。本書卷八二有傳。

徒單貞，本名特思，忒黑闢剌人也。[1]祖抄，[2]從太祖伐遼有功，[3]授世襲猛安。父婆盧火，[4]以戰功累官開府儀同三司。[5]貞娶遼王宗幹女，[6]海陵同母女弟也。皇統九年，貞與海陵俱弑熙宗。海陵既立，以貞爲左衛將軍，[7]封貞妻平陽長公主，[8]貞爲駙馬都尉、殿前左副點檢。轉都點檢，兼太子少保，[9]封王。改大興尹，都點檢如故。俄授臨潢府路昏斯魯猛安。[10]

[1]忒黑闢剌：闢剌當即必剌，其義爲水或河。所在地不詳。施國祁《金史詳校》卷一〇認爲，"黑"當作"里"。

[2]抄：女真人。本書僅見於卷六四、一三二。

[3]太祖：廟號。即完顏阿骨打，漢名旻。1115 年至 1123 年

在位。

[4]婆盧火：女真人。本書見於卷六四、八〇、一三二。

[5]開府儀同三司：文散官。爲從一品上階。

[6]遼王：封爵名。天眷格，爲大國封號第一。

[7]左衛將軍：即殿前左衛將軍，殿前都點檢司屬官。掌宫禁及行從宿衛警嚴，總領護衛。

[8]平陽長公主：皇帝姐妹封長公主，此爲海陵妹封號。

[9]太子少保：東宫屬官。宫師府三少之一。正三品。

[10]昏斯魯猛安：猛安名。日本學者三上次男謂與古思阿地有關，張博泉認爲無據。

居二年，海陵召貞勗之曰："汝自幼常在左右，頗著微勞，而近日迺怠忽，縱有罪，樹私恩。凡人富貴而驕，皆死徵也。汝若不制汝心，將無所不至，賜之死，復何辭。朕念弟襄及公主與朕同胞，[1]故少示懲戒。"貞但號泣。即日解點檢職，仍爲大興尹，復戒之曰："今而後能以勤自勵，朕當思之。不然，黜爾歸田里矣。"逾月，復爲都點檢、大興尹如故。正隆二年，[2]例封瀋。[3]遷樞密副使，賜佩刀入宫，轉同判大宗正事。[4]

[1]襄：女真人。本名永慶，宗幹第四子，海陵同母弟。本書卷七六有傳。

[2]正隆二年："二"，據施國祁《金史詳校》卷一〇所載，當作"四"。

[3]瀋：封爵名。天眷格，《大金集禮》爲次國封號第九，《金史·百官志》爲第七。

[4]同判大宗正事：大宗正府屬官。協助判大宗正事掌敦睦糾

率宗屬欽奉王命。從二品。泰和六年（1206）因避章宗父諱改爲同判大睦親事。

海陵將伐宋，詔朝官除三國人使宴飲，其餘飲酒者死。六年正月四日立春節，益都尹京、安武節度使爽、金吾上將軍阿速飲於貞第。[1]海陵使周福兒賜土牛至貞第，[2]見之以告，海陵召貞詰之曰："戎事方殷，禁百官飲酒，卿等知之乎？"貞等伏地請死，海陵數之曰："汝等若以飲酒殺人太重，固當諫，古人三諫不聽亦勉從君命。魏武帝《軍行令》曰'犯麥者死'。[3]已而所乘馬入麥中，迺割髮以自刑。犯麥，微事也，然必欲以示信。朕爲天下主，法不能行于貴近乎？朕念慈憲太后子四人，[4]惟朕與公主在，而京等皆近屬，曲貸死罪。"於是杖貞七十，京等三人各杖一百，降貞爲安武軍節度使，京爲灤州刺史，[5]爽歸化州刺史。[6]

[1]益都尹：府長官。正三品。益都即益都府，治所在今山東省青州市。　京：女真人。完顏京本名忽魯，宗望次子，金太祖孫。本書卷七四有傳。　安武節度使：節度州長官。從三品。安武軍設在冀州，治所在今河北省冀州市。　爽：女真人。完顏爽本名阿鄰，宗强長子，金太祖孫。本書卷六九有傳。　金吾上將軍：武散官。即本書《百官志》所載金吾衛上將軍，爲正三品中階。　阿速：見於此及卷五。

[2]周福兒：見於此及卷七六、八三。

[3]魏武帝：指曹操。

[4]慈憲太后：渤海人。海陵生母大氏。本書卷六三有傳。

[5]灤州刺史：刺史州長官。負責本州政務。正五品。灤州，

治所在今河北省灤縣。

[6]歸化州刺史：州長官。歸化州，治所在今河北省宣化縣，大定七年（1167）改爲宣化州。

無何，拜貞御史大夫，[1]以本官爲左監軍，[2]從伐宋。至揚州，[3]海陵死，北還。見世宗于中都，詔以貞女爲皇太子妃，除貞爲太原尹，改咸平。[4]貞在咸平貪污不法，累贓巨萬，徙真定尹，[5]事覺。世宗使大理卿李昌圖鞫之，[6]貞即引伏，昌圖還奏，上問之曰："貞停職否？"對曰："未也。"上怒，抵昌圖罪，復遣刑部尚書移剌道往真定問之，[7]徵其贓還主。有司徵給不以時，詔先以官錢還其主，而令貞納官。凡還主贓，皆準此例。降貞爲博州防禦使，[8]降貞妻爲清平縣主。[9]

[1]御史大夫：御史臺長官。掌糾察朝儀、彈劾官邪、勘鞫官府公事，審斷所屬部門理斷不當引起上訴的案件。正三品，大定十二年（1172）改爲從二品。

[2]左監軍：即伐宋大都督府左監軍，位在左右領軍大都督及其副之下。正三品。

[3]揚州：治所在今江蘇省揚州市。

[4]咸平：此指咸平府尹。咸平府，治所在今遼寧省開原市開原老城。

[5]真定尹：府長官。正三品。真定即真定府，治所在今河北省正定縣。

[6]李昌圖：大定八年以右司郎中爲賀宋正旦使，大定十年以大理卿使西夏。

[7]刑部尚書：尚書刑部長官。正三品。　移剌道：本書卷

九〇有傳。

[8]博州防禦使：防禦州長官。從四品。博州，治所在今山東省聊城市。

[9]清平縣主：命婦封號。爲封公主之縣號第二。

頃之，遷震武節度使，[1]遣使者往戒勅之，詔曰：“朕念卿懿戚，不待終考，更遷大鎮。非常之恩不可數得，卿勿蹈前過。”轉河中尹。[2]進封其妻爲任國公主，[3]賜黄金百兩、重綵二十端，賜貞擊毬馬二匹。改東京留守，[4]賜玉吐鶻、弓矢，賜貞妻錢萬貫。

[1]震武節度使：爲節度州長官。從三品。震武軍設在代州，治所在今山西省代縣。

[2]河中尹：府長官。正三品。河中即河中府，治所在今山西省永濟市西南蒲州鎮。

[3]任國公主：公主封號。

[4]東京留守：東京留守司長官。正三品。

有司奏“海陵已貶爲庶人，宗幹不當猶稱帝”。於是，以宗幹有社稷功，詔追封爲遼王，其子孫及諸女皆降，貞妻降永平縣主，[1]貞自儀同三司降特進，[2]奪猛安，不稱駙馬都尉。再徙臨潢尹。

[1]永平縣主：命婦封號。

[2]特進：文散官。爲從一品中次階。

初，與弒熙宗凡九人，海陵以暴虐自斃，秉德、辯、忽土、阿里出虎以疑見殺，言以妻殞，裕、老僧以反誅，至是貞與大興國尚在。而興國擯棄不用，獨貞以世姻籍恩寵。雖夫婦降削爵號，而世宗慮久遠，終不以私恩曲庇，久之，詔誅貞及其妻與二子慎思、十六，[1]而宥其諸孫。俄而，興國亦誅，皇統逆黨盡矣。

[1]慎思：女真人。本書見於卷八、一三二。　十六：女真人。本書僅此兩見。

章宗即位，[1]尊母皇太子妃爲皇太后，[2]追封貞爲太尉、梁國公，[3]貞祖抄司空、魯國公，[4]父婆盧火司徒、齊國公，[5]貞妻梁國夫人，[6]子陁補火、慎思、十六俱爲鎮國上將軍。[7]無何，再贈貞太師、廣平郡王，[8]謚莊簡。貞妻進封梁國公主。[9]

[1]章宗：廟號。即完顏麻達葛，漢名璟。金朝第六任皇帝，1190 年至 1208 年在位。

[2]皇太后：女真人。顯宗孝懿皇后，徒單貞之女。本書卷六四有傳。

[3]梁國公：封爵名。大定格，爲大國封號第二。

[4]魯國公：封爵名。大定格，爲大國封號第十二。

[5]司徒：三公之一。正一品。　齊國公：封爵名。大定格，爲大國封號第七。

[6]梁國夫人：封爵名。

[7]陁補火：女真人。本書僅此一見。　鎮國上將軍：武散官。爲從三品下階。

[8]廣平郡王：封爵名。爲封王郡號第二。

[9]梁國公主：公主封號。

李老僧，舊爲將軍司書吏，[1]與大興國有親，素相厚。海陵秉政，興國屬諸海陵，海陵以爲省令史。[2]及將舉事，使老僧結興國，興國終爲海陵取符鑰，納海陵宮中成弑逆者，老僧爲之也。海陵既立，以老僧爲同知廣寧尹事，[3]賜錢千萬、絹五百匹、馬牛各二百、羊二千。

[1]將軍司書吏：官名。本書《百官志》不載。待考。

[2]省令史：尚書省左、右司辦事員。負責文書案牘之事。定員七十人，女真、漢人各半。爲無品級小官。

[3]同知廣寧尹事：府官名。從四品。廣寧即廣寧府。

久之，海陵惡韓王亨，[1]將殺之，求其罪不可得，遂以亨爲廣寧尹，再任老僧同知，使伺察亨，構致其罪。亨喜博，及至廣寧，常與老僧博，待之甚厚。老僧由是不忍致亨死罪，遲疑者久之。海陵再使小底訛論促老僧，[2]老僧乃與亨家奴六斤謀，[3]殺亨獄中，語在《亨傳》。及耶律安禮自廣寧還朝，[4]海陵謂之曰："孛迭三罪，[5]伏其一已見觖望。爾迺梁王故吏，[6]若亨伏辜，必罪及親族，故牓殺之。"[7]

[1]韓王：封爵名。天眷格，《大金集禮》爲次國封號第六，《金史·百官志》爲第四。　亨：女真人。本名孛迭，完顏宗弼之子，金太祖孫。本書卷七七有傳。

［2］小底：殿前都點檢司屬官。分入寢殿小底與不入寢殿小底兩種，入寢殿小底又名寢殿小底，定員十六人，大定十二年（1172）更名爲奉御。不入寢殿小底又名外帳小底，定員三十人，大定十二年更名爲奉職。此處未詳指何種小底。　訛論：本書僅此一見。

［3］六斤：本書見於卷七七、一三二。

［4］耶律安禮：本名納合。本書卷八三有傳。

［5］孛迭：女真人。完顏亨本名孛迭。本書卷七七有傳。

［6］梁王：封爵名。天眷格，《大金集禮》爲大國封號第三，《金史·百官志》爲第二。此指完顏宗弼。

［7］搒殺：捶打致死。

海陵以老僧於亨有遲回意，遂降老僧爲易州刺史。[1]久之，遷同知大興尹，[2]賜名惟忠，改延安府同知。[3]大定二年，與兵部尚書可喜謀反，[4]誅。

［1］易州刺史：爲刺史州長官。正五品。易州，治所在今河北省易縣。

［2］同知大興尹：府官名。大興即大興府，治所在今北京市。同知爲府尹佐貳，從四品。

［3］延安府同知：府官名。從四品。延安即延安府，治所在今陝西省延安市。

［4］可喜：女真人。本書卷六九有傳。

論曰：《書》曰：[1]"王左右常伯、常任、準人、綴衣、虎賁。周公曰：嗚呼，休兹知恤鮮哉。"穆王告伯冏曰：[2]"慎簡迺僚，其無以巧言令色、便辟側媚，其惟吉士。”金人所謂寢殿小底猶周之綴衣，所謂護衛猶周之虎賁也，則皆群僕侍御之臣矣。海陵弑逆，而大興國、忽土、阿里出虎爲之扼擘，皆出于小底護衛之中，熙宗固不知恤之也。一日，熙宗與近侍飲酒，會夜，稽古殿火，[3]上欲往視，都點檢辭不失引帝裾止之，[4]奏曰："臣在此，陛下何患，願無親往。"熙宗謂辭不失被酒，甚怒之，明日，杖而出之，已而思其忠，復見召用。海陵與唐括辯時時屏人私語，護衛特思察其非常，海陵擠而殺之。皇統末年，群臣解體，無尊君謹上之心，而群奸竊發，僕御之臣不復有如辭不失、特思者矣。《綿》之詩曰：[5]"予曰有疏附，予曰有先後，予曰有奔走，予曰有禦侮。"嗚呼，先後禦侮之臣豈可少哉。

[1]《書》曰：所引見《周書·立政》。

[2]伯冏曰：所引見《周書·冏命》。

[3]稽古殿：宫殿名。在上京路會寧府皇宫中。據本書卷二四《地理志上》："書殿曰稽古。"

[4]辭不失：本書僅見於此。

[5]《綿》之詩曰：所引見《詩經·大雅·綿》。

完顏元宜，本名阿列，一名移特輦，本姓耶律氏。父慎思，[1]天輔七年，[2]宗望追遼主至天德，[3]慎思來降，且言夏人以兵迎遼主，[4]將渡河去。宗望移書夏人諭以禍福，夏人迺止。賜慎思姓完顏氏，官至儀同三司。

［1］慎思：契丹人。本姓耶律，因賜姓改爲完顔。本書見於卷二、三、七二、七四、一三二。

［2］天輔：金太祖年號（1117—1123）。

［3］宗望：女真人。本名斡盧補。本書卷七四有傳。　天德：軍鎮名。設在豐州。

［4］夏：指党項族建立的西夏政權（1038—1227）。

元宜便騎射，善擊毬。皇統元年，充護衛，累遷甌里本群牧使，[1]入爲武庫署令，[2]轉符寶郎。[3]海陵篡立，爲兵部尚書。天德三年，詔凡賜姓者皆復本姓，元宜復姓耶律氏。歷順義、昭義節度使，[4]復爲兵部尚書、勸農使。[5]

［1］甌里本群牧使：甌里本群牧所長官。掌檢校群牧蓄養蕃息之事。從四品。甌里本群牧，疑在武平縣境内，即今内蒙古自治區敖漢旗東白塔子附近。

［2］武庫署令：殿前都點檢司下屬機構武庫署的負責人。掌收存諸路常課甲仗，以曉軍器女真人充。從六品。

［3］符寶郎：殿前都點檢司屬官。舊名牌印祗候，大定二年（1162）更爲符寶祗候，後更名爲符寶郎。掌御寶及金銀等牌。定員四人。

［4］順義、昭義節度使：皆節度州長官。從三品。順義軍設在朔州，治所在今山西省朔州市；昭義軍設在潞州，治所在今山西省長治市。

［5］復爲兵部尚書、勸農使：按，范成大《攬轡録》之“耶律勸農使”與《三朝北盟會編》卷二四引《神麓記》之“勸農使契丹阿列”，當即此完顔元宜。

海陵伐宋，以本官領神武軍都總管，[1]以大名路騎兵萬餘益之。[2]前鋒渡淮，[3]拔昭關，[4]遇宋兵萬餘于柘臯，[5]力戰却之。至和州，[6]宋兵十萬來拒，元宜麾軍力戰，抵暮而罷。宋人乘夜襲營，元宜擊走之，黎明追及宋兵，斬首數萬，以功遷銀青光禄大夫。[7]海陵增置浙西道都統制，[8]使元宜領之，督諸軍渡江，佩金牌，賜衣一襲。

[1]神武軍都總管：據本書卷四四《兵志》與卷一二九《李通傳》，海陵南征所設三十二總管中無神武，疑此誤。

[2]大名路：治所在今河北省大名縣東。

[3]淮：即今淮河。

[4]昭關：在今安徽省含山縣西北小峴山上。

[5]柘臯：鎮名。在今安徽省巢湖市西北。

[6]和州：治所在今安徽省和縣。

[7]銀青光禄大夫：文散官。即本書《百官志》所載的銀青榮禄大夫。爲正二品下階。

[8]浙西道都統制：官署名。指浙西道都統制府，海陵南征時所設的臨時性軍事機構，負責總領該道各總管的部隊對宋作戰。長官爲浙西道都統制。南征失敗後取消，故本書《百官志》不載。"道"，百衲本作"路"，從中華點校本改。

是時，世宗已即位于遼陽，[1]軍中多懷去就。海陵軍令慘急，亟欲渡江，衆欲亡歸，决計於元宜。猛安唐括烏野曰：[2]"前阻淮渡，皆成擒矣。比聞遼陽新天子即位，不若共行大事，然後舉軍北還。"元宜曰："待王祥至謀之。"[3]王祥者，元宜子，爲驍騎副都指揮使，[4]

在别軍。元宜使人密召王祥，既至，遂約詰旦衛軍番代即行事。元宜先欺其衆曰："有令，爾輩皆去馬，詰旦渡江。"衆皆懼，乃以舉事告之，皆許諾。

[1]遼陽：府名。治所在今遼寧省遼陽市。

[2]唐括烏野：女真人。本書僅見於此卷。

[3]王祥：契丹人。本姓耶律，因賜姓而改姓完顔。本書見於卷七、六一、八七、一三二。

[4]驍騎副都指揮使：爲侍衛親軍驍騎軍的負責人之一，隸點檢司，始設於正隆五年（1160）。疑點檢司所屬侍衛親軍中原無騎兵，於正隆五年增設騎兵建置驍騎軍，以左右驍騎都副指揮使統騎兵，侍衛親軍步軍都副指揮使統步兵，皆隸於侍衛親軍都指揮使，即都點檢。本書卷五《海陵紀》，"遣都點檢耶律湛、右驍騎副都指揮使大磐討之"，也可證明這一點。據本書卷八〇《大磐傳》，未載其爲驍騎副都指揮使，但卷首云大磐"以大臣子累官登州刺使"，據《百官志》，刺史爲正五品，則左右驍騎副都指揮使的品級應在五品以下。

十月乙未黎明，[1]元宜、王祥與武勝軍都總管徒單守素、猛安唐括烏野、謀克斡盧保、婁薛、温都長壽等率衆犯御營。[2]海陵聞亂，以爲宋兵奄至，攬衣遽起，箭入帳中，取視之，愕然曰："迺我兵也。"大慶山曰：[3]"事急矣，當出避之。"海陵曰："走將安往？"方取弓，已中箭仆地。延安少尹納合斡魯補先刃之，[4]手足猶動，遂縊殺之。驍騎指揮使大磐整兵來救，[5]王祥出語之曰："無及矣。"大磐迺止。軍士攘取行營服用皆盡，迺取大磐衣巾裹海陵屍，焚之。遂收尚書右丞李通、浙西道副統制郭安國、監軍徒單永年、近侍局使梁琉、副使大慶山，[6]皆殺之。元宜行左領軍副大都督事，[7]使使者殺皇太子光英于南京。[8]大軍北還。

[1]十月乙未黎明：按本書卷五《海陵紀》，正隆六年（1161）十一月“乙未，浙西兵馬都統制完顏元宜等軍反”。另據《海陵紀》，是年九月有庚午朔，則乙未在十一月，此處脱“一”字。

[2]武勝軍都總管：海陵南征時集天下兵分爲三十二路，每路設總管，隸於左、右領軍大都督府與諸道統制府，負責指揮各部隊對宋作戰。南征失敗後取消，故本書《百官志》不載。　徒單守素：女真人。大定二十年（1180）以真定尹駙馬都尉爲賀宋正旦使。　斡盧保：本書僅此一見。　婁薛：本書僅此一見。　温都長壽：女真人。耨盌温敦思忠之孫。本書見於卷四七、八三、一三二。

[3]大慶山：渤海人。本書僅此一見。

[4]延安少尹：府官名。少尹爲府尹屬官，正五品。　納合斡魯補：本書僅見於此卷。

[5]驍騎指揮使：侍衛親軍驍騎軍的負責人之一，隸殿前都點檢司。應爲五品以上，三品以下。　大磐：渤海人。大臭之子。本書卷八〇有傳。

[6]尚書右丞：執政官。爲宰相之貳，佐治省事。正二品。　李通：本書卷一二九有傳。　郭安國：渤海人。郭藥師之子。本書卷八二有傳。　監軍：此時徒單永年官爲大都督府右監軍。　徒單永年：女真人。李通的姻親。海陵時仕至樞密副使。以同判大宗正事爲右監軍，隨海陵南征。　近侍局使：殿前都點檢司下屬機構近侍局屬官。掌侍從，承勑令，轉進奏帖。從五品。　梁琉：本書卷一三一有傳。　副使：殿前都點檢司下屬機構近侍局屬官。從六品。

[7]左領軍副大都督：海陵南征時所設臨時性軍事機構左領軍大都督府屬官。負責協助左領軍大都督指揮各總管的部隊對宋作戰。南征失敗後取消，故本書《百官志》不載。

[8]光英：女真人。本名阿魯補，海陵太子。本書卷八二有傳。

大定二年春，入見，拜御史大夫，詔曰："高楨爲御史大夫，[1]號爲正直，頗涉煩碎，臣下衣冠不正亦被糾舉。職事有大於此者，爾宜勉之。"未幾，拜平章政事，封冀國公，[2]賜玉帶、甲第一區，復賜姓完顔氏。

[1]高楨：本書卷八四有傳。

[2]冀國公：封爵名。天眷格，《大金集禮》爲次國封號第十九，《金史·百官志》爲第十七。

往泰州路規措討契丹事，[1]元宜使忠勇校尉李榮招窩斡，[2]窩斡殺榮，詔追贈榮進官四階，五月，上聞元宜將還，遣使止之。契丹已平，元宜還朝，奏請益諸群牧鎧甲，詔從之，每群牧益二十副。元宜復請益臨潢戍軍士馬，詔給馬六百匹。久之，罷爲東京留守。乞還所賜甲第，上從之，賜以襲衣、吐鶻、厩馬、海東青鶻。未幾，致仕，薨于家。上聞之，遣使致祭，賻贈甚厚。

[1]泰州路：治所在今吉林省洮南市東北雙塔鄉城四家子舊城址，一説在今黑龍江省泰來縣塔子城。

[2]忠勇校尉：武散官。爲正八品上階。　李榮：本書僅此一見。　窩斡：契丹人。即移剌窩斡。本書卷一三三有傳。

大定十一年，尚書省奏擬納合斡魯補除授，[1]上曰："昔廢海陵，此人首入弑之，人臣之罪莫大於是，豈可復加官使？其世襲謀克姑聽仍舊。"大定十八年，扎里海上言：[2]"凡爲人臣能捍災禦侮有功者，宜録用之。今弑海陵者以爲有功，賞以高爵，非所以勸事君也。宜削奪，以爲人臣之戒。臣在當時亦與其黨，如正名定罪，請自臣始。"上曰："扎里海自請其罪，以勸事君，此亦人之所難。"遂以扎里海充趙王府祗候郎君。[3]

[1]尚書省：官署名。金最高政務機關。下屬機構有吏、户、禮、兵、刑、工六部及左、右司。長官爲尚書令，正一品。

[2]扎里海：本書僅見於此卷。

[3]趙王府祗候郎君：諸王府屬吏。趙王，封爵名，大定格，爲大國封號第八。此時封趙王者爲世宗子永中。

元宜子習涅阿補，[1]大定二十五年爲符寶祗候，[2]乞依女直人例遷官，上曰："賜姓一時之權宜。"令習涅阿補還本姓。

[1]習涅阿補：契丹人。完顔元宜之子，本姓耶律，因賜姓改姓完顔。本書僅見於此卷。

[2]符寶祗候：殿前都點檢司屬官。舊名牌印祗候，大定二年（1162）改爲此名，後更名爲符寶郎。掌御寶及金銀等牌。定員四人。

論曰：《春秋》書"齊公子商人弑其君舍"，[1]又曰："齊人弑其君商人。"[2]嗟乎，弑舍者商人也，弑商人者邴歜、閻職也。海陵弑熙宗，完顏元宜弑海陵。商人之弑也，邴歜、閻職去之。海陵之弑也，元宜歸于世宗。邴、閻賤役，元宜都將也，握君之親兵，窺利以弑之，其罪豈容誅乎！世宗僅能不大用之而已。扎里海猶殺人而自首者也，在律，殺人未聞准首免罪而又予賞者也，況弑逆乎！海陵弑五十三年，復有胡沙虎之事。

[1]齊公子商人弑其君舍：語出《春秋·文公十四年》。

[2]齊人弑其君商人：語出《春秋·文公十八年》。

紇石烈執中，本名胡沙虎，阿踈裔孫也。[1]徙東平路猛安。[2]大定八年，充皇太子護衛，出職太子僕丞，[3]改鷹坊直長，[4]再遷鷹坊使、拱衛直指揮使。[5]明昌四年，[6]使過阻居，[7]監酒官移剌保迎謁後時，[8]飲以酒，酒味薄，執中怒，毆傷移剌保，詔的决五十。未幾，遷右副點檢，肆傲不奉職，降肇州防禦使。[9]踰年，遷興平軍節度使。丁母憂，起復歸德軍節度使，改開遠軍兼西南路招討副使。[10]俄知大名府事。[11]承安二年，[12]召爲簽樞密院事。[13]詔佐丞相襄征伐，執中不欲行，奏曰："臣與襄有隙，且殺臣矣。"上怒其言不遜，事下有司，既而赦之，出爲永定軍節度使。[14]改西北路招討使，[15]復爲永定軍，坐奪部軍馬解職。

[1]阿踈：本書卷六七有傳。

[2]東平路：即山東西路，因其治東平府，故有此名。治所在今山東省東平縣。

[3]太子僕丞：東宫屬官。掌太子車馬、厩牧、弓箭、鞍轡、器物等事。正九品。

[4]鷹坊直長：鷹坊屬官。協助提點，掌調養鷹鶻之類。不限員，正八品。

[5]鷹坊使：鷹坊屬官。從五品。　拱衛直指揮使：宣徽院下屬機構拱衛直的負責人。掌總統本直，謹嚴儀衛。從四品。

[6]明昌：金章宗年號（1190—1196）。

[7]阻居：地名。所在地不詳。

[8]監酒官：指酒使司屬官都監。掌簽署文書，檢視釀造。正八品。　移剌保：本書僅此一見。

[9]肇州防禦使：防禦州長官。從四品。肇州，治所在今黑龍江省肇源縣望海屯舊城址；一説在今黑龍江省肇東縣八里城；一説在今黑龍江省肇源縣茂興站南吐什吐。

[10]開遠軍：指開遠軍節度使，爲節度州長官。從三品。開遠軍設在雲内州，治所在今内蒙古自治區土默特左旗東南。　西南路招討副使：也稱副招討使，西南路招討司屬官。從四品。西南路治所在今内蒙古自治區呼和浩特市東郊。

[11]知大名府事：府官名。帶京朝官銜或試銜者任府尹時稱知府事，簡稱知府。大名府，治所在今河北省大名縣東。

[12]承安：金章宗年號（1196—1200）。

[13]簽樞密院事：樞密院屬官。協助樞密使掌武備機密之事。正三品。

[14]永定軍節度使：節度州長官。從三品。永定軍設在雄州，治所在今河北省雄縣。

[15]西北路招討使：西北路招討司長官。正三品。西北路治所在今内蒙古自治區正藍旗。

泰和元年，[1]起知大興府事。[2]詔契丹人立功官賞恩同女直人，許存養馬匹，得充司吏譯人，著爲令。執中格詔不下，上責之曰："汝雖意在防閑，而不知朝廷自有定格，自今勿復如此煩碎生事也。"乃下詔行之。

［1］泰和：金章宗年號（1201—1208）。

［2］大興府：治所在今北京市。

淶水人魏廷實祖任兒，[1]舊爲靳文昭家放良，[2]天德三年，編籍正户，已三世矣。文昭孫勍詆廷實爲奴，[3]及妄訴毆詈，警巡院鞫對無狀，[4]法當訴本貫。勍訴于府，執中使廷實納錢五百貫與勍。廷實不從，還淶水，執中徑遣鎖致廷實。御史臺請移問，[5]執中轉奏御史臺不依制，府未結斷，令移推。詔吏部侍郎李炳、户部侍郎粘割合荅推問。[6]炳、合荅奏御史臺理直，詔迺切責執中。

［1］淶水：縣名。治所在今河北省淶水縣。"水"，原本作"州"，從中華點校本改。　魏廷實：本書僅見於本卷。　任兒：本書僅見於本卷。

［2］靳文昭：本書僅見於本卷。

［3］勍：本書僅見於本卷。

［4］警巡院：官署名。掌平理獄訟，警察所部。長官爲警巡使，正六品。下設副使一員，從七品；判官二員，正九品。

［5］御史臺：官署名。掌糾察朝儀、彈劾官邪、勘鞫官府公事，審斷所屬部門理斷不當引起上訴的案件。長官爲御史大夫。下設御史中丞、侍御史、治書侍御史、殿中侍御史、監察御史等官。

［6］吏部侍郎：尚書吏部屬官。協助吏部尚書掌文武選授、勳

封、考課、出給制誥等政事。正四品。　李炳：南京人。初爲左司都事，因凌辱下屬而被杖責。巴結章宗妃李師兒。後曾任監察御史。　户部侍郎：尚書户部屬官。協助户部尚書掌户口、錢糧、田土的政令及貢賦出納、金幣轉通、府庫收藏等事。正四品。　粘割合荅：女真人。本書僅此一見。

御史中丞孟鑄奏彈執中：[1]“貪殘專恣，不奉法令。釋罪之後，累過不悛。既蒙恩貸，轉生跋扈。如雄州詐認馬，[2]平州冒支俸，[3]破魏廷實家，發其冢墓，拜表不赴，祈雨娶妓，毆詈同僚，擅令停職，失師帥之體，不稱京尹之任。”上曰：“執中粗人，似有跋扈爾。”鑄對曰：“明天子在上，豈容有跋扈之臣。”上意寤，取閱奏章，詔尚書省問之。由是改武衛軍都指揮使。[4]

[1]御史中丞：御史臺屬官。協助御史大夫掌糾察朝儀、彈劾官邪、勘鞫官府公事，審斷所屬部門理斷不當引起上訴的案件。從三品。　孟鑄：本書卷一〇〇有傳。

[2]雄州：治所在今河北省雄縣。

[3]平州：治所在今河北省盧龍縣。

[4]武衛軍都指揮使：尚書兵部下屬機構武衛軍都指揮使司長官。掌防衛都城，捕除盜賊。從三品。

平章政事僕散揆宣撫河南，[1]執中除山東東西路統軍使。[2]揆行省汴京伐宋，[3]升諸道統軍司爲兵馬都統府，[4]執中爲山東兩路兵馬都統，[5]定海軍節度使完顏撒剌副之。[6]執中分兵駐金城、朐山，[7]請益發東平路兵屯密、沂、寧海、登、萊以遏兵衝，[8]詔從之，時泰和六年四月也。

［1］僕散揆：女真人。一名臨喜。本書卷九三有傳。　河南：路名。指南京路。

［2］山東東西路統軍使：亦稱山東路統軍使，山東路統軍司負責人。掌督領軍馬、鎮攝封陲、分營衛、視察奸。正三品。

［3］行省：官署名。指行尚書省，爲中央尚書省的派出機構。金末於征伐地區設行省，分理地方軍民之政，非定制，故本書《百官志》不載。長官爲行尚書省事，簡稱行省。

［4］統軍司：官署名。金於河南、山西、山東、陝西設統軍司，督領軍馬，鎮攝封陲，分營衛、視察奸。長官爲統軍使，正三品。　兵馬都統府：官署名。負責總統本路兵馬，兼掌民政。長官爲都統。

［5］山東兩路兵馬都統：山東兩路兵馬都統府長官，負責山東路軍務。山東兩路指山東東、西路，都統府設在東平府。

［6］定海軍節度使：節度州長官。從三品。定海軍設在萊州，治所在今山東省掖縣。　完顏撒剌：女真人。後爲元帥左都監，升參知政事。本書見於卷一二、一三二。按，本書卷一二《章宗紀》，泰和六年（1206）四月，“以山東東西路統軍使紇石烈執中爲山東西路兵馬都統使”，與此異。

［7］金城：鎮名。治所在今江蘇省漣水縣北。　朐山：縣名。治所在今江蘇省連雲港市西南海州鎮。

［8］密：州名。治所在今山東省諸城市。　寧海：州名。大定二十二年（1182）升寧海軍置。治所在今山東省烟臺市境内。　登：州名。治所在今山東省蓬萊市。　萊：州名。治所在今山東省掖縣。

五月，宋兵犯金城，執中遣巡檢使周奴以騎兵三百禦之。[1]會宋益兵轉趨沭陽，[2]謀克三合伏卒五十人篁竹中，[3]伺宋兵過，突出擊之，殺十數人，追至縣城，宋兵不敢出。會周奴以兵入城，宋兵逾城走，三合已焚其舟，合擊，大破之，斬首五百餘級，殺宋統領李藻，[4]擒忠義軍將吕璋。[5]

[1]巡檢使：金於諸州設巡檢使，負責各地的治安工作。正七品。　周奴：本書僅此一見。

[2]沭陽：縣名。治所在今江蘇省沭陽縣。

[3]三合：本書中共五人同名三合。此人僅見於此卷。

[4]統領：宋官名。南宋屯駐大軍的各軍、各部統兵官稱號之一，位在統制之下。　李藻：宋將名。本書僅此一見。

[5]忠義軍將：宋軍官名。　吕璋：宋將名。本書僅此一見。

十月，執中率兵二萬出清口，[1]宋以步騎萬餘列南岸，戰艦百艘拒上流，相持累日。執中以舟兵二千搏戰，遏宋舟兵，遣副統移剌古與涅率精騎四千自下流徑渡。[2]宋兵望騎兵登南岸，水陸俱潰。追斬及溺死者甚衆，盡獲其戰艦及戰馬三百，遂克淮陰，[3]進兵圍楚州。[4]遷元帥左監軍。執中縱兵虜掠，上聞之，杖其經歷官阿里不孫，[5]放還所掠。未幾，宋人請和，詔罷兵。除西南路招討使，改西京留守。

[1]清口：一名泗口、清河口。即古泗水入淮之口，在今江蘇省清江市西南。或説是山東省梁山縣東南，古汶水入濟水之口，以下濟水即稱清水。

[2]副統：即山東東西路副都統，爲山東東西路都統府屬官。

協助都統負責本路軍務。　移剌古與涅：見本書卷一二一。

[3]淮陰：縣名。治所在今江蘇省淮陰市西南甘羅城。

[4]楚州：治所在今江蘇省淮安市。

[5]經歷官：首領官名。首領官之長。掌衙門案牘和管轄官吏，處理官府日常公務。金設於都元帥府、樞密院，秩從五品至正七品。　阿里不孫：女真人。即完顏阿里不孫，字彦成。見本書卷一〇三。

大安元年，[1]授世襲謀克，復知大興府事，出知太原府，復爲西京留守，行樞密院，[2]兼安撫使。[3]以勁兵七千遇大兵，戰于定安之北，[4]薄暮，先以麾下遁去，衆遂潰。行次蔚州，[5]擅取官庫銀五千兩及衣幣諸物，奪官民馬，與從行私人入紫荆關，[6]杖殺淶水令。[7]至中都，朝廷皆不問。迺遷右副元帥，[8]權尚書左丞。執中益無所忌憚，自請步騎二萬屯宣德州，[9]與之三千，令駐嬀川。[10]

[1]大安：金衛紹王年號（1209—1211）。

[2]行樞密院：官署名。簡稱行院。由於軍事需要，在地方上臨時設置的軍事行政機構。

[3]安撫使：安撫司長官。掌鎮撫人民，譏察邊防軍旅，審録重刑事。正三品。

[4]定安：州名。貞祐三年（1215）升定安縣置，治所在今河北省蔚縣東北。

[5]蔚州：治所在今河北省蔚縣。

[6]紫荆關：在今河北省易縣西北紫荆關。

[7]淶水令：縣長官。令即縣令。

[8]右副元帥：元帥府屬官，位在都元帥與左副元帥之下。正二品。

[9]宣德州：大定八年（1168）以宣化州改名。治所在今河北省宣化縣。

[10]嬀川：縣名。明昌六年（1195）以懷來縣改名。治所在今河北省懷來縣東南懷來。

崇慶元年正月，[1]執中乞移屯南口或屯新莊，[2]移文尚書省曰："大兵來必不能支，一身不足惜，三千兵爲可憂，十二關、建春、萬寧宫且不保。"[3]朝廷惡其言，下有司按問，詔數其十五罪，罷歸田里。

[1]崇慶：金衛紹王年號（1212—1213）。

[2]南口：南口在今北京市昌平區西二十五里，地當居庸關之南，因名南口。或謂原名稱"下口"或"夏口"，至元始稱南口，據本傳，南口之名似起於金末。　新莊：舊無考。疑即在今河北省與北京市下口附近的辛莊，在河北省宣化縣東南二十五里有辛莊子，河北省永年縣西北十八里有辛莊集。待考。

[3]建春：行宫名。在中都路大興縣。　萬寧宫：離宫名。在中都路大興府城北。大定十九年（1179）建，初名太寧宫，後更名壽寧、壽安。明昌二年（1191）更名爲萬寧宫。

明年，復召至中都，預議軍事。左諫議大夫張行信上書曰：[1]"胡沙虎專逞私意，不循公道，蔑省部以示强梁，[2]媚近臣以求稱譽，骫法行事，[3]枉害平民。行院山西，[4]出師無律，不戰先退，擅取官物，杖殺縣令。屯駐嬀川，乞移内地，其謀略概可見矣。欲使改易前非，以收後効，不亦難乎。才誠可取，雖在微賤皆當擢用，何必老舊始能立功。一將之用，安危所係，惟朝廷加察，天下幸甚。”丞相徒單鎰以爲不可用，[5]參知政事璒跪奏其奸惡，[6]迺止。執中善結近倖，交口稱譽。五月，詔給留守半俸，預議軍事。張行信復諫曰：“伏聞以胡沙虎老臣，欲起而用。人之能否，不在新舊。彼向之敗，朝廷既知之矣，迺復用之，無迺不可乎。”遂止。

[1]左諫議大夫：諫院長官。正四品。　張行信：本書卷一〇七有傳。

[2]省部：指尚書省及其下屬的六部。

[3]骫（wěi）法：骫，原意爲骨彎曲，引申爲枉曲。骫法即枉法。

[4]山西：指西京路。

[5]丞相徒單鎰：據本書卷九九《徒單鎰傳》，此時徒單鎰官爲右丞相。徒單鎰，女真人，本名按出，本書卷九九有傳。

[6]璒：即梁璒，一作梁鏜。章宗時曾任太府監、户部侍郎。衛紹王時爲户部尚書、參知政事。

上終以執中爲可用，賜金牌，[1]權右副元帥，將武衛軍五千人屯中都城北。[2]執中迺與其黨經歷官文繡局直長完顔醜奴、提控宿直將軍蒲察六斤、武衛軍鈐轄烏古論奪剌謀作亂。[3]是時，大元大兵在近，上使奉職即軍中責執中止務馳獵，[4]不恤軍事。執中方飼鶻，怒，擲殺之，遂妄稱知大興府徒單南平及其子刑部侍郎駙馬都尉没烈謀反，[5]奉詔討之。南平姻家福海，[6]别將兵屯於城北，遣人以好語招之，福海不知，既至迺執之。

[1]金牌：金代牌符的一種。金太祖時始製金牌、銀牌、木牌，分賜給萬户、猛安、謀克等官佩帶，以爲符信。其中以金牌最爲高貴。

[2]武衛軍：军隊稱號。掌防衛都城，捕除盜賊。長官爲武衛軍都指揮使，從三品。按，本書卷一三《宣宗紀》，至寧元年（1213）五月，胡沙虎"領武衛軍三千人屯通玄門外"，人數與此異。

[3]文繡局直長：少府監下屬機構文繡局的負責人。正八品。完顔醜奴：女真人。後爲金宣宗所殺。本書見於卷一四、一三二。提控宿直將軍：官名。宿直將軍，掌總領親軍，凡宫城諸門衛禁，並行從宿衛之事，定員八至十一人，從五品。提控即掌管、管理之意，本書所見"以進士官提控其事"，"提控刊修《遼史》"之"提控"，皆是對管事人的稱呼。　蒲察六斤：女真人。本書僅見於卷一三及此卷。　武衛軍鈐轄：武衛軍都指揮使司下屬鈐轄司屬官。掌管轄軍人、防衛警捕之事。定員十人，正六品。　烏古論奪剌：女真人。僅見於此與卷一三。

[4]奉職：殿前都點檢司屬官。舊名不入寢殿小底，又名外帳小底，定員三十人，大定十二年（1172）更名爲奉職。

[5]徒單南平：女真人。本書見於卷一三、九九、一〇一、一三二。　没烈：女真人。本書見於卷一〇一、一〇二、一三二。

[6]福海：女真人。本書僅見於卷一三、一三二。

八月二十五日未五更，分其軍爲三軍，由章義門入，[1]自將一軍由通玄門入。[2]執中恐城中出兵來拒，迺遣一騎先馳抵東華門大呼曰：[3]"大軍至北關，已接戰矣。"既而再遣一騎亦如之。使徒單金壽召知大興府徒單南平，[4]南平不知，行至廣陽門西富義坊，馬上與執中相見，執中手槍刺之，墮馬下，金壽斫殺之。使烏古論奪刺召没烈，殺之。符寶祗候鄯陽、護衛十人長完顏石古迺聞亂，[5]遽召大漢軍五百人赴難，[6]與執中戰不勝，皆死之。執中至東華門，使呼門者親軍百户冬兒、五十户蒲察六斤，[7]皆不應，許以世襲猛安、三品職事官，亦不應。呼都點檢徒單渭河，[8]渭河即徒單鎬也。渭河縋城出見執中，執中命聚薪焚東華門，立梯登城。護衛斜烈、乞兒、親軍春山共掊鎖開門納執中。[9]執中入宫，盡以其黨易宿衛，自稱監國都元帥，[10]居大興府，[11]陳兵自衛。急召都轉運使孫椿年取銀幣賞金壽、奪刺及軍官軍士、大興府輿隸。[12]是夜，召聲妓與親黨會飲。明日，以兵逼上出居衛邸，誘左丞完顏綱至軍中，[13]即殺之。執中意不可測，丞相徒單鎰勸執中立宣宗，[14]執中然之。

[1]章義門：城門名。金京城中都大興府西門之一。

[2]通玄門：城門名。金京城中都大興府北門之一。

[3]東華門：宫城名。在中都大興府皇宫中。

[4]徒單金壽：本書見於卷一三、一三二。

[5]鄯陽：女真人。即完顏鄯陽。本書卷一二一有傳。“鄯”百衲本作“繕”，從中華點校本改。鄯陽《大金國志》卷二三《東海郡侯下》作“善羊”。　完顏石古迺：女真人。本書見於卷一二一、一三二。

[6]大漢軍：部隊名稱。百衲本脱“大”字，從中華點校本補。

[7]百户：侍衛親軍低級軍官。　冬兒：本書見於卷一三、一三二。　五十户：侍衛親軍低級軍官。

[8]徒單渭河：女真人。曾爲翰林學士承旨。本書見於卷一三、一一八、一三二。

[9]斜烈：本書見於卷一三、一三二。　乞兒：本書僅此一見。春山：本書僅此一見。

[10]都元帥：都元帥府長官。掌征討之事。從一品。

[11]大興府：治所在今北京市。

[12]都轉運使：轉運司長官。掌税賦錢穀，倉庫出納及度量之制。正三品。　孫椿年：歷任左司員外郎、監察御史。本書見於卷九八、一〇〇、一三二。

[13]完顔綱：女真人。本名元奴。本書卷九八有傳。

[14]宣宗：廟號。即完顔吾睹補，漢名珣。1213 年至 1223 年在位。

是時，莊獻太子在中都，執中以皇太子儀仗迎莊獻入居東宫。召符寶郎徒單福壽取符寶，[1]陳於大興府露階上。盜用御寶出制，除完顔醜奴德州防禦使，[2]烏古論奪剌順天軍節度使，[3]蒲察六斤横海軍節度使，徒單金壽永定軍節度使，雖除外官，皆留之左右。其餘除拜猶數十人。同時有兩蒲察六斤，其一守東華門不肯從亂者。召禮部令史張好禮，[4]欲鑄監國元帥印，好禮曰："自古無異姓監國者。"迺止。遣奉御完顔忽失來等三人，[5]護衛蒲鮮班底、完顔醜奴等十人，[6]迎宣宗於彰德。[7]使宦者李思忠弑上於衛邸。[8]盡徹沿邊諸軍赴中都平州、騎兵屯薊州以自重，[9]邊戍皆不守矣。

[1]徒單福壽：女真人。本書僅此一見。

[2]德州防禦使：防禦州長官。從四品。德州，治所在今山東

省陵縣。

[3]順天軍節度使：節度州長官。從三品。順天軍設在保州，治所在今河北省保定市。

[4]禮部令史：尚書禮部屬官。負責文書案牘之事。爲無品級小官，定員十五人。　張好禮：見於卷一〇四、一三二。

[5]完顔忽失來：女真人。本書僅此一見。

[6]蒲鮮班底：女真人。本書僅此一見。

[7]彰德：府名。治所在今河南省安陽市。

[8]李思忠：本書見於卷一三、一三二。

[9]薊州：治所在今天津市薊縣。

九月甲辰，宣宗即位，拜執中太師、尚書令、都元帥、監修國史，[1]封澤王，[2]授中都路和魯忽土世襲猛安。[3]以其弟同知河南府特末也爲都點檢，[4]兼侍衛親軍都指揮使，[5]子猪糞除濮王傅、兵部侍郎，[6]都點檢徒單渭河爲御史中丞，烏古論奪剌遥授知真定府事，[7]徒單金壽遥授知東平府事，[8]蒲察六斤遥授知平陽府事，[9]完顔醜奴同知河中府事，[10]權宿直將軍。詔以烏古論誼居第賜執中，[11]儀鸞局給供張，[12]妻王賜紫結銀鐸車。[13]

[1]尚書令：尚書省長官。爲宰相。正一品。　監修國史：國史院長官，位在同修國史、修國史之上，例由首相兼任。負責國史的編寫工作。

[2]澤王：封爵名。明昌格，爲次國封號第十。

[3]和魯忽土世襲猛安：猛安名。張博泉認爲，和魯忽土即王寂《遼東行部志》之“和魯奪徒”。先在咸平路，後遷至中都。

[4]同知河南府：府官名。河南府，治所在今河南省洛陽市。

從四品。　特末也：女真人。本書見於卷一四、一〇四、一三二。

［5］侍衛親軍都指揮使：原爲侍衛親軍司長官，負責行從宿衛及關防門禁之事，例由殿前都點檢兼任。正隆五年（1160），罷侍衛親軍司，此官改隸殿前都點檢司。

［6］猪糞：女真人。本書僅此一見。　濮王傅：親王府屬官。掌師範輔導、參議可否，若親王在外，亦兼本京、節鎮同知。正四品。濮王，封爵名，明昌格，爲小國封號第一。此時封濮王的是宣宗子守純。

［7］知真定府事：府官名。真定府，治所在今河北省正定縣。

［8］知東平府事：府官名。東平府，治所在今山東省東平縣。

［9］知平陽府事：府官名。平陽府，治所在今山西省臨汾市。

［10］同知河中府事：府官名。從四品。河中即河中府，治所在今山西省永濟市西南蒲州鎮。

［11］烏古論誼：女真人。本名雄名。本書卷一二〇有附傳。

［12］儀鸞局：官署名。宣徽院下屬機構。掌殿庭鋪設、帳幕、香燭等事。長官爲提點儀鸞局，正五品。

［13］妻王：執中妻王氏。似脱一“氏”字。

戊申，執中侍朝，宣宗賜之坐，執中就坐不辭。無何，執中奏請降衛紹王爲庶人，奏再上，詔百官議于朝堂。太子少傅奥屯忠孝、侍讀學士蒲察思忠附執中儀，[1]衆相視莫敢言，獨文學田廷芳奮然曰：[2]“先朝素無失德，尊號在禮不當削。”於是從之者禮部張敬甫、諫議張信甫、户部武文伯、龐才卿、石抹晋卿等二十四人。[3]宣宗曰：“譬諸問途，百人曰東行是，十人曰西行是，行道之人果適東乎、適西乎。豈以百人、十人爲是非哉？”既而曰：“朕徐思之。”數日，詔降爲東海郡侯。[4]

[1]太子少傅：東宮屬官。宮師府三少之一。正三品。　奥屯忠孝：字全道，本名牙哥。本書卷一〇四有傳。　侍讀學士：官名。即翰林侍讀學士，爲翰林學士院屬官。掌制撰詞命。凡應奉文字，銜内帶“知制誥”。從三品。　蒲察思忠：女真人。本名畏也。本書卷一〇四有傳。

[2]文學：親王府屬官。置文學二人，掌贊導義禮，資廣學問。從七品。　田廷芳：本書見於卷一三、一三二。

[3]禮部：官署名。尚書省下屬機構。掌禮樂、祭祀、燕享、學校、貢舉、儀式、制度、符印、表疏、圖書、册命、祥瑞、天文、漏刻、國忌、廟諱、醫卜、釋道、四方使客、諸國進貢、犒勞張設等事。長官爲禮部尚書，正三品。　張敬甫：張行簡字敬甫，時爲禮部尚書。本書卷一〇六有附傳。　諫議：指左、右諫議大夫。皆正四品。　張信甫：本書僅此一見。　户部：官署名。尚書省下屬機構。長官爲户部尚書，正三品。　武文伯：武都字文伯，時爲户部尚書。本書卷一二八有傳。　龐才卿：龐鑄字才卿，時爲户部侍郎。本書卷一二六有傳。　石抹晋卿：本書僅此一見。

[4]東海郡侯：封爵名。

大元游騎至高橋，[1]宰臣以聞。宣宗使人問執中，執中曰：“計畫已定矣。”既而讓宰執曰：[2]“吾爲尚書令，豈得不先與議而遽奏耶？”宰執遜謝而已。

[1]高橋：地名。在今北京市附近。

[2]宰執：指宰相與執政官。金於尚書省設尚書令一員、左右丞相各一員、平章政事二員，皆爲宰相。設左右丞各一員、參知政事二員，爲執政官。

提點近侍局慶山奴、副使惟弼、奉御惟康請除執中，[1]宣宗念援立功，隱忍不許。

[1]提點近侍局：近侍局長官。泰和八年（1208）設，掌侍從，承勑令，轉進奏帖。正五品。　慶山奴：女真人。完顏承立本名慶山奴。見本書卷一一六。　副使：近侍局屬官。泰和八年設。從六品。　惟弼：女真人。即完顏惟弼，後爲權同簽樞密院事、元帥。　惟康：女真人。本書僅見於本卷。

元帥右監軍术虎高琪屢戰不利，[1]執中戒之曰："今日出兵果無功，當以軍法從事矣。"高琪出戰復敗，自度不免，頗聞慶山奴諸人有謀，十月辛亥，高琪遂率所將乣軍入中都，圍執中第。執中聞變，彎弓注矢外射，不勝，登後垣欲走，衣絓墮而傷股，軍士就斬之。高琪持執中首詣闕待罪，宣宗赦之，以爲左副元帥。[2]

[1]元帥右監軍：元帥府屬官。位在都元帥、左右副元帥、元帥左監軍之下。正三品。　术虎高琪：女真人。一作高乞。本書卷一〇六有傳。

[2]左副元帥："左"，原作"右"，從中華點校本改。

執中之黨呼於衢路曰："乣軍反矣，殺之者有賞。"市人從之，乣軍死者甚衆，一軍皆恟恟，宣宗遣近侍撫諭之，詔有司量加賻贈，衆迺稍安。明日，除特末也泰寧軍節度使，[1]烏古論奪剌真授知濟南府事，[2]徒單金壽真授知歸德府事，[3]蒲察六斤真授知平陽府事。

[1]泰寧軍節度使：節度州長官。從三品。泰寧軍設在兖州，治所在今山東省兖州市。據本書卷二五《地理志中》，兖州舊名泰寧軍，大定十九年（1179）已更名爲泰定軍。此處應稱泰定軍爲是。

[2]知濟南府事：府官名。帶京朝官銜或試銜者任府尹時稱知府事，簡稱知府。濟南府，治所在今山東省濟南市。

[3]知歸德府事：府官名。歸德府，治所在今河南省商丘市。

甲寅，左諫議大夫張行信上封事曰："《春秋》之法，國君立不以道，若嘗與諸侯盟會，即列爲諸侯。東海在位已六年矣，爲其臣者誰敢干之。胡沙虎握兵入城，躬行弒逆，當是時惟鄯陽、石古迺率衆赴援，至于戰死，論其忠烈，在朝食禄者皆當愧之。陛下始親萬機，海内望化，褒顯二人，延及子孫，庶幾少慰貞魂，激天下之義氣。宋徐羡之、傅亮、謝晦弒營陽王立文帝，[1]文帝誅之，以江陵奉迎之誠，免其妻子。胡沙虎國之大賊，世所共惡，雖已死而罪名未正，合暴其過惡，宣布中外，除名削爵，緣坐其家，然後爲快。陛下若不忍援立之勞，則依仿元嘉故事，[2]亦足以示懲戒。"宣宗迺下詔暴執中過惡，削其官爵。贈鄯陽、石古迺，加恩其子。慶山奴、惟弼、惟康皆遷賞，近侍局自此用事矣。

[1]弒營陽王立文帝：事見《南史》卷一《少帝紀》。徐羡之、

傅亮、謝晦，《南史》卷一五及一九有傳。

［2］元嘉：南朝宋文帝年號（424—453）。

論曰：金九主，遇弒者三，其逆謀者十人。熙宗之弒，惟大興國一人世宗聲其罪而磔之思陵之側。徒單貞雖誅，未聞暴其罪狀，後以戚畹又復贈官追封。[1]餘秉德、唐括辯等六人，皆以他罪誅。海陵之弒，其首惡爲完顔元宜，則令終焉。衛紹王之弒曰胡沙虎，不死於司敗之誅，[2]而死於高琪之手。古所謂弒君之賊人得而討之者，謂請于公上而致討焉，如孔子之請討陳恒是也。[3]豈有如琪之擅殺而以爲功者乎。金之政刑，其亂若此，國欲不亡，其可得乎。

［1］戚畹：外戚。

［2］司敗：春秋時南方的陳、楚都稱司寇爲司敗。司寇，官名，西周始置，春秋、戰國時沿用，掌刑獄、糾察等事。後世以司寇、司敗爲刑部尚書的别稱。

［3］孔子之請討陳恒是也：事見《論語·憲問》。

金史　卷一三三

列傳第七十一

叛臣

張覺　子僅言　耶律余覩　窩斡

古書"畔"與"叛"通，畔之爲言界也。《左氏》曰，[1]政猶"農之有畔"，[2]是也。君臣上下之定分，猶此疆彼界之截然，違此向彼，即爲叛矣。善惡判於跬步，[3]禍患極於懷襄，[4]吁，可畏哉！作《叛臣傳》。

[1]《左氏》：書名。指《左傳》。

[2]農之有畔：見《左傳·襄公二十五年》。畔，田界。

[3]跬步：半步，相當於今之一步。喻數量的微小。故賈誼《新書·審微》說，墨子"見衢路而哭之，悲一跬而繆千里"。

[4]懷襄：是"懷山襄陵"的省略。指水勢大，淹没了山陵。

張覺亦書作瑴，平州義豐人也。[1]在遼第進士，仕至遼興軍節度副使。[2]太祖定燕京，[3]時立愛以平州降，[4]當時宋人以海上之盟求燕京及西京地，[5]太祖以燕京、涿、易、檀、順、景、薊與之。[6]平州自入契丹别爲一軍，故弗與，[7]而以平州爲南京，覺爲留守。[8]既而聞覺有異志，上遣使劉彦宗及斜鉢諭之，[9]詔曰："平山一郡今爲南京，節度使今爲留守，[10]恩亦厚矣。或言汝等陰有異圖，何爲當此農時輒相扇動，非去危就安之計也。其諭朕意。"

[1]平州：治所在今河北省盧龍縣。　義豐：縣名。治所在今河北省灤縣。

[2]遼興軍節度副使：遼官名。遼興軍設在平州。節度副使爲節度使之佐，協助節度使處理本州政務。《契丹國志》卷一二《天祚皇帝下》載張覺在節度使蕭諦里遇害後，權知平州事。降金後"爲臨海軍節度使，依舊知平州事"。《三朝北盟會編》卷一七與《遼史》卷二九《天祚紀》同。本傳俱失載。

[3]太祖：廟號。即完顔阿骨打，漢名旻。金朝開國皇帝，1115年至1123年在位。　燕京：京路名。遼開泰元年（1012）建號燕京，金初因之。治所在今北京市。

[4]時立愛：本書卷七八有傳。

[5]海上之盟：宋重和元年（1118），宋徽宗遣馬政自登州渡海使金，相約攻遼，宣和二年（1120），再遣趙良嗣等渡海，與金議定夾攻遼國之約。宋允許在攻取燕京等地以後，把原輸遼的歲幣銀改輸給金。宋金使者往返渡海，訂立盟約，故稱"海上之盟"。　西京：遼京道名。金初因之。治所在今山西省大同市。

[6]涿：州名。治所在今河北省涿州市。　易：州名。治所在今河北省易縣。　檀：州名。治所在今北京市密雲縣。　順：州名。治所在今北京市順義區。　景：州名。治所在今河北省東光

縣。　薊：州名。治所在今天津市薊縣。

［7］故弗與：此事亦可見《大金國志》卷二《太祖武元皇帝下》："平、灤、營三州自後唐爲契丹阿保機陷之，後改平州，爲遼興府，以營、灤二州隸之，號平州路。至石晋之初，耶律德光又得燕山、檀、順、景、薊、涿、易諸州，建燕山爲燕京，以控六郡，號燕京路，與平州自成兩路。昔宋朝海上密議割地，但云燕雲兩路而已。"

［8］留守：指南京留守，爲南京留守司長官。改官制後，例兼本府府尹、本路兵馬都總管。正三品。當時的南京即平州。《契丹國志》卷一二《天祚皇帝下》爲"復加同中書門下事、判留守事"。

［9］劉彦宗：本書卷七八有傳。　斜鉢：女真人。即完顔斜鉢，金穆宗同族兄弟，自金世祖時即爲孛堇。

［10］節度使：節度州長官。掌鎮撫諸軍防刺，總判本鎮兵馬之事，兼本州管内觀察使。從三品。

太祖每收城邑，往往徙其民以實京師，民心多不安，故時立愛因降表曾言及之。及以燕京與宋而遷其人，獨以空城與之，遷者道出平州，故覺因之以作亂。天輔七年五月，[1] 左企弓、虞仲文、曹勇義、康公弼赴廣寧，[2] 過平州，覺使人殺之于栗林下，[3] 遂據南京叛入于宋，宋人納之。

［1］天輔：金太祖年號（1117—1123）。

［2］左企弓、虞仲文、曹勇義、康公弼：皆遼降官。天輔六年（1122）金太祖下燕京時降金。俱見本書卷七五。　廣寧：府名。治所在今遼寧省北寧市。

［3］覺使人殺之于栗林下：據《遼史·天祚帝紀三》記載，左企弓等於灤河西岸被縊殺。《陷燕録》則云：殺遼宰相四人。《宋

史》與本傳同。按本書卷七五祗云殺左企弓一人，他三人皆云“卒”，不言“殺”。但記三人皆爲遼時事。當非令終，親屬避諱，故不言“殺”。

太祖下詔諭南京官吏，詔曰：“朕初駐蹕燕京，嘉爾吏民率先降附，故升府治以爲南京，減徭役，薄賦税，恩亦至矣，何苦輒爲叛逆。今欲進兵攻取，時方農月，不忍以一惡人而害及衆庶。且遼國舉爲我有，孤城自守，終欲何爲。今止坐首惡，餘並釋之。”

覺兵五萬屯潤州近郊，[1]欲脅遷、來、潤、隰四州。[2]闍母自錦州往討之，[3]已敗覺兵，欲乘勝攻南京，時暑雨不可進，退屯于海壖。[4]無何，闍母再敗覺兵，復與戰于兔耳山，[5]闍母大敗，覺報捷于宋。[6]宋建平州爲泰寧軍，[7]以覺爲節度使，[8]張敦固等皆加徽猷閣待制，[9]以銀絹數萬犒軍。

[1]潤州：治所在今遼寧省綏中縣前所鎮。

[2]遷：州名。治所在今河北省秦皇島市山海關區。　來：州名。治所在今遼寧省綏中縣前衛鄉遼代古城址。　隰：州名。治所在今遼寧省綏中縣城北十二里的崔家河沿遼代古城址。

[3]闍母：女真人。本書卷七一有傳。　錦州：治所在今遼寧省錦州市。

[4]海壖（ruǎn）：指海邊地。

[5]兔耳山：據本書卷二四《地理志上》，順州温陽縣有兔耳山，則山當在今北京市順義區境内。

[6]闍母大敗，覺報捷于宋：《契丹國志》卷一二《天祚皇帝下》：“闍母國王將騎三千來問罪，轂帥兵拒於營州，闍母以兵少，

不交鋒而歸，大書州城門曰：‘夏熱且去，今冬再來。’瑴即妄以捷聞于宋。”《三朝北盟會編》卷一八同。《遼史》卷二九《天祚紀》：“闍母聞平州附宋，以二千騎問罪，先入營州，瑴以精兵萬騎擊敗之。”

[7]泰寧軍：宋軍鎮名。治所在今河北省盧龍縣。

[8]節度使：宋官名。宋承唐制設節度使，但削奪節度使的實權，使之成爲武官的高級虚銜，用以寄禄。俸禄高於宰相，並給儀仗，稱爲旌節。節度使不住節鎮，有的武將或兼兩、三鎮節度使。

[9]張敦固：張覺部將。張覺奔宋後自稱都統，守城不降，後爲闍母所殺。事見本書卷七四《宗望傳》。　徽猷閣待制：猷通猷，宋官名。據《宋史》卷一六二《職官志》，“大觀二年，初建徽猷閣以藏哲宗御集，置學士、直學士、待制等官”。

宗望軍至南京城東，[1]覺兵大敗，宵遁，遂奔宋，入于燕京。[2]宗望以納叛責宋宣撫司，[3]索張覺。宣撫王安中匿之於甲仗庫，[4]紿曰：“無之。”宗望索愈急，安中迺斬貌類覺者一人當之，金人識之曰：“非覺也。”安中不得已，引覺出，數以罪，覺駡宋人不容口，遂殺覺，函其首以與金人。燕京降將及常勝軍皆泣下，[5]郭藥師自言曰：[6]“若來索藥師當奈何。”自是，降將卒皆解體。及金人伐宋，竟以納平州之叛爲執言云。子僅言。

[1]宗望：女真人。本名斡魯補，金太祖子。本書卷七四有傳。

[2]覺兵大敗，宵遁，遂奔宋，入于燕京：《契丹國志》卷一二《天祚皇帝下》記此次戰事爲：“瑴得宋詔喜，率官屬郊迎。金人知之，以千騎襲破平州，瑴挺身走，欲間道如京師，爲郭藥師

所獲。”

[3]宣撫司：宋官署名。掌宣布威靈、撫綏沿邊地區及統率一路至數路軍旅。長官爲宣撫使，多以執政充任。“宣”，原作“安”，從中華點校本改。

[4]王安中：《宋史》卷三五二有傳。

[5]常勝軍：部隊名。據本書卷八二《郭藥師傳》：“遼國募遼東人爲兵，使報怨于女直，號曰‘怨軍’。藥師爲其渠帥。……遼帝亡保天德，耶律捏里自立，改‘怨軍’爲‘常勝軍’。”

[6]郭藥師：渤海人。本書卷八二有傳。

僅言幼名元奴。宗望攻下平山，僅言在繈褓間，里人劉承宣得之，[1]養於家。其鄰韓夫人甚愛之，[2]年數歲，因隨韓夫人得見貞懿皇后，[3]留之藩邸。稍長，侍世宗讀書，[4]遂使僅言主家事，繩檢部曲，一府憚之。

[1]劉承宣：本書僅此一見。

[2]韓夫人：本書僅兩見於此。

[3]貞懿皇后：渤海人。李石之女，金世宗生母。本書卷六四有傳。

[4]世宗：廟號。即完顔烏禄，漢名雍。金朝第五任皇帝，1161年至1189年在位。

世宗留守東京，[1]海陵用兵江、淮，[2]將士往往亡歸，詣東京，願推戴世宗爲天子。僅言勸進，世宗即位，除内藏庫副使，[3]權發遣宫籍監事。[4]海陵死揚州，[5]僅言與禮部尚書烏居仁、殿前左衛將軍阿虎帶、御院通進劉琉發遣六宫百司圖書府藏在南京者。[6]還以本職提控尚食局，[7]轉少府監丞，[8]仍主内藏。[9]

［1］東京：京路名。治所在今遼寧省遼陽市。

［2］海陵：封號。即完顔迪古迺，漢名亮。1149年至1161年在位。　江：指長江。　淮：即淮河。

［3］内藏庫副使：内藏庫屬官。掌内府珍寶財物。從六品。内藏庫，爲宣徽院下屬機構。

［4］宮籍監事：宮籍監屬官。爲宮籍監提點副佐。掌内外監户及地土錢帛小大差發。從五品。張僅言是以内藏庫副使的身份作宮籍監的臨時負責人，故稱權發遣宮籍監事。宮籍監，爲殿前都點檢司下屬機構。長官爲提點，正五品。

［5］揚州：治所在今江蘇省揚州市。

［6］禮部尚書：尚書禮部長官。掌禮樂、祭祀、燕享、學校、貢舉、儀式、制度、符印、表疏、圖書、册命、祥瑞、天文、漏刻、國忌、廟諱、醫卜、釋道、四方使客、諸國進貢、犒勞張設等事。正三品。　烏居仁：海陵時爲同知宣徽院事，世宗大定初爲禮部尚書，後降爲客省使。　殿前左衛將軍：殿前都點檢司屬官。掌宮衛及行從宿衛警嚴，總領護衛。　阿虎帶：此爲殿前左衛將軍者，本書僅此一見。　御院通進：宣徽院下屬機構閤門屬官。掌進獻禮物及薦享編次位序等事。定員四人，從七品。　劉珫：本書卷九七有傳。　南京：京路名。治所在今河南省開封市。

［7］提控尚食局：即以本職内藏庫副使掌管尚食局。尚食局，爲宣徽院下屬機構，掌總知御膳、進食先嘗，兼管從官食。其長官提點爲正五品。

［8］少府監丞：少府屬官。從六品。

［9］仍主内藏：上文言張僅言“除内藏庫副使”，據此知其爲内藏庫實際負責人。又據本書卷六《世宗紀》：“會寧、胡里改、速頻等路南伐諸軍，會尚書省，奏請以從軍來者補諸局司承應人及

官吏闕員。上曰：‘舊人南征者即還，何以處之。’”則此時内藏庫使應在闕員之列，張僅言是以副使主事。

僅言能心計，世宗倚任之，凡宫室營造、府庫出納、行幸頓舍，皆委之。世宗嘗曰：“一經僅言，無不愜朕意者。”

六年，提舉修内役事，役夫掘地得白金，匿之，事覺，法當死，僅言責取其物與官，釋其罪。尋兼祗應司。[1]遷少府監，[2]提控宫籍監、祗應司如故。[3]護作太寧宫，引宫左流泉溉田，歲獲稻萬斛。十七年，復提點内藏，[4]典領昭德皇后山陵，[5]遷勸農使，[6]領諸職如故。

[1]祗應司：官署名。尚書工部下屬機構。掌給宫中諸色工作。長官爲提點祗應司，從五品。下設祗應司令，從六品；祗應司丞，從七品。

[2]少府監：少府監長官。掌邦國百工營造之事。正四品。

[3]提控宫籍監：即以正四品的少府監，掌領宫籍監。

[4]提點内藏：宣徽院下屬機構内藏庫負責人。掌内府珍寶財物，率隨庫都監等供奉其事。

[5]昭德皇后：女真人。金世宗昭德皇后烏林荅氏。本書卷六四有傳。

[6]勸農使：勸農使司長官。掌勸課天下力田之事。正三品。

僅言雖舊臣，出入左右，然世宗終不假以權任。二十一年，尚書省奏，[1]宫苑司直長黎倫在職十六年，[2]請與遷叙。上曰：“此朕之家臣，質直人也，今已老矣。如勸農使張僅言亦朕舊臣，純實頗解事，凡朝廷議論、内外除授，未嘗得干預。朕觀自古人君爲讒諂蒙蔽者多矣，朕雖不及古人，然近習憸言未嘗入耳。”宰臣曰：“誠如聖訓，此國家之福也。”世宗欲以爲横海軍節度使，[3]而不可去左右，遂止。

[1]尚書省：官署名。金最高政務機關。下屬機構有吏、户、禮、兵、刑、工六部及左、右司。長官爲尚書令，正一品。

[2]宮苑司直長：宮苑司屬官。掌宮庭修飭灑掃、啓閉門户、鋪設氈席之事。正八品。　黎倫：本書僅此一見。

[3]横海軍節度使：節度州長官。從三品。横海軍設在滄州，治所在今河北省滄州市境内。

僅言始得疾，猶扶杖視事，疾亟，詔太醫診視，近侍問訊相屬。及卒，上深惜之，遣官致祭，賻銀五百兩、重綵十端、絹二百匹，棺槨、衣衾、銀汞、斂物、葬地皆官給，贈輔國上將軍。[1]

[1]輔國上將軍：武散官。爲從三品中階。原脱“國”字，據殿本補。

耶律余覩，[1]遼宗室子也，遼主近族，父祖仕遼，具載《遼史》。初，太祖起兵，遼人來拒，余覩請自効，以功累遷金吾衛大將軍，[2]爲東路都統。[3]天輔元年，與都統耶律馬哥軍于渾河，[4]銀术哥、希尹拒之，[5]余覩等不敢戰。比銀术哥等至，馬哥、余覩已遁去。銀术哥、希尹坐稽緩，太祖皆罰之，所獲生口財畜入于官。天輔二年，龍化州人張應古等來降，[6]而余覩復取之，遼以撻不野爲節度使。[7]未幾，應古等逐撻不野自効。太祖於國書中以問遼主：[8]“龍化州已經降附，何爲問罪而殺其主者。”遼主托以大盜群起，使余覩收之。

[1]耶律余覩：《契丹國志》卷一九《耶律余覩傳》云：“一名余覩姑。”

[2]金吾衛大將軍：本書卷五五《百官志一》見“金吾衛上將軍”。爲武散官正三品中階。《遼史》亦見某某加“金吾衛大將軍”，遼此官當是武散官高級品階，金承遼制。另，本書卷三《太宗紀》作“左金吾上將軍耶律余覩”。

[3]東路都統：遼官名。據下文“與都統耶律馬哥軍于渾河”，則耶律余覩並不是都統。《遼史》卷一〇二《耶律余覩傳》，“保大初，歷官副都統”，則此處應脱“副”字。又，《遼史》卷六四《皇子表》、卷七一《后妃傳》、卷七二《晋王敖盧斡傳》都記其爲“南軍都統”。本書卷二《太祖紀》也爲“遼都統耶律余覩等詣咸州降”，則天輔五年（1121）其降金前官職爲都統。本書、《遼史》本傳皆失載。另，金天輔元年當遼天慶七年，則《遼史》稱“保大初”，誤。

[4]都統：遼官名。指東路都統。　耶律馬哥：契丹人。金初遼將，與宗翰等作戰，兵敗被俘。　渾河：金時渾河有三：一指瀋陽附近的渾河；二指渾河路之渾河，在咸平及臨潢府之間；三指臨潢附近的渾河。此當指後二者之一。

[5]銀术哥：女真人。一作完顔銀术可。本書卷七二有傳。　希尹：女真人。本名谷神。本書卷七三有傳。

[6]龍化州：遼州名。治所在今内蒙古自治區奈曼旗西北八仙洞附近。金廢。　張應古：見於此及本書卷二。

[7]撻不野：一作撻不也。本書見於卷二、七一、一三三。

[8]國書：原脱“書”字，從中華點校本補。

太祖已取臨潢府，[1]賜詔余覩曰：“汝將兵在東路，前後戰未嘗不敗。今聞汝收合散亡，以拒我師。朕已於今月十五日克上京，今將往取遼主矣。汝若治兵一决勝負，可指地期日相報。若知不敵，當率衆來降，無貽後悔。”及太祖班師，闍母等還至遼河，[2]方渡，余覩來襲，完顏背荅、烏塔等殿，[3]力戰却之，獲甲馬五百匹。

[1]臨潢府：治所在今内蒙古自治區巴林左旗林東鎮南波羅城。

[2]遼河：即今遼河。

[3]完顏背荅：女真人。金初名將。曾與宗望等西逐天祚帝。見於本書卷二、七一、七四及此。　烏塔：女真人。金初將領。見於此及卷二。

天輔五年，余覩送款于咸州路都統，[1]以所部來降，乞援接于桑林渡。[2]都統司以聞，[3]詔曰：“余覩到日，使與其官屬偕來，餘衆處之便地。”無何，余覩送上所受遼國宣誥及器甲旗幟等，與將吏韓福奴、阿八、謝老、太師奴、蕭慶、醜和尚、高佛留、蒲荅、謝家奴、五哥等來降。[4]

[1]咸州路都統：金初於咸州設都統司，總理本州軍政事務，長官爲都統。此時咸州路都統爲闍母。咸州路治所在今遼寧省開原市。

[2]桑林渡：地名。具體地點不詳。

[3]都統司：官署名。即咸州路都統司。

[4]韓福奴：本書僅見於本卷。　阿八、謝老、太師奴、醜和尚、高佛留、蒲荅、謝家奴、五哥：本書中皆一見。　蕭慶：奚人。《三朝北盟會編》卷九引《燕雲奉使録》有蕭餘慶，即此蕭慶。《大金國志》作蕭餘度，度字當爲"慶"字之誤。天輔五年（1121）與耶律余覩一同降金，爲宗翰親信，後與完顔希尹同被處死。

余覩作書，具言所以降之意，大概以謂："遼主沉湎荒于遊畋，不恤政事，好佞人，遠忠直，淫刑吝賞，政煩賦重，民不聊生。"又言："樞密使得里底本無材能，[1]但阿諛取容，其子磨哥任以軍事。"[2]又言："文妃長子晋王素係人望，[3]宜爲儲副，得里底以元妃諸子己所自出，[4]使晋王出繼文妃。"[5]又言："晋王與駙馬乙信謀復其樞密使，[6]來告余覩共定大計，[7]而所圖不成。"又言："已粗更軍事，進策遼主，得里底蔽之，遼主亦不省察。"又曰："大金疆土日闢，余覩灼知天命，遂自去年春與耶律慎思等定議，[8]約以今夏來降。近聞得里底、高十捏等欲發，[9]倉卒之際不及收合四遠，[10]但率傍近部族户三千、車五千兩、畜産數萬，[11]遼北軍都統以兵追襲，[12]遂棄輜重，轉戰至此。所有官吏職位姓名、人户畜産之數，遣韓福奴具録以聞。"遂與其將吏來見，上撫慰之，遂賜坐，班同宰相，賜宴盡醉而罷。上命余覩以舊官領所部，[13]且諭之曰："若能爲國立功，别當獎用。"自余覩降，益知遼人虚實矣。

[1]樞密使：遼官名。樞密院長官。據《遼史》卷一〇〇《蕭

得里底傳》，蕭得里底官至“北院樞密使”。　得里底：契丹人。即蕭得里底。《遼史》卷一〇〇有傳。

［2］磨哥：契丹人。蕭得里底長子，《遼史》作“麼撒”。也見於本書卷七一。

［3］文妃：契丹人。即蕭瑟瑟。《遼史》卷七一有傳。　晋王：契丹人。本名敖盧斡。見《遼史》卷七一。

［4］元妃：契丹人。名蕭貴哥。《遼史》卷七一有傳。　己所自出：蕭得里底是蕭貴哥叔父，所以説“己所自出”。

［5］使晋王出繼文妃：晋王爲文妃長子，此處顯誤。《遼史》卷七二《晋王敖盧斡傳》，“出爲大丞相耶律隆運後”，證明他過繼給了耶律隆運，因而失去了繼承皇位的資格。蕭得里底以此排擠晋王，以便自己的外孫元妃之子可以繼承帝位。故此處“文妃”當是“耶律隆運”之誤。

［6］駙馬：遼官名。　乙信：契丹人。本書僅見於本卷。《遼史》卷一〇二《蕭奉先傳》《耶律余覩傳》皆作“駙馬蕭昱”。蓋昱爲其漢名，乙信爲其本名。

［7］來告余覩共定大計：《遼史》卷一〇二《蕭奉先傳》，“誣耶律余覩結駙馬蕭昱謀立其甥晋王”，《耶律余覩傳》，“奉先諷人誣余覩結駙馬蕭昱、撻葛里謀立晋王”，卷七一《文妃傳》也載，“誣南軍都統余覩謀立晋王”。《契丹國志》卷一九《耶律余覩傳》，“誣告余覩謀立晋王”。而《遼史》卷六四《皇子表》則爲，“耶律余覩以敖盧斡有人望，與文妃密謀立之，不果”，卷七二《晋王敖盧斡傳》，“耶律余覩與其母文妃密謀立之”。兩種説法並存。據此可知，耶律余覩確實曾謀立過晋王。《遼史》卷六四、七二的記載正確。

［8］耶律慎思：契丹人。金天輔六年（1122）與其父遼節度使耶律和尚一起降金，賜姓完顏。後以所部爲節度使。子完顏元宜，本書卷一三二有傳。

［9］高十捏：本書僅此一見。

［10］倉卒：即“倉促”。

［11］兩：同“輛”。

［12］北軍都統：遼官名。按《遼史》卷二九《天祚紀》、卷一〇二《耶律余覩傳》和《契丹國志》卷一九都記載著追擊余覩的是“知奚王府蕭遐買、北宰相蕭德恭、大常衮耶律諦里姑、歸州觀察使蕭和尚奴，四軍太師蕭幹追捕甚急”。與此異。

［13］以舊官領所部：耶律余覩降金前官爲都統。而本書卷三《太宗紀》爲，“左金吾衛上將軍耶律余覩爲元帥右都監”，上文也有耶律余覩仕遼“以功累遷金吾衛大將軍”，疑其降金後官爲金吾衛大將軍，後改稱左金吾衛上將軍，而非都統。

余覩在軍中屢乞侍妾及子，太祖疑之，詔咸州路都統司曰：“余覩家屬，善監護之。”復詔曰：“余覩降時，其民多强率而來者，恐在邊生變，宜徙之内地。”

都統杲取中京，[1]余覩爲鄉導，與希尹等招撫奚部。奉聖州降，[2]其官吏皆遁去，余覩舉前監酒李師夔爲節度使，[3]進士沈璋爲副使，[4]州吏裴賾爲觀察判官。[5]沈璋招集居民還業者三千餘，遷太常少卿。[6]

［1］都統：即内外諸軍都統制，金初爲追襲遼天祚帝而設的官職，負責指揮各路部隊對遼作戰。最初擔任此官職的是完顔杲。　杲：女真人。即完顔杲，本名斜也。本書卷七六有傳。　中京：遼京城名。治所在今内蒙古自治區寧城縣西大明城。

［2］奉聖州：遼太祖以新州改名。治所在今河北省涿鹿縣。

［3］監酒：遼官名。《遼史》不見記載。本書卷七五謂“本州麯監”。　李師夔：本書卷七五有傳。

［4］沈璋：本書卷七五有傳。　副使：州官名。指節度副使。

從五品。

[5]裴頤：本書僅此一見。　觀察判官：州官名。節度州屬官。掌紀綱觀察衆務，分判吏、户、禮案事，通檢推排簿籍。正七品。

[6]太常少卿：太常寺屬官。協助太常卿掌禮樂、郊廟、社稷、祠祀之事。正五品。

久之，耶律麻者告余覩、吴十、鐸剌結黨謀叛，[1]及其未發，宜先收捕。上召余覩等從容謂之曰：[2]"今聞汝謀叛，誠然邪？其各無隱。若果去，必須鞍馬甲冑器械之屬，當悉付汝，吾不食言。若再被擒，無祈免死。欲留事我，則無懷異志，吾不汝疑。"余覩等戰慄不能對，迺杖鐸剌七十，餘皆不問。

[1]耶律麻者：遼降人。一作麻哲。見於本書卷二、七三及此。　吴十：契丹人。《遼史》卷二八《天祚紀》，載其於遼天慶六年（1116）五月降金。據本書卷二《太祖紀》，此次謀反事在金天輔七年（1123）三月。據本書卷四《熙宗紀》卷一二〇《徒單恭傳》，金天眷二年（1139）徒單恭告其謀反，吴十伏誅。《大金國志》卷二七作"吴矢"，熊克《小記》作"仲和什"，又作"烏克紳"。畢沅《續資治通鑑》作"和什"，云"舊作謝什"。　鐸剌：僅見於此及卷二。

[2]余覩等：原脱"等"字，中華點校本據下文補，是。

天會三年，[1]大舉伐宋，余覩爲元帥右都監，[2]宋兵四萬救太原，[3]余覩、屋里海逆擊于汾河北，[4]擒其帥郝仲連、張關索，[5]統制馬忠，[6]殺萬餘人。

［1］天會：金太宗年號（1123—1135），金熙宗初年沿用不改（1135—1137）。

［2］元帥右都監：元帥府屬官。位在都元帥、左右副元帥、元帥左右監軍、元帥左都監之下。從三品。《遼史》卷一〇二《耶律余覩傳》《蕭奉先傳》都作“監軍”，《契丹國志》卷一九作“西軍大監軍”。誤。此處“帥”，原作“師”，顯誤，據殿本改。

［3］太原：府名。治所在今山西省太原市。

［4］屋里海：本書僅此一見。　汾河：即今黄河支流的汾河。

［5］郝仲連：《宋史》卷四五二有傳。　張關索：金初宋將。本書見於卷八〇、一三三。《宋史》卷二四《高宗紀》載：“金人陷河中府，權府事郝仲連死之。”卷四五二《郝仲連傳》載：“建炎元年，金人犯河中，守臣席益遁去。仲連時爲貴州防禦使，宣撫范致虚遣節制河東軍馬，屯河中，就權府事。金將婁室以重兵壓城，仲連率衆力戰，外援不至，度不能守，先自殺其家人，城陷不屈，及其子皆遇害。”則郝仲連守河中府，城破被殺，並無率部救太原事。與之對敵的金將爲婁室，也不是耶律余覩。参之本書卷七二《婁室傳》，“婁室破蒲、解之軍二萬，盡覆之，安邑、解州皆降，遂克河中府”，則《宋史》所載正確。本書此處記載有誤。

［6］統制：宋官名。位在統領之上。南宋屯駐大軍往往一軍設統制一名，統領兩名。　馬忠：金初宋將。本書見於卷八〇、一三三。

宗翰伐宋，[1]余覩留西京。天會十年，余覩謀反，雲内節度使耶律奴哥等告之。[2]余覩亡去，其黨燕京統軍蕭高六伏誅，[3]蔚州節度使蕭特謀自殺。[4]邊部斬余覩及其諸子，函其首以獻。[5]耶律奴哥加守太保兼侍中，[6]趙公鑒、劉儒信、劉君輔等並授遥鎮節度使以賞之。[7]

［1］宗翰：女真人。本名粘没喝，漢語訛爲粘罕。本書卷七四有傳。

［2］雲内節度使：節度州長官。從三品。雲内，州名，治所在今内蒙古自治區土默特左旗東南沙爾沁。　耶律奴哥：契丹人。遼金議和時作爲遼方代表多次使金。見於本書卷二、一三三。

［3］燕京統軍：官名。其他不詳。　蕭高六：僅見於此及卷三。

［4］蔚州節度使：爲節度州長官。從三品。蔚州，州名，治所在今河北省蔚縣。　蕭特謀：契丹人。本書卷三《太宗紀》作"蕭特謀葛"。

［5］邊部斬余覩及其諸子，函其首以獻：本書卷三《世宗紀》謂，天會十年（1132）十一月，"部族節度使土古厮斬余覩及其諸子，函其首來獻"。《契丹國志》卷一九作："韃靼先受悟室之命，其首領詐出迎，具食帳中，潛以兵圍之。韃靼善射，無衣甲。余覩出敵不勝，父子皆死。"

［6］守太保：三師之一。正一品。守，非本職而兼理其事的官稱"守"。　侍中：爲門下省長官，金初例由丞相兼任。海陵王正隆元年（1156）罷門下省，此官遂成爲宰相的加銜。故本書《百官志》不載。

［7］趙公鑒、劉儒信、劉君輔：本書中皆一見。劉儒信，"儒"，殿本作"孺"。

移剌窩斡，西北路契丹部族。[1]先從撒八爲亂，受其僞署，後殺撒八，遂有其衆。

［1］西北路：指西北路招討司轄區。西北路招討司治所最初設在撫州，後遷至桓州。撫州治所在今河北省張北縣，一説在今内蒙古自治區興和縣境内。桓州治所在今内蒙古自治區正藍旗南黑城子，後北遷三十里建新桓州城，在今内蒙古自治區正藍旗北四

郎城。

撒八者，初爲招討司譯史。[1]正隆五年，[2]海陵徵諸道兵伐宋，使牌印燥合、楊葛盡徵西北路契丹丁壯，[3]契丹人曰："西北路接近鄰國，世世征伐，相爲讎怨。若男丁盡從軍，彼以兵來，則老弱必盡係累矣。幸使者入朝言之。"燥合畏罪不敢言，楊葛深念後西北有事得罪，遂以憂死。燥合復與牌印耶律娜、尚書省令史没荅涅合督起西北路兵。[4]契丹聞男丁當盡起，於是撒八、孛特補與部衆殺招討使完顏沃側及燥合，[5]而執耶律娜、没荅涅合，取招討使貯甲三千，遂反。議立豫王延禧子孫，[6]衆推都監老和尚爲招討使，[7]山後四群牧、山前諸群牧皆應之。[8]迪斡群牧使徒單賽里、耶魯瓦群牧使鶴壽等皆遇害，[9]語在《鶴壽傳》中。五院司部人老和尚、那也亦殺節度使术甲兀者以應撒八。[10]

[1]招討司譯史：爲招討司下屬辦事員，定員三人。本書《百官志》作"譯人"。招討司，掌招懷降附，征討携離，長官爲招討使，正三品。

[2]正隆：金海陵王年號（1156—1161）。

[3]牌印：殿前都點檢司屬官有牌印祗候、牌印令史，大定二年（1162），牌印祗候改名爲符寶祗候，後又更名爲符寶郎，牌印令史更名爲符寶典書。定員皆爲四人，掌御寶及金銀等牌。此指牌印祗候。　燥合：僅見於此及卷六。　楊葛：本書僅見於本卷。

[4]耶律娜：本書僅見於本卷。　尚書省令史：尚書省左、右司辦事員，爲無品級小官。定員七十人，女真、漢族各半。　没荅涅合：本書僅此一見。

［5］孛特補：本書僅此兩見。　完顏沃測：女真人。完顏麻吉之子。本書卷七二有附傳。據其傳，此時官爲西北路招討使，“撒八秩滿已數月，冒其俸禄，不即解去，沃側發其事。撒八反，沃側遇害”。

［6］豫王：封爵名。天眷格，《大金集禮》爲大國封號第十六，本書《百官志》爲第十四。　延禧：即遼天祚帝（1075—1128）。金天會三年（1125）爲金兵所擒，金太宗封其爲海濱王，皇統元年（1141）金熙宗又改封其爲豫王。

［7］都監：招討司屬官。　老和尚：僅見於此及卷九一。

［8］山後：古地區名。五代劉仁恭據盧龍，在今河北省太行山北端，軍都山以北地區，置山後八軍以防契丹。石敬瑭割燕雲十六州時，才有山後四州的稱呼。北宋末年所稱山後包括宋人企圖收復的山後、代北失地的全部，相當於今山西、河北兩省内外長城之間的地區。　群牧：官署名。即群牧所，又名烏魯古，掌檢校群牧畜養蕃息之事。長官爲群牧使，或作烏魯古使，從四品。　山前：指幽、薊、涿、易、檀、順、營、平州一帶。

［9］迪斡群牧使：迪斡群牧所長官。掌檢校群牧畜養蕃息之事。從四品。迪斡群牧所，本書僅見於此及卷一二一《温迪罕蒲睹傳》，據本書卷四四《兵志》天德間，置“五群牧所，皆仍遼舊名”，“後稍增其數爲九。契丹之亂遂亡其五”，則迪斡群牧所當設在海陵王天德之後，於契丹族大起義後撤銷。　徒單賽里：女真人。僅見於此及卷一二一。　耶魯瓦群牧使：耶魯瓦群牧所長官。掌檢校群牧畜養蕃息之事。從四品。耶魯瓦群牧所與上文之迪斡群牧所一樣，當設於天德後，於契丹族大起義後撤銷。　鶴壽：女真人。即完顏鶴壽，本名吾都不。見本書卷一二一。

［10］五院司部：契丹部族名。一作五院部，遼天贊元年（922）析迭剌部爲五院部、六院部。　老和尚：僅見於此及卷一二一。　那也：本書僅見於此。　术甲兀者：本書僅此一見。

會寧八猛安牧馬于山後，[1]至迪謀魯，[2]賊盡奪其馬。闢沙河千户十哥等與前招討使完顏麻潑殺烏古迪列招討使烏林荅蒲盧虎，[3]以所部趨西北路。室魯部節度使阿斯列追擊敗之，[4]十哥與數騎遁去，合于撒八。

[1]會寧八猛安：原爲會寧府境内之猛安，後遷於此。此八猛安具體名稱不詳。

[2]迪謀魯：地名。本書僅此一見。所在地不詳。

[3]闢沙河千户：不詳。　十哥：本書僅此一見。　完顏麻潑：女真人。天德四年（1152）以都水使者爲高麗生日使。見本書卷五、六〇、一三三。　烏古迪列招討使：烏古迪列招討司長官。烏古迪列招討司後改名爲東北路招討司。　烏林荅蒲盧虎：女真人。本書僅見於此。

[4]室魯部：所在地不詳。　阿斯列：本書僅此一見。

咸平府謀克括里，[1]與所部自山後逃歸，咸平少尹完顏余里野欲收捕括里家屬，[2]括里與其黨招誘富家奴隸，數日得衆二千，遂攻陷韓州及柳河縣，[3]遂趨咸平。余里野發兵迎擊之，兵敗，賊遂據咸平，於是繕完器甲，出府庫財物以募兵，賊勢益張。權曹家山猛安綽質，[4]集兵千餘，扼干夜河，[5]賊不得東。綽質兵敗，括里遂犯濟州。[6]會宿直將軍孛术魯吴括剌徵兵于速頻路，[7]遇括里于信州，[8]與猛安烏延查剌兵二千，[9]擊敗括里。括里收餘衆趨東京，[10]是時世宗爲東京留守，[11]以兵四百人拒之。賊至常安縣，[12]聞空中擊鼓聲如數千鼓者，候見旌旗蔽野，傳言留守以十萬兵至矣，即引還，亦以其衆合于撒八。

［1］咸平府：治所在今遼寧省開原市開原老城。　謀克：女真族地方行政設置及長官名稱，也是軍事組織及軍官名稱。作爲行政設置的謀克領户，作爲軍事組織的謀克領百夫，有親管（合扎）、世襲與非親管、世襲之别。亦用作榮譽爵稱。　括里：契丹人。初爲契丹謀克，正隆六年（1161）自征宋軍中逃回咸平府，領導契丹人起義。後與窩斡軍相合。起義失敗後歸宋。

［2］咸平少尹：府官名。咸平即咸平府。少尹爲府尹之佐，協助府尹處理本府政務。正五品。　完顔余里野：女真人。本書僅此一見。

［3］韓州：治所在今吉林省梨樹縣北偏臉城。　柳河縣：治所在今遼寧省昌圖縣西北八面城。

［4］權曹家山猛安：曹家山猛安長官。掌修理軍務，訓練武藝，勸課農桑。其地位大體上相當於防禦使。從四品。代理、攝守之官稱"權"。張博泉認爲，曹家山猛安當在咸平府治東北的伊改河附近，即今吉林省葉赫河附近。　綽質：女真人。即納蘭綽赤。本書卷一二一有傳。

［5］干夜河：張博泉認爲："干字疑是'于'字之誤，夜河即伊改河。""伊改，本書卷七二《婁室傳》作'益改'、'益海'。日人松井等謂，即今開原北葉赫城旁流之贍河。伊改與葉赫音近，伊改河即今葉赫河。"

［6］濟州：天眷二年（1140）以黄龍府改名。治所在今吉林省農安縣城。

［7］宿直將軍：殿前都點檢司屬官。掌總領親軍，負責宫城諸門衛禁及行從宿衛之事。定員八名，從五品。　孛术魯吴括剌：本書僅此一見。　速頻路：治所在今俄羅斯濱海邊疆區烏蘇里斯克城（雙城子）。

［8］信州：治所在今吉林省公主嶺市秦家屯古城。

［9］烏延查剌：女真人。見本書卷八六。

［10］趨東京：原本脱“東”字，從中華點校本補。

［11］東京留守：東京留守司長官。正三品。東京，京路名，治所在今遼寧省遼陽市。

［12］常安縣：治所在今遼寧省瀋陽市東北懿路村。

海陵使樞密使僕散忽土、西京留守蕭懷忠將兵一萬，[1]與右衛將軍蕭禿剌討平之。[2]禿剌與之相持數日，連與戰皆無功，而糧餉不繼，禿剌退歸臨潢。禿剌雖不能克敵，而撒八自度大軍必相繼而至，勢不可支，謀歸于大石，[3]迺率衆沿龍駒河西出。[4]及僕散忽土、蕭懷忠等兵至，與禿剌合兵追至河上，不及而還。忽土、懷忠、禿剌坐逗遛不即追賊，[5]皆誅死。北京留守蕭賾不能制其下，[6]殺降人而取其婦女，亦坐誅。於是，白彦恭爲北面兵馬都統，[7]紇石烈志寧副之，[8]完顔彀英爲西北面兵馬都統，[9]西北路招討使唐括孛姑的副之，[10]以討撒八等。

［1］樞密使：樞密院長官。掌武備機密之事。從一品。　僕散忽土：女真人。僕散師恭本名忽土。本書卷一三二有傳。　蕭懷忠：契丹人。本名好胡。本書卷九一有傳。

［2］右衛將軍：即殿前右衛將軍，殿前都點檢司屬官。掌宫衛及行從宿衛警嚴，總領護衛。　蕭禿剌：見於此及卷五、九一、一三二。　討平之：施國祁《金史詳校》卷一〇認爲，“平”字當删，是。

［3］大石：契丹人。即耶律大石。遼朝滅亡後率部西遷，在中

亞建立政權，史稱西遼。事詳《遼史》卷三〇《天祚紀》。

[4]龍駒河：今黑龍江省南源克魯倫河。

[5]逗遛：也作“逗留”。

[6]北京留守：北京留守司長官。正三品。北京，京路名，治所在今内蒙古自治區寧城縣西大明城。　蕭賾：歷仕吏部尚書、參知政事、尚書右丞，罷爲北京留守。此處原作“頤”，據殿本改。

[7]白彦恭：部羅火部族人。本名遥設，後因避諱改名爲白彦敬。本書卷八四有傳。　北面兵馬都統：北面行營的負責人。北面行營設於正隆六年（1161），是爲討契丹而設的臨時性軍事機構，負責指揮北路大軍作戰。契丹人大起義平定以後取消，故本書《百官志》不載。白彦敬是以樞密副使的身份任此職的，當時官爲從二品。

[8]紇石烈志寧：女真人。本名撒曷輦。本書卷八七有傳。

[9]完顔穀英：女真人。銀术可之子，本名撻懶。本書卷七二有傳。　西北面兵馬都統：也作西北面都統，西北面行營的負責人。完顔穀英以中都留守的身份任此職，此時官爲正三品。

[10]唐括孛姑的：女真人。見於此及卷五、七〇、一三三。

撒八既西行，而舊居山前者皆不欲往，僞署六院節度使移剌窩斡、兵官陳家殺撒八，[1]執老和尚、孛特補等。

[1]僞署六院節度使：契丹族大起義時所設的官名。六院，契丹部族名。此節度使爲部族節度使，爲五院部負責人。

至是，窩斡始自爲都元帥，陳家爲都監，[1]擁衆東還，至臨潢府東南新羅寨。[2]世宗使移剌扎八、前押軍謀克播斡、前牌印麻駭、利涉軍節度判官馬腦等招之。[3]扎八等見窩斡，以上意諭之。窩斡已約降，已而復謂扎八曰：“若降，爾能保我輩無事乎?”扎八曰：“我知招降耳，其他豈能必哉。”

[1]陳家：本書僅此兩見。

[2]新羅寨：本書僅此一見。在臨潢府治東南，今浪河北岸。

[3]移剌扎八：本書見於卷七〇、八七、一三三。　播斡：本書僅此一見。　麻駭：本書僅此一見。　利涉軍節度判官：州官名。節度州屬官。掌紀綱節鎮衆務，僉判兵馬之事，兼判兵、刑、工案事，正七品。利涉軍設在濟州，治所在今吉林省農安縣城。　馬腦：人名。本書僅此一見。

扎八見窩斡兵衆强，車帳滿野，意其可以有成，因説之曰：“我之始來，以汝輩不能有爲，今觀兵勢强盛如此，汝等欲如群羊爲人所驅去乎，將欲待天時乎？若果有大志，吾亦不復還矣。”賊將有前孛特本部族節度使逐斡者，[1]言：“昔谷神丞相，[2]賢能人也，嘗説他日西北部族當有事。今日正合此語，恐不可降也。”於是窩斡遂決意不復肯降矣。扎八亦留賊中，惟麻駭、播斡還歸。

[1]孛特本部族節度使：部族節度使爲部族之長，掌統制各部，鎮撫諸軍，其地位相當於州節度使。從三品。孛特本，部族名。逐斡：本書僅見於此。

[2]丞相：據本書卷七三《完顏希尹傳》，希尹官至尚書左丞相。

窩斡迺引兵攻臨潢府，總管移室懣出城戰，[1]兵少被執，賊遂圍臨潢，衆至五萬。正隆六年十二月己亥，窩斡遂稱帝，改元天正。[2]

［1］總管：此時移室懣官爲臨潢府路都總管，掌統諸城隍兵馬甲仗，總判府事。正三品。　移室懣：女真人。即温迪罕移室懣。本書卷九一有傳。

［2］天正：移剌窩斡年號（1161—1163）。

是時，北面都統白彦敬、副統紇石烈志寧在北京，[1]聞世宗即位，以兵來歸。世宗使元帥左都監吾扎忽、同知北京留守事完顔骨只救臨潢，[2]晝夜兼行，比至臨潢，賊已解圍去攻泰州。[3]吾扎忽追及于窊歷，[4]兩軍已陣將戰，押軍猛安契丹忽剌叔以所部兵應賊，[5]吾扎忽軍遂敗。

［1］副統：即北面行營副統，紇石烈志寧自開封尹出任此職。是時官爲正三品。

［2］元帥左都監：元帥府屬官。位在都元帥、左右副元帥、元帥左右監軍之下。從三品。　吾扎忽：女真人。本書卷七一有傳。完顔骨只：本書僅見於此。

［3］泰州：治所在今吉林省洮南市東北雙塔鄉城四家子舊城址，一説在今黑龍江省泰來縣塔子城。金承安三年（1198）移治長春縣，即今吉林省前郭爾羅斯蒙古族自治縣西北塔虎村。

［4］窊（wā）歷：地名。所在地不詳。

［5］忽剌叔：僅見於此及卷七一。

泰州節度使烏里雅率千餘騎與窩斡遇，[1]烏里雅兵復敗，僅以數騎脱歸。賊勢愈振，城中震駭，莫敢出戰。賊四面登城，押軍猛安烏古孫阿里補率軍士數人，[2]各持刀，以身率先循城，擊賊力戰，斫刈甚衆，賊迺退走，城賴以完。泰州司吏顔盞蒲查奏捷，[3]除忠翊校尉，[4]賜銀五十兩、重綵十端。

[1]烏里雅：女真人。即蒲察烏里雅。見於此及卷七一、七二。

[2]烏古孫阿里補：女真人。僅見於此及卷七一。

[3]司吏：路、府所屬辦事員。掌文書案牘之事，爲無品級小官。　顔盞蒲查：本書僅此一見。

[4]忠翊校尉：武散官。爲正八品下階。

二年正月，右副元帥完顔謀衍率諸軍北征窩斡。[1]二月壬戌詔曰："應諸人若能於契丹賊中自拔歸者，更不問元初首從及被威脅之由，奴婢、良人罪無輕重並行免放。曾有官職及糾率人衆來歸者，仍與官賞，依本品量材叙使。其同來人各從所願處收係，有才能者亦與録用。内外官員郎君、群牧直撒、百姓人家驅奴、宫籍監人等，[2]並放爲良，亦從所願處收係，與免三年差役。或能捕殺首領而歸者，准上施行，仍驗勞績約量遷賞。如捕獲窩斡者，猛安加三品官授節度使，謀克加四品官授防禦使，[3]庶人加五品官授刺史。"[4]詔曰："尚書省，如節度、防禦使捉獲窩斡者與世襲猛安，刺史捉獲者與世襲謀克，驅奴、宫籍監人亦與庶人同。"復詔宰臣，遍諭將士，能捕殺窩斡者加特進，[5]授真總管。[6]

［1］右副元帥：元帥府屬官。位在都元帥、左副元帥之下。正二品。　完顔謀衍：女真人。本書卷七二有附傳。

［2］内外官員郎君：郎君爲工作人員通稱。諸局司承應人中有王府祗侯郎君、走馬郎君。此當指内外官員所屬的所有辦事人員。　群牧直撒：直撒爲官名。本書《百官志》不載，據本書卷二四《地理志上》，有部族直撒，知是部族官。此顯指群牧官，待考。　驅奴：本書中的驅、驅丁、驅奴，舊釋爲奴隸，張博泉依其地位低於良民、高於奴隸，認爲其身份相當於農奴（张博泉《金代“驅”的身份與地位辨析》，《晋陽學刊》1988 年第 2 期）。　宫籍監人：也作宫籍監户。“良人”没入官府而隸屬於殿前都點檢司下屬的宫籍監者，稱宫籍監人。服役於宫内者稱内監户，服役於宫外者稱外監户。地位低於一般平民而高於奴隸，可與良民結婚，自置田宅，與百姓一例承當賦役。

［3］防禦使：防禦州長官。掌防捍不虞，禦制盜賊，總理本州政務。從四品。

［4］刺史：刺史州長官。負責本州政務。正五品。

［5］特進：文散官。爲從一品中次階。

［6］真總管：指真授總管職務，而非代理、攝守。原作“真定總管”，中華點校本據文意删“定”字，今從。

於是，括里將犯韓州，聞元帥兵至，不戰遁去，將轉趨懿、宜州。[1]謀衍屯懿州慶雲縣，[2]及屯川州武平縣，[3]奏請糧運當遣人護送，兵仗乞選精良者付之。詔以南征逃還軍士就往屯戍，如不足，量于富家簽調，就近地簽步軍，給仗護送糧運。詔平章政事移剌元宜往泰州規措邊事。[4]前安遠大將軍斡里襄、猛安七斤、庶人阿里葛、磨哥等自窩斡中來降，[5]斡里襄、七斤加昭武大將軍，[6]阿里葛武義將軍，[7]磨哥忠勇校尉。[8]

[1]懿：州名。治所在今遼寧省阜新市東北塔營子村古城。　宜：州名。天德三年（1151）改名爲義州，治所在今遼寧省義縣。此處當稱義州。

[2]慶雲縣：遼置。治所在今遼寧省康平縣東南。

[3]川州：遼應曆元年（951）改白川州置。治所在今遼寧省朝陽市東北。　武平縣：治所在今内蒙古自治區敖漢旗東白塔子村。本書卷二四《地理志上》，"北京路大定府武平縣"注："遼築城杏堝，初名新州，統和間更名武安州。皇統三年降爲武安縣來屬，大定七年更名。"則此處當稱"武安"。

[4]平章政事：爲宰相，掌丞天子，平章萬機。從一品。始設於天眷元年（1138）。　移剌元宜：契丹人。本姓耶律，因賜姓後改姓完顔，本名阿列，一作移特輦。本書卷一三二有傳。

[5]安遠大將軍：武散官。爲從四品上階。　斡里㚖：本書僅此一見。　七斤：本書共十人同名七斤，此人僅此一見。　阿里葛：本書僅此一見。　磨哥：本書僅此一見。

[6]昭武大將軍：武散官。爲正四品上階。

[7]武義將軍：武散官。爲從六品上階。

[8]忠勇校尉：武散官。爲正八品上階。

窩斡遂自泰州往攻濟州，欲邀糧運。元帥完顔謀衍與右監軍完顔福壽、左都監吾扎忽合兵，[1]甲士萬三千人。曷懶路總管徒單克寧、廣寧尹僕散渾坦、同知廣寧尹完顔巖雅、肇州防禦使唐括烏也爲左翼。[2]臨海節度使紇石烈志寧、曷速館節度使神土懣、同知北京留守完顔骨只、淄州刺史尼厖古鈔兀爲右翼，[3]至术虎崖，[4]盡委輜重，士卒齎數日糧，輕騎襲之。

［1］元帥完顏謀衍：本書有數處稱完顏謀衍爲“元帥”，據其本傳與《世宗紀》，時爲“右副元帥”。或因時爲征窩斡的統帥，故俗稱元帥。　右監軍：元帥府屬官。位在都元帥、左右副元帥、元帥左監軍之下。正三品。　完顏福壽：女真人。見本書卷八六。

［2］曷懶路總管：曷懶路都總管府長官，掌統諸城隍兵馬甲仗，總判府事。正三品。曷懶路，治所在今朝鮮咸鏡南道咸興城南五里處。　徒單克寧：女真人。本名習顯。本書卷九二有傳。　廣寧尹：府長官。正三品。廣寧即廣寧府，治所在今遼寧省北寧市。　僕散渾坦：女真人。本書卷八二有傳。　同知廣寧尹：府官名。爲府尹之佐，協助府尹掌宣風導俗，肅清所部，總判府事。從四品。　完顏巖雅：女真人。見於卷九二、一三三。　肇州防禦使：防禦州長官。從四品。肇州，治所一說在今黑龍江省肇源縣望海屯舊址，一說在今黑龍江省肇源縣茂興站南的吐什吐，一說在今黑龍江省肇東縣八里城。　唐括烏也：僅見於此及卷九二。

［3］臨海節度使：節度州長官。從三品。臨海軍設在錦州。　曷速館節度使：曷速館路長官。負責本路軍政事務。從三品。曷速館屬東京路，本書卷二四《地理志上》列入上京路，誤。治所初在遼陽鶴野之長宜鎮，天會七年（1129）徙至寧州，即今遼寧省熊岳城西南七十里永寧城。　神土懣：女真人。胡魯改之子。本書卷九一有傳。　淄州刺史：刺史州長官。正五品。淄州，治所在今山東省淄博市淄川區。　尼厖古鈔兀：女真人。本書卷八六有傳。“厖”，原作“龐”，顯誤。

［4］术虎崖：地名。本書僅見於此及卷七二。具體地點不詳。

乣梡群牧人契丹乣者，[1]與其弟孛迭、挼剌，[2]皆棄家自賊中來降。乣者謂謀衍曰：“賊中馬肥健，官軍馬疲弱，此去賊八十里，比遇賊，馬已憊。賊輜重去此不遠，我攻之，賊必救其巢穴，賊至馬必疲，我馬少得息，所謂攻其所必救，以逸待勞者也。”謀衍從之，乘夜亟發，會大風，路暗不能辨，遲明行三十里許，與賊輜重相近，整兵少憩。窩斡趨濟州，知大軍取其輜重，迺還救，遇于長濼。[3]既陣，謀衍别設伏于左翼之側，賊四百餘騎突出左翼伏兵之間，[4]徒單克寧射却之。是日，别部諸將與賊對者，勝負未分，相去五里許而立。左翼萬户襄别與賊戰，[5]賊陣動，襄麾軍乘之，突出其後，俱與大軍不相及。襄以善射者二十騎，率衆自賊後擊之，賊不能支，乘勢麾軍擊其一偏，賊遂却。襄遂與大軍合，而别部諸將皆至，整陣力戰，忽反風揚砂石，賊陣亂，官軍馳擊，大破之，追北十餘里，斬獲甚衆。

[1]糺椀群牧：官署名。掌檢校群牧畜養蕃息之事。長官爲群牧使，又作烏魯古使。從四品。據本書卷四四《兵志》，天德間，置“五群牧所，皆仍遼舊名”，“後稍增其數爲九。契丹之亂遂亡其五”，則糺椀群牧所當設在海陵王天德之後，於契丹族大起義後撤銷。　糺者：見於此及本書卷七二、九二。

[2]孛迭：本書僅此一見。　挼剌：本書僅見於此及卷八八。

[3]長濼：古湖濼名。一説爲今内蒙古自治區奈曼旗境工程廟泡子；一説在今吉林省乾安縣與農安縣之間。

[4]四百：原作“罟”，從中華點校本改。

[5]萬户：金太祖時始對“材堪統衆”的軍官授以萬户官職。世襲統領猛安、謀克，隸屬於都統。金天德三年（1151）取消對萬户的世襲。此爲軍官稱，職位高於猛安。　襄：女真人。姓完顔，本名唵。本書卷九四有傳。

詔以糺者爲武義將軍，孛迭昭信校尉，[1]挼剌忠翊校尉。[2]糺者除同知建州事，[3]未之官，卒。孛迭取家賊中，遂被害，上憫之，後以挼剌爲汝州都巡檢使。[4]

[1]昭信校尉：武散官。爲正七品下階。

[2]忠翊校尉：武散官。爲正八品下階。

[3]同知建州事：州官名。刺史州屬官。協助刺史處理本州政務。正七品。建州，治所在今遼寧省朝陽市。

[4]汝州都巡檢使：負責本州治安。正七品。汝州，治所在今河南省汝州市。

窩斡率其衆西走，謀衍追及之于霿𩅰河。[1]賊已濟，毀其津口，紇石烈志寧軍先至，不克渡，迺對岸爲疑兵，以夾谷清臣、徒單海羅兩萬户於下流渡河，[2]值支港兩岸斗絶，且濘淖，命軍士束柳填港而過。追之數里，得平地，方食，賊衆奄至。志寧軍急整陣，賊自南岡馳下，衝陣者三，志寧力戰，流矢中左臂，戰自若。大軍畢至，左翼騎兵先與賊接，賊據上風縱火，乘煙擊官軍，官軍步兵亦至，并力合戰，凡十餘合，軍士苦風煙，皆植立如癡，會天降雨，風止，官軍奮擊，大敗之。徒單克寧追奔十五里，賊前阨溪澗不得亟渡，多殺傷。賊既渡，官軍亦渡，少憩，賊反旆來攻，克寧以大軍不繼，令軍士皆下馬射賊。賊引却而南，克寧亦將引而北，士未及騎馬，賊復來衝突，官軍少却，回渡澗北。大軍至，賊遂引去。

［1］霿䨚河：今遼寧省開原市境内的馬鬃河。

［2］夾谷清臣：女真人。本名阿不沙。本書卷九四有傳。　徒單海羅：女真人。僅見於本書卷八七、一三三。

四月，詔元帥府曰：[1]“應契丹賊人，與大軍未戰已前投降者，不得殺傷，仍加安撫。敗走以後，招誘來降者，除奴婢准已虜爲定外，親屬分付圓聚，仍官爲换贖。”

［1］元帥府：官署名。金於天會三年（1125）設元帥府，掌征討之事。長官爲都元帥，從一品。下設左、右副元帥，元帥左、右監軍，元帥左、右都監等官。

窩斡既敗，謀衍不復追討，駐軍白濼。[1]窩斡攻懿州不克，遂殘破川州，將遁于山西，[2]而北京亦不邀擊之。於是，發驍騎軍二千、曷懶路留屯京師軍三千，號稱二萬，會寧、濟州軍六千，亦號二萬。元帥左都監高忠建總兵，[3]沃州刺史烏古論蒲查爲曷懶路押軍萬户，[4]邳州刺史烏林荅剌撒爲濟州押軍萬户，[5]右驍騎副都指揮使烏延查剌爲驍騎萬户，[6]祁州刺史宗寧爲會寧路押軍萬户，[7]右宣徽使宗亨爲北京路都統，[8]吏部郎中完顔達吉爲副統，[9]會元帥府討擊之。

［1］白濼：古湖泊名。在今内蒙古自治區多倫縣西南。

［2］山西：指西京路。

［3］元帥左都監：本書卷六《世宗紀》，大定二年（1162）五

月，“遣元帥左監軍高忠建會北征將帥討契丹”，同年八月，“左監軍高忠建破奚於枵栳山”，皆作“左監軍”，與此異。 高忠建：自南征途中領兵回東京擁立金世宗。世宗即位後，爲報諭宋國使使宋。後統兵鎮壓契丹人、奚人的起義，手段殘酷。

[4]沃州刺史：刺史州長官。正五品。沃州，治所在今河北省趙縣。 烏古論蒲查：女真人。僅見於此及本書卷八七。 押軍萬户：爲本處部隊最高指揮官，屬臨時性官職。故本書《百官志》不載。

[5]邳州刺史：刺史州長官。正五品。邳州，治所在今江蘇省睢寧縣西北古邳鎮東。 烏林荅剌撒：女真人。見於本書卷六、七一、八七、一三三。

[6]右驍騎副都指揮使：點檢司屬官，爲驍騎軍負責人之一。本書《百官志》不載。按，大磐在任登州刺史以前曾任是職，故此職當爲正五品或正五品以下。 驍騎萬户：爲驍騎軍參戰部隊最高指揮官，屬臨時性官職。故本書《百官志》不載。此上原脱“烏延查剌”四字，從中華點校本補。

[7]祁州刺史：史州長官。正五品。祁州，治所在今河北省安國市。 宗寧：女真人。完顔宗寧本名阿土古。本書卷七三有傳。

[8]右宣徽使：宣徽院長官。掌朝會、燕享、殿庭禮儀及監知御膳。正三品。 宗亨：女真人。完顔宗亨本名撻不也。本書卷七〇有傳。原脱“宗”字，從施國祁《金史詳校》卷一〇補。
北京路都統：正隆末至大定初曾一度於數路設都統府，是爲在對宋與對契丹人的戰争中統一調動各路府部隊而設的一種軍事機構，隸屬於元帥府。長官爲都統。據本書卷八八《紇石烈良弼傳》，良弼以南京留守（正三品）兼開封尹（正三品）爲河南都統，卷七〇《宗亨傳》，宗亨“授右宣徽使，未幾，爲北京路兵馬都統”，卷六五《璋傳》，璋由陝西路都統改“爲西北路招討使”（正三品）。所以，都統應爲正三品銜。北京都統府設於何時不詳，本書爲北京都統者僅見宗亨一人。可能設於大定二年（1162），契丹平後即撤。

[9]吏部郎中：尚書吏部屬官。協助吏部尚書掌文武選授、勳封、考課、出給制誥等政事。從五品。　完顏達吉：女真人。見於卷六一、一三三、一三四。　副統：都統府屬官。協助都統負責本路軍事。

詔使尚厩局副使蒲察蒲盧渾往懿州戒勑將帥，[1]上曰："朕委卿等討賊，迺聞不就賊趨戰，而駐兵閒緩，經涉累月，雖曾追襲，迺不由有水草之地，以致馬疲弱，不能百里而還。後雖破賊，而縱諸軍劫掠，數日後方追北。霧霿河亦不乘勝，輒復引還。賊遂入涉近地，北京、懿州由此受兵。朕欲重譴汝等，以方任兵事，且圖後功。當盡心一力，毋得似前怠弛。"上謂蒲盧渾曰："卿若聞賊在近，即當監督討伐。用命力戰者疏記以聞，朕將約量遷賞。無或承徇上官，抑有功、濫署無功者。善戢士卒，勿縱虜掠。"以紇石烈志寧爲元帥右監軍，右副元帥完顏謀衍、元帥右監軍完顏福壽召還京師，[2]咸平路總管完顏兀帶復舊職。[3]謀衍男斜哥在軍中多暴横，[4]詔押歸本管。窩斡使所親招節度使移里堇窟域，[5]窟域執其使送官，與窩斡連戰有功，遷宣武將軍，[6]賜銀五百兩、衣二襲。起運在中都弓萬五千、箭一百五十萬赴懿州。

[1]尚厩局副使：尚厩局屬官。掌御馬調習牧養，以奉其事。從六品。　蒲察蒲盧渾：女真人。蒲察通本名蒲察蒲盧渾。本書卷九五有傳。

[2]右副元帥完顏謀衍、元帥右監軍完顏福壽召還京師：此處

原無“右副元師完顔謀衍、元帥”十字，據中華點校本補。

[3]完顔兀帶：女真人。本書僅此一見。不詳。

[4]斜哥：女真人。見於本書卷六、七二、八七、一三三。

[5]移里堇窟域：本書僅此一見。移里堇，爲部落墟寨之首領。窟域，爲其名。其爲何部族節度使不詳。

[6]宣武將軍：武散官。爲從五品下階。

平章政事移剌元宜、寧昌軍節度使宗叙入見，[1]詔使自中道却還軍中，宣諭元宜、謀衍注意經略邊事。師久無功，尚書右丞僕散忠義願効死力除邊患，[2]世宗嘉嘆。六月，忠義拜平章政事，兼右副元帥，宗叙爲兵部尚書，[3]各賜弓矢、具鞍勒馬。出内府金銀十萬兩佐軍用。詔曰：“軍中將士有犯，除連職奏聞，餘依軍法約量决責，有功者依格遷賞。”以大名尹宗尹爲河南路統軍使，[4]河南路統軍都監蒲察世傑爲西北路副統，[5]賜弓矢佩刀厩馬，從忠義征行。詔諭諸軍將士曰：“兵久駐邊陲，蠹費財用無成功，百姓不得休息。今命平章政事僕散忠義兼右副元帥，同心戮力，以底戡定。右副元帥謀衍罷爲同判大宗正事。”[6]

[1]寧昌軍節度使：州官名。從三品。寧昌軍設在懿州。　宗叙：女真人。本名德壽。本書卷七一有傳。

[2]尚書右丞：執政官。爲宰相之貳，佐治省事。正二品。僕散忠義：女真人。本名烏者。本書卷八七有傳。

[3]兵部尚書：尚書兵部長官。掌兵籍、軍器、城隍、鎮戍、厩牧、鋪驛、車輅、儀仗、郡邑圖志、險阻、障塞、遠方歸化等事。正三品。

[4]大名尹：府長官。正三品。大名即大名府，治所在今河北省大名縣東。　宗尹：女真人。本名阿里罕。亦見本書卷七三。　河南路統軍使：河南路統軍司長官。掌督領軍馬、鎮攝封陲、分營衛、視察奸。正三品。

[5]統軍都監：統軍司屬官。本書《百官志》不載。　蒲察世傑：女真人。本名阿撒。本書卷九一有傳。　西北路副統：爲討契丹而設的臨時性軍事機構西北路都統府屬官。負責協助西北路都統指揮各路部隊對契丹人作戰。據本書卷九一《蒲察世傑傳》，其在任是職前後都曾任防禦使，故此職應爲從四品。

[6]同判大宗正事：大宗正府屬官。協助判大宗正事掌敦睦糾率宗屬欽奉王命。從二品。泰和六年（1206）因避諱改爲同判大睦親事。

詔居庸關、古北口譏察契丹奸細，[1]捕獲者加官賞。萬户温迪罕阿魯帶以兵四千屯古北口，[2]薊州、石門關等處各以五百人守之。[3]海陵末年，[4]阿魯帶爲猛安，移剌娜爲牌印祗候，起契丹部族兵被執，至是挺身來降。世宗以阿魯帶爲濟州押軍萬户，移剌娜爲同知灤州事。[5]

[1]居庸關：即今北京市昌平區西北的居庸關，又名軍都關、薊門關。　古北口：又名虎北口。即今北京市密雲縣東北的古北口。

[2]温迪罕阿魯帶：女真人。見於本書卷六、七二、一三三。

[3]石門關：在今北京市延慶縣東南八達嶺上。

[4]海陵：封號。即完顏迪古迺，漢名亮。金朝第四任皇帝，1149 年至 1161 年在位。

[5]同知灤州事：州官名。刺史州屬官。負責協助刺史處理本

州政務。正七品。灤州，治所在今河北省灤縣。

西南路招討使完顏思敬爲都統，[1]賜金牌一、銀牌二，西北路招討使唐括孛古底副之，以兵五千往會燕子城舊戍軍，[2]視地形衝要或于狗濼屯駐，[3]遠斥候，賊至即戰，不以晝夜爲限。詔思敬曰："契丹賊敗必走山後，可選新馬三千加芻秣，以備追襲。"

[1]西南路招討使：西南路招討司長官。正三品。西南路招討司大定八年（1168）以前設在豐州，治所在今內蒙古自治區呼和浩特市東，大定八年以後設在應州，治所在今山西省應縣。 完顏思敬：女真人。本名撒改。本書卷七〇有傳。 都統：即西南路都統，爲討契丹而設的臨時性軍事機構西南路都統府長官。負責指揮各路部隊對契丹人作戰。此時完顏思敬爲正三品官。

[2]兵五千：本書卷七〇《完顏思敬傳》作"二千"。 燕子城：在今內蒙古自治區正藍旗南。

[3]狗濼：古湖泊名。在今內蒙古自治區錫林郭勒盟太僕寺旗炮臺營子西南。

僕散忠義至軍中。是時，窩斡西走花道，[1]衆尚八萬。忠義、高忠建軍與賊遇，萬户查剌、蒲查爲左翼，宗亨統之，宗寧、剌撒爲右翼，宗敘統之，世傑亦在左翼中，與賊夾河爲陣。賊渡河，以兵四萬餘先犯左翼軍，查剌以六百騎奮擊敗之。復以四萬衆與左翼軍戰，[2]宗亨、世傑七謀克指畫失宜，陣亂敗于賊。世傑挺身投于查剌軍中，賊圍查剌軍，查剌力戰，宗敘以右翼軍來救，賊迺去。

［1］花道：在今内蒙古自治區赤峰市東南。

［2］復以四萬衆與左翼軍戰：原無“復”字，“左”爲“右”，此從中華點校本補改。

詔曰：“自契丹作逆，有爲賊詿誤者，不問如何從賊，但能復業，與免本罪。如能率衆來附，或能殺捕首領而降，或執送賊所扇誘作亂之人，皆與量加官爵。朕念正隆南征，猛安亡者招還被戮，已命其子孫襲其職。爾等勿懲前事，故懷遲疑。賊軍今既破散，山後諸處皆命將士遏其逃路，爾等雖欲不降，終將安往？若猶疑貳，俱就焚滅，悔無及矣。”

窩斡自花道西走，僕散忠義、紇石烈志寧以大軍追及于裊嶺西陷泉。[1]明日，賊軍三萬騎涉水而東。大軍先據南岡，左翼軍自岡爲陣，迤邐而北，步軍繼之，右翼軍繼步軍北引而東，作偃月陣，步軍居中，騎兵據其兩端，使賊不見首尾。是日，大霧晦冥，既陣霧開，少頃晴霽。賊見左翼據南岡，不敢擊，擊右翼軍，烏延查剌力戰，賊稍却。志寧與夾谷清臣、烏林荅剌撒、鐸剌合戰，[2]賊大敗，將涉水去，泥濘不得亟渡。大軍逐北，人馬相蹂踐而死，不可勝數，陷泉皆平，餘衆蹈籍而過，或奔潰竄匿林莽間。大軍踵擊之，俘斬萬計，生擒其弟僞六院司大王裊。[3]窩斡僅與數騎脱去，鈔兀、清臣追四十餘里，不及，斬千餘級，獲車帳甚衆。其母徐輦舉營自落括岡西走，[4]志寧追之，盡獲輜重，俘五萬餘人，雜畜不可勝計。僞節度使六及其部族皆降。

［1］裊嶺：一説在今内蒙古自治區赤峰市境内，一説在今河北省圍場滿族蒙古族自治縣境内。“裊”，原作“梟”，據殿本改。　陷泉：地名。一説在今内蒙古自治區巴林左旗境内，一説在今内蒙古自治區喀喇沁旗西南。

［2］鐸剌：本書中共四人同名鐸剌，此人僅此一見。

［3］六院司大王：契丹族大起義時所設官職。爲六院部之長。　裊：契丹人。移剌窩斡之弟。本書見於卷六、八七、一三三。

［4］徐輦：契丹人。移剌窩斡之母。本書見於卷七〇、八七、一三三。　落括岡：地名。具體地點不詳。

詔北京副統完顏達吉括本部馬，規辦芻糧，仍使達吉爲監戰官，録有功者聞奏。詔選中都、西京兩路新舊軍萬人備守禦，[1]以窩斡敗走，恐或衝突也。

［1］中都：京路名。治所在今北京市。

僕散忠義使使奏捷，詔略曰：“平章政事、右副元帥忠義使使來奏大捷。或被軍俘獲，或自能來服，或無所歸而投拜，或將全屬歸附，或分領家族來降，或嘗受僞命，及自來曾與官軍鬥敵，皆釋其罪。其散亡人内，除窩斡一身，不以大小官員是何名色，却來歸附者，亦准釋放。有能誅捕窩斡，或於不從招納亡去人内誅捕以來，及或能率衆於掌軍官及隨處官司投降者，並給官賞。各路撫納來者，毋得輒加侵損。無資給者，不以是何路分，隨有糧處安置，仍官爲養濟。”

窩斡收合散卒萬餘人，遂入奚部，以諸奚自益，時時出兵寇速魯古淀、古北口、興化之間。[1]温迪罕阿魯帶守古北口，與戰敗焉。詔完顏謀衍、蒲察烏里雅、蒲察蒲盧渾以兵三千，合舊屯兵五千，擊之。詔完顏思敬以所部兵入奚地，會大軍討窩斡。

[1]速魯古淀：地名。本書僅此一見。具體地點不詳。　興化：縣名。遼置，治所在今河北省承德市西南。

賊黨霿𩅤河猛安蒲速越遣人至帥府約降，[1]詔令擒捕窩斡，許以官賞。賊將降者甚衆，其散走者聞詔書招降，亦多降者。其餘多疾疫而死，無復鬥志。窩斡自度勢窮，廼謀自羊城道、西京奔夏國，[2]大軍追之益急，其衆復多亡去，度不得西，廼北走沙陀間。[3]

[1]霿𩅤河猛安：猛安名。爲窩斡所置，應在霿𩅤河一帶。　蒲速越：本書共六人同名蒲速越，此人僅見於此及卷六。

[2]羊城：地名。在今河北省沽源縣西南。

[3]沙陀：亦作沙陁。原爲西突厥别稱，唐於其地設沙陀州都督府。此指沙漠地帶。

詔尚書省："凡脅從之家被俘掠遂致離散，宜從改正。將士往往藏匿其人，有司檢括分付。"

監軍志寧獲賊稍合住，[1]釋而弗殺，縱還賊中，使誘其親近捕窩斡以自効，許以官賞。九月庚子，稍合住與神獨斡執窩斡，[2]詣右都監完顏思敬降，[3]並獲其母徐輦及其妻、子、子婦、弟、姪，盡收僞金銀牌印。唐括孛古底獲前胡里改節度使什溫及其家屬。[4]西北路招討使李家奴獲僞樞密使逐斡等三十餘人，[5]復與猛安泥本婆果追僞監軍那也至天成縣，[6]那也迺降，仍獲僞都元帥醜哥及金牌一、銀牌五。[7]志寧與清臣、宗寧、速哥等追餘黨至燕子城，[8]盡得其黨。前至抹拔里達之地，[9]悉獲之，逆黨遂平。

[1]稍合住：本書見於卷七〇、八七、一三三。

[2]神獨斡：本書見於卷七〇、八七、一三三。

[3]詣右都監完顏思敬降：原脱"降"字，從中華點校本補。

[4]胡里改節度使：胡里改路長官，負責本路軍民之政。從三品。胡里改路，治所在今黑龍江省依蘭縣喇嘛廟。　什溫：本書僅此一見。

[5]李家奴：本書僅此一見。　僞樞密使：契丹族起義軍所設的官職。　逐斡：本書僅見於本卷。

[6]泥本婆果：本書僅此一見。　僞監軍：契丹族起義軍所設的官職。　那也：本書僅見於本卷。　天成縣：遼置，治所在今山西省天成鎮。

[7]僞都元帥：契丹族起義軍所設的官職。　醜哥：本書僅此一見。

[8]速哥：本書僅見於此及卷八七。

[9]抹拔里達：地名。本書見於卷八七、九四、一三三。具體地點不詳。

甲辰，皇太子率百官上表賀。乙巳，詔天下。辛亥，完顏思敬獻俘于京師，窩斡梟首于市，磔其手足，分懸諸京府。其母徐輦及妻子皆戮之。契丹降人皆拘其器仗，貧不能自給者官爲養濟。

括里、扎八率衆南走，詔左宣徽使宗亨追及之。[1]扎八詐稱降，宗亨信其言，遂不與戰。扎八紿之曰："括里驚走，願追之。"宗亨縱扎八去。益都猛安欲以所部追括里、扎八，[2]宗亨恐分其功，不聽，而縱軍士取賊所棄資囊人畜而自有之。括里、扎八由是得亡去，遂奔于宋。宗亨降寧州刺史。[3]其後，宋李世輔用括里、扎八，[4]遂取宿州，[5]頗爲邊患。

[1]左宣徽使：宣徽院長官。正三品。

[2]益都：府名。治所在今山東省青州市。

[3]寧州刺史：刺史州長官。正五品。寧州，治所在今甘肅省寧縣。

[4]李世輔：原爲蘇尾九族巡檢。夏大德四年（1138）金攻陷宋延安，與父俱被俘，後投西夏，又投宋，改名顯忠。《宋史》卷三六七有傳。

[5]宿州：治所在今安徽省宿州市。

神獨斡除同知安化軍節度使，[1]稍合住除同知震武軍節度使事。[2]大定六年，[3]點檢司奏，[4]親軍中有逆黨子弟，請一切罷去。詔曰："身預逆黨者罷之，餘勿問。"

[1]同知安化軍節度使：州官名。節度州屬官。負責協助節度使掌鎮撫諸軍防刺，參判本鎮兵馬之事，兼州事者例兼同知管内觀察使。正五品。安化軍設在密州，治所在今山東省諸城市。

[2]同知震武軍節度使事：州官名。節度州屬官。正五品。震武軍設在代州，治所在今山西省代縣。

[3]大定：金世宗年號（1161—1189）。

[4]點檢司：官署名。即殿前都點檢司。掌親軍，總領左右衛將軍、符寶郎、宿直將軍、左右振肅，負責行從宿衛、關防門禁、督攝隊仗。下屬機構有宮籍監、近侍局、器物局、尚厩局、尚輦局、鷹坊、武庫署、武器署。長官爲殿前都點檢，正三品。

贊曰：金人以燕山與宋，遂啓張覺跳梁之心，覺豈爲宋者哉，蓋欲乘時以徼利耳。耶律余覩從宗望追天祚，曾不遺餘力，功成驕溢，自取誅滅，哰哉！正隆佳兵，契丹作難，《傳》曰：[1]"夫兵猶火也，弗戢將自焚。"可不戒哉！

[1]《傳》曰：語出《左傳·隱公四年》。

金史　卷一三四

列傳第七十二

外國上

西夏

夏國王李乾順，[1]其先曰托跋思恭。[2]唐僖宗時，[3]爲夏、綏、銀、宥節度使，[4]與李茂貞、李克用等破黄巢，[5]復京師，賜姓李氏。唐末，天下大亂，藩鎮連兵，[6]惟夏州未嘗爲唐患。歷五代至宋，傳數世至元昊，[7]始稱帝。遼人以公主下嫁李氏，[8]世修朝貢不絶，事具《遼史》。

[1]夏國：國名。也稱西夏、大夏。西北少數民族党項羌建立的封建政權（1038—1227）。都興慶府（今寧夏回族自治區銀川市東南），是與遼宋金先後在中原並峙的王朝。　李乾順：西夏國王。廟號崇宗。三歲登基，在位五十四年（1086—1139）。年幼時外戚梁氏專權，年長親政以後，積極鞏固和擴張王權。重文輕武，特建

以傳授漢學爲主要任務的“國學”，把西夏封建制推向一個新的發展階段。

［2］托跋思恭：唐朝末年党項族人。參加平定黄巢農民起義的戰争，被封爲左武衛將軍，權知夏、綏、銀節度事。唐中和二年（882），進爲京城西面都統、檢校司空、同中書門下平章事，不久又進升爲四面都統，權知京兆尹。平定黄巢起義之後，加封爲太子太傅、夏國公，賜姓李。

［3］唐僖宗：即李儇，廟號僖宗，懿宗第五子。在位十五年（874—888）。

［4］夏：州名。治所在今陝西省靖邊縣北。　綏：州名。治所在今陝西省綏德縣。　銀：州名。治所在今陝西省米脂縣西北八十里。　宥：州名。治所在今陝西省靖邊縣東。　節度使：官名。唐代指總領一方的軍府。唐初於重要諸州置都督府，睿宗景雲中（710—711）置節度大使。玄宗天寶初，沿邊有九節度使、一經略使。安史之亂後，内地悉置節度使，轄境大小不等，某些節度使擁兵自重，並掌握土地、人民、財富等，傳位於子孫或部下，不奉朝命，世稱“藩鎮”。金於大州置節度使，另有軍名。掌鎮撫諸軍、防禦、刺史，總判本鎮兵馬事，兼本州管内觀察使事。長官爲節度使，從三品。

［5］李茂貞：唐深州博野（今河北省博野縣）人。本姓宋，唐僖宗時歷任武定、鳳翔節度使，封隴西郡王，賜姓名。　李克用：唐沙陀部人。曾殺大同軍防禦使段文楚，據雲州，後爲唐軍所敗。此後率沙陀兵參加鎮壓黄巢起義的戰争，攻破長安，被任爲河東節度使，後又進封爲晋王。其子李存勗建立後唐，被尊爲太祖。　黄巢：唐末農民起義軍領袖。今山東省荷澤市人。公元875年回應王仙芝起義，後被推爲領袖，號衝天大將軍。公元881年攻入長安，即皇帝位，國號大齊。但因流動作戰，没有建立穩固的根據地，不久兵敗自殺。

［6］藩鎮：見上“節度使”條。

［7］元昊：即李元昊，廟號景宗，在帝位十一年（1038—1048）。公元 1038 年稱帝，國號大夏。曾制定官制、軍制、法律，創製西夏文字。擊敗吐蕃和回鶻，多次與宋戰。

［8］遼：朝代名（907—1225）。

天輔六年，[1]金破遼兵，遼主走陰山，[2]夏將李良輔將兵三萬來救遼，[3]次天德境野谷，[4]斡魯、婁室敗之于宜水，[5]追至野谷，澗水暴至，漂没者不可勝計。宗望至陰山，[6]以便宜與夏國議和，其書曰："奉詔有之：夏王，遼之自出，不渝終始，危難相救。今兹已舉遼國，若能如事遼之日以効職貢，當聽其來，毋致疑貳。若遼主至彼，可令執送。"天會二年，[7]始奉誓表，以事遼之禮稱藩，請受割賜之地。宗翰承制，[8]割下寨以北、陰山以南、乙室耶刺部吐禄濼之西，[9]以賜之。

［1］天輔：金太祖年號（1117—1123）。

［2］遼主：指遼朝末代皇帝天祚帝。《遼史》卷二七至三〇有紀。　陰山：指内蒙古自治區境内的陰山山脉。此處泛指黄河以北地區。

［3］李良輔：夏崇宗李乾順的大將。

［4］天德：即遼天德軍。治所在今内蒙古自治區烏拉特前旗北五加河東岸。　野谷：地名。在今陝西省榆林市東北，宜水西南。

［5］斡魯：即完顔斡魯。本書卷七一有傳。　婁室：即完顔婁室。本書卷七二有傳。　宜水：在今陝西省榆林市東北。

［6］宗望：即完顔宗望，太祖第二子。本書卷七四有傳。

［7］天會：金太宗年號（1123—1135），熙宗繼位初年延用（1135—1137）。

［8］宗翰：即完顔宗翰。本書卷七四有傳。

［9］下寨：地名。在内蒙古自治區四子王旗大青山南。　乙室耶刮部吐禄濼：地名。即雲中，在今山西省大同市西北一帶。

天會二年三月，乾順遣把里公亮等來上誓表，[1]曰："臣乾順言，今月十五日，西南、西北兩路都統遣左諫議大夫王介儒等賫牒奉宣，[2]若夏國追悔前非，捕送遼主，立盟上表，仍依遼國舊制及賜誓詔，將來或有不虞，交相救援者。臣與遼國世通姻契，名係藩臣，輒爲援以啟端，曾犯威而結釁。既速違天之咎，果罹敗績之憂。蒙降德音以寬前罪，仍賜土地，用廣藩籬，載惟含垢之恩，常切戴天之望。自今已後，凡於歲時朝賀、貢進表章、使人往復等事，一切永依臣事遼國舊例。其契丹昏主今不在臣境，至如奔竄到此，不復存泊，[3]即當執獻。若大朝知其所在，以兵追捕，無敢爲地及依前援助。其或徵兵，即當依應。至如殊方異域朝覲天闕，合經當國道路，亦不阻節。以上所叙數事，臣誓固此誠，傳嗣不變，苟或有渝，天地鑒察，神明殛之，禍及子孫，不克享國。"所謂西北、西南兩路都統者，宗翰也。蓋宗望以太祖命與之通書，而宗翰以便宜割地議和云。

［1］把里公亮：人名。夏國王李乾順的使者。

［2］西南、西北兩路都統：金天會元年（1123），以襲遼主所立西南都統府爲西南、西北兩路都統府，以宗翰爲兩路都統，斡魯及蒲家奴副之。都統爲金初最高軍事統帥。　左諫議大夫：金初踵遼南院之舊，金天眷元年（1138）頒新官制後爲諫院長官，正四

品。　王介儒：生平不詳。

［3］不復存泊：不許住留。

太宗使王阿海、楊天吉往賜誓詔曰：[1]“維天會二年歲次甲辰閏三月戊寅朔，皇帝賜誓詔於夏國王乾順：先皇帝誕膺駿命，肇啓鴻圖，而卿國據夏臺，境連遼右，以効力於昏主，致結釁於王師。先皇帝以謂忠於所事，務施恩而釋過。迨眇躬之纂紹，仰遺訓以遵行，卿迺深念前非，樂從内附，飭使軺而奉貢，効臣節以稱藩。載錫寵光，用彰復好，所有割賜地土、使聘禮節、相爲援助等事，一切恭依先朝制詔。其依應徵兵，所請宜允。三辰在上，[2]朕豈食言，苟或變渝，亦如卿誓。遠垂戒諭，毋替厥誠。”

［1］太宗：廟號。本名吴乞買，漢名晟（1075—1135）。本書卷三有紀。　王阿海：本書凡四見，皆記此次出使西夏事。　楊天吉：本書凡三見，兩次出使。另一次爲天會四年（1126）八月復伐宋，元帥府遣其以書責宋。

［2］三辰：指日、月、星。

於是，宋人與夏人俱受山西地，[1]宋人侵取之，乾順遣使表謝賜誓詔、并論宋所侵地。詔曰：“省所上表，具悉，已命西南、西北兩路都統府從宜定奪。”是時，宗翰朝京師未還，録夏國奏付權都統斡魯，宋人侵略新受疆土、及使人王阿海争儀物事，與夏通問以便宜決之。

［1］山西：泛指太行山以西之地，實即金的西京路。

初，以山西九州與宋人，[1]而天德遠在一隅，緩急不可及，割以與夏。後破宋都，獲二帝，[2]廼畫陝西分界，[3]自麟府路洛陽溝東距黄河西岸、西歷暖泉堡，[4]鄜延路米脂谷至累勝寨，[5]環慶路威邊寨過九星原至委布谷口，[6]涇原路威川寨略古蕭關至北谷川，[7]秦鳳路通懷堡至古會州，[8]自此直距黄河，依見今流行分熙河路盡四邊以限封域。[9]復分陝西北鄙以易天德、雲内，[10]以河爲界。

［1］九州：指金西京路轄下的雲内、東勝、寧邊、武、豐、朔、應等州。

［2］二帝：指宋徽、欽二帝，於北宋末年爲金朝俘獲。

［3］陝西：金無陝西路。北宋的陝西路治所在京兆府（今陝西省西安市），轄境相當於今陝西、寧夏長城以南，秦嶺以北及山西西南部、河南西北部、甘肅東南部地區。金朝京兆（治所在今陝西省西安市）、慶原（治所在今甘肅省慶陽市）、熙秦（即臨洮路，治所在今甘肅省臨夏縣東北）、鄜延（治所在今陝西省延安市）路，習慣上仍稱這四路爲陝西路。

［4］麟府路：路名。麟州，屬宋，治所在今陝西省神木縣東北。府州，嘗屬宋，金時屬西夏，治所在今陝西省府谷縣。　洛陽溝：地名。具體地點不詳。　暖泉堡：宋置，金爲寨。在今陝西省米脂縣東南四十五里。《金史紀事本末考異》謂在米脂縣東四十里。

［5］米脂谷：地名。在今甘肅省米脂縣境。　累勝寨：地名。具體地點不詳。

［6］環慶路：治所在今甘肅省境内。　威邊寨：地名。在今陝

西省吴旗縣東。　九星原：地名。具體地點不詳。　委布谷口：地名。具體地點不詳。

［7］涇原路：治所在今甘肅省平凉市。　威川寨：宋置。在今寧夏回族自治區固原市原州區東。　蕭關：地名。在今寧夏回族自治區同心縣南。　北谷川：地名。具體地點不詳。

［8］秦鳳路：治所在今甘肅省天水市。　通懷堡：地名。具體地點不詳。　古會州：即宋會州。治所在今甘肅省靖遠縣東北。古會州城於大定二十三年（1183）陷於西夏，僑治於會川城，名新會州。新會州治所在今甘肅省靖遠縣。

［9］熙河路：治所在今甘肅省境内。

［10］雲内：州名。治所在今内蒙古自治區包頭市西。

及婁室定陝西，婆盧火率兵先取威戎城。[1]軍至威戎東與敵遇，擊走之，生致二人，問之，迺知爲夏將李遇取威戎也，[2]迺還其人而與李遇通問。李遇軍威戎西，蒲察軍威戎東，[3]而使使議事于婁室。婁室報曰："元帥府約束，[4]若兵近夏境，則與夏人相爲掎角，毋相侵犯。"李遇使人來曰："夏國既以天德、雲内歸大國，大國許我陝西北鄙之地，是以至此。"蒲察等遂旋軍。睿宗既定陝西，[5]元帥府不欲以陝西北鄙與夏國，詔曰："卿等審處所宜從事。"

［1］婆盧火：女真人。與安帝五代孫婆盧火同名，時爲婁室平陝西監戰。本書卷七一有傳。　威戎城：地名。治所在今陝西省子洲縣西。

［2］李遇：西夏人。餘不詳。

［3］蒲察：即完顔蒲察。金初名將，後以功封濟國公，本書卷

五九《宗室表》作齊國公。

［4］元帥府：官署名。掌征討之事，兵罷則省。長官爲都元帥，從一品。

［5］睿宗：即完顔宗堯，大定年間追封爲皇帝。本書卷一九有紀。

天眷二年，[1]國王乾順薨，子仁孝立，[2]遣使册命，加開府儀同三司上柱國。[3]皇統元年，[4]請置榷場，[5]許之。

［1］天眷：金熙宗年號（1138—1140）。

［2］仁孝：西夏國王。廟號仁宗。1139年至1193年在位。崇尚漢文化，在國内各州縣設置學校，又仿中原制度建立太學，並開科取士，進一步完備封建制度。

［3］開府儀同三司：金文散官。從一品上階。　上柱國：金勛級。正二品。

［4］皇統：金熙宗年號（1141—1149）。

［5］榷場：金代對外貿易市場。金朝在臨近宋、蒙古、西夏、高麗等沿邊重鎮設立榷場，兼有政治作用。東勝、净、慶三州榷場除貿易牲畜、畜産品外，還是羈縻蒙古等部的基地。

初，王阿海等以太宗誓詔賜夏國，乾順以契丹舊儀見使者，阿海不肯，曰："契丹與夏國甥舅也，故國王坐受，使者以禮進。今大金與夏國君臣也，見大國使者當如儀。"争數日不能决，於是始起立受焉。厥後不遣賜生日使，至是始遣使賜之。

初，慕洧以環州降，[1]及割陝西、河南與宋人，[2]洧奔夏國，夏人以爲山訛首領。[3]及撒離喝再定陝西，[4]洧思歸，夏人知之，遂族洧，以表聞，詔書責讓之。及海陵弑熙宗，[5]遣使報諭至境上，夏人問曰："聖德皇帝何爲見廢。"不肯納。朝廷迺使有司以廢立之故移文報之。天德二年七月，[6]夏使御史中丞雜辣公濟等來賀，[7]如舊禮。

[1]慕洧：在夏國時曾任樞密使等官。《宋史》卷四八六《西夏傳》記紹興十一年，即金皇統元年（1141）六月，"夏樞密使慕洧、弟慕濬，謀反伏誅"。　環州：宋州名。治所在今甘肅省環縣。

[2]河南：金無河南設置名，此指金黄河以南地區。

[3]山訛：党項羌部，一般指西夏軍中的橫山羌兵。橫山羌，在陝西省橫山一帶。

[4]撒離喝：即完顏杲。本書卷二二有傳。

[5]海陵：封號。即完顏亮，本名迪古迺（1122—1161），金太祖庶長孫。本書卷五有紀。　熙宗：廟號。本名合剌，漢名亶，（1119—1150）。本書卷四有紀。

[6]天德：金海陵王年號（1149—1153）。

[7]御史中丞：西夏官名。御史臺官員。關於西夏官制，史書記載很少，大體仿宋官制（參見吴天墀《西夏史稿》，四川人民出版社1980年版，第200頁）。　雜辣公濟：《西夏書事》《西夏紀》俱作"熱辣公濟"。西夏人慶年間爲御史大丞，本書爲御史中丞。他反對權臣任得敬入朝。曾出使於金，後恐被任得敬所害，致仕。

正隆末伐宋，[1]宋人入秦、隴，[2]夏亦乘隙攻取盪羌、通峽、九羊、會川等城寨，[3]宋亦侵入夏境。世宗即位，[4]夏人復以城寨來歸，且乞兵復宋侵地，詔書嘉獎，仍遣吏部郎中完顔達吉體究陝西利害。[5]邊吏奏，夏人已歸城寨，而所侵掠人口財畜尚未還，請索之。大定四年二月甲申，[6]夏遣其武功大夫細卧文忠等賀萬春節，[7]入見，附狀奏告，略曰："衆軍破蕩之時，幸而免者十無一二，繼以凍餒死亡，其存幾何。兼夏國與宋兵交，人畜之被俘僇亦多，連歲勤動，士卒暴露，勢皆朘削。又坐爲宋人牽制，使忠誠之節無繇自達，[8]中外咸知，願止約理索，聽納臣言，不勝下國之幸。"其後屢以爲請，詔許之。

[1]正隆：金海陵王年號（1156—1161）。

[2]秦：州名。治所在今甘肅省天水市。　隴：州名。治所在今陝西省千陽縣。

[3]盪羌：寨名。宋置，金因之。治所在今寧夏回族自治區固原市原州區北。　通峽：宋置砦，金爲寨。治所在今寧夏回族自治區固原市原州區北。　九羊：寨名。宋置，本名九羊谷，後改名九羊砦。治所在今寧夏回族自治區固原市原州區西北。　會川：城名。治所在今甘肅省靖遠縣西南。

[4]世宗：廟號。本名烏禄，漢名雍（1123—1189）。本書卷六至八有紀。

[5]吏部郎中：吏部屬官。正員二人，從五品。　完顔達吉：金大定二年（1162）四月以吏部郎中爲北京路副統，會元帥府討伐契丹窩斡。事見本書卷六一、卷一三三及本卷。

[6]大定：金世宗年號（1161—1189）。

[7]武功大夫：西夏官名。爲遷轉之官，無職掌。　細卧文忠：西夏人。亦見本書卷六一。　萬春節：三月初一日金世宗生日稱"萬春節"。

［8］繇：通“由”。從、自。

久之，其臣任得敬專國政，[1]欲分割夏國。因賀大定八年正旦，遣奏告使殿前太尉芭里昌祖等以仁孝章乞良醫爲得敬治疾，[2]詔保全郎王師道佩銀牌往焉。[3]詔師道曰：“如病勢不可療，則勿治。如可治，期一月歸。”得敬疾有瘳，[4]遣謝恩使任得聰來，[5]得敬亦附表進禮物，上曰：“得敬自有定分，附表禮物皆不可受。”並却之。

［1］任得敬：宋人。原爲宋西安州（今寧夏回族自治區海原縣西）通判。後降西夏，獻女爲妃，任静州防禦使，女立爲后，又升静州都統軍。西夏仁宗立，任得敬領兵鎮壓夏州統軍契丹人蕭合達之叛，進翔慶軍都統軍，封西平公，天盛元年（1149），召爲尚書令，次年進中書令，八年升相國，十二年進爵爲楚王。自據靈、夏，欲處仁宗於瓜、沙，謀列土分國，被殺。

［2］殿前太尉：西夏官名。不詳。　芭里昌祖：西夏人。其他不詳。

［3］保全郎：金醫官階。從六品。　王師道：生平不詳。　銀牌：金代的銀牌有兩類：一類爲官員佩帶，以示功賞；另一類爲遣使送遞文書的信牌（參見和希格《從金代的金銀牌探討女真大小字》，《内蒙古大學學報》1980年第4期）。

［4］瘳（chōu）：病癒。

［5］任得聰：任得敬弟。曾任西夏殿前太尉等職。餘不詳。

初，仁孝嗣位，其臣屢作亂，任得敬抗禦有功，遂相夏國二十餘年，陰蓄異志，欲圖夏國，誣殺宗親大臣，其勢漸逼，仁孝不能制。大定十年，迺分西南路及靈州囉龐嶺地與得敬，[1]自爲國，且上表爲得敬求封。世宗以問宰相，尚書令李石等曰：[2]“事擊彼國，我何預焉，不如因而許之。”上曰：“有國之主豈肯無故分國與人，此必權臣逼奪，非夏王本意。况夏國稱藩歲久，一旦迫於賊臣，朕爲四海主，寧容此邪？若彼不能自正，則當以兵誅之，不可許也。”迺却其貢物，賜仁孝詔曰：“自我國家戡定中原，懷柔西土，始則畫疆於迺父，繼而錫命於爾躬，恩厚一方，年垂三紀，藩臣之禮既務踐修，先業所傳亦當固守。今兹請命，事頗靡常，未知措意之由來，續當遣使以詢爾。所有貢物，已令發回。”

[1]靈州：州名。治所在今寧夏回族自治區靈武市西南。　囉龐嶺：地名。具體地點不詳。

[2]尚書令：尚書省長官。總領紀綱，儀刑端揆。正員一人。正一品。　李石：本書卷八六有傳。

得敬密通宋人求助，宋以蠟丸書答得敬，[1]夏人得之。得敬始因求醫附表進禮物，欲以嘗試世宗，既不可行，而求封又不可得，仁孝迺謀誅之。[2]八月晦，仁孝誅得敬及其黨與，上表謝，并以所執宋人及蠟丸書來上。其謝表曰：“得敬初受分土之後，曾遣使赴大朝代求封建，蒙詔書不爲俞納，此朝廷憐愛之恩，夏國不勝感戴。夏國妄煩朝廷，冒求賊臣封建，深虧禮節。今既賊臣誅訖，大朝不用遣使詢問。得敬所分之地與大朝熙秦路接境，[3]恐自分地以來别有生事，已根勘禁約，乞朝廷亦行禁約。”

［1］蠟丸書：用蠟包裹的密信。

［2］仁孝迺謀誅之：《宋史》卷四八六《西夏傳》記此事在乾道四年，即金大定十年（1170），本書卷六《世宗紀》記此事在大定十年十一月，均與此異。《宋元通鑑》與《續資治通鑑》均記此事在是年八月，當從《宋史·西夏傳》。

［3］熙秦路：治所在今甘肅省臨夏縣東北。

十二年，上謂宰臣曰：[1]“夏國以珠玉易我絲帛，是以無用易我有用也。”迺減罷保安、蘭州榷場。[2]

［1］宰臣：即宰相和執政各大臣。金朝以尚書令，左、右丞相，平章政事爲宰相。

［2］保安：州名。治所在今陝西省志丹縣。 蘭州：治所在今甘肅省蘭州市。

仁孝深念世宗恩厚，十七年，獻本國所造百頭帳，上曰：“夏國貢獻自有方物，可却之。”仁孝再以表上曰：“所進帳本非珍異，使人亦已到邊，若不蒙包納，則下國深誠無所展効，四方鄰國以爲夏國不預大朝眷愛之數，將何所安。”迺許與正旦使同來。

先是，尚書奏：[1]“夏國與陝西邊民私相越境，盜竊財畜，奸人托名榷場貿易，得以往來，恐爲邊患。使人入境與富商相易，亦可禁止。”於是，復罷綏德榷場，[2]止存東勝、環州而已。[3]仁孝表請復置蘭州、保安、綏德榷場如舊，并乞使人入界相易用物。詔曰："保安、蘭州地無絲枲，惟綏德建關市以通貨財。使副往來，聽留都亭貿易。"章宗即位，[4]詔曰："夏使館内貿易且已。"明昌二年，[5]復舊。

[1]尚書：即尚書省，官署名。金朝最高的行政機構。長官爲尚書令。

[2]綏德：州名。治所在今陝西省綏德縣。

[3]東勝：州名。治所在今内蒙古自治區托克托縣。

[4]章宗：廟號。本名麻達葛，漢名璟（1168—1208）。本書卷九至一二有紀。

[5]明昌：金章宗年號（1190—1195）。

頃之，夏人肆牧於鎮戎之境，[1]邏卒逐之，夏人執邏卒而去。邊將阿魯帶率兵詰之，[2]夏廂官吴明契、信陵、都卜祥、徐餘立等伏兵三千於澗中，[3]阿魯帶口中流矢而死，取其弓甲而去。詔索殺阿魯帶者，夏人處以徒刑，詔索之不已，夏人迺殺明契等。

[1]鎮戎：軍名。治所在今寧夏回族自治區原州區。

[2]阿魯帶：人名。生平不詳。

[3]廂官：西夏軍官名。西夏内諸州兵，分左、右廂，立十二監軍司，駐在各地。　吴明契、信陵、都卜祥、徐餘立皆人名。本書僅一見。中華點校本作"吴明契、信陵都、卜祥、徐餘立"。

明昌四年，仁孝薨，子純佑嗣立。[1]承安二年，[2]復置蘭州、保安榷場。承安五年，純佑母病風求醫，詔太醫判官時德元及王利貞往,[3]仍賜御藥。八月，再賜醫藥。泰和六年三月,[4]仁孝弟仁友子安全,[5]廢純佑自立，再閱月死于廢所。七月，使純佑母羅氏爲表,[6]言純佑不能嗣守，與大臣定議立安全爲王，遣使奏告。夏使私問館伴官:[7]“奏告事詔許否?”館伴官曰：“此不當問也。”夏使曰：“明日當問諸客省,[8]若又不答，則升殿奏請。”上聞之，使客省諭以許所祈之意，迺賜羅氏詔諭其意，夏人復以羅氏表來，迺封安全爲夏國王。

[1]純佑：西夏國王。廟號桓宗。在位十二年（1194—1205）。

[2]承安：金章宗年號（1196—1200）。

[3]太醫判官：太醫院屬官。掌諸醫藥，總判院事。從八品。王利貞：人名。僅見於此及本書卷六二《交聘表下》承安五年(1200）正月。

[4]泰和：金章宗年號（1201—1208）。

[5]仁友：西夏襄宗李安全父。　安全：西夏國王。廟號襄宗。在位五年（1206—1210）。

[6]羅氏：李安全伯母，桓宗太后。

[7]館伴官：官名。當他國使臣到對方京城，另有人相伴，稱館伴使，亦稱其爲館伴官。

[8]客省：官署名。隸宣徽院，掌管接伴人使見辭等事。長官客省使，正五品。副使，從六品。

大安三年,[1]安全薨，族子遵頊立。[2]遵頊先以狀元及第，充大都督府主,[3]立在安全薨前一月，衛紹王無實録,[4]不知其故。然是時金兵敗績于會河堡,[5]夏人乘其兵敗侵略邊境，而通使如故。

[1]大安：金衛紹王年號（1209—1211）。

[2]遵頊：西夏國王。廟號神宗。在位十三年（1211—1223）。神宗早年曾考中狀元，任大都督府主。其在位期間，成吉思汗已開始發動對西夏的進攻，西夏也多次發動對宋的經濟掠奪，國力日衰。

[3]大都督府主：西夏官名。亦稱大都督府令公。

[4]衛紹王：即完顏永濟，原名允濟（？—1213），章宗時避顯宗諱，改“允”爲“永”。本書卷一三有紀。

[5]金兵敗績于會河堡：大安三年（1211）秋，蒙古攻金。成吉思汗率軍逼進西京，至野狐嶺（今河北省萬全縣西北），破金完顏九斤軍，南進至會河堡（今河北省萬全縣西南），大破金紇石烈執中軍三十萬衆，史稱“會河堡之役”。

崇慶元年三月，[1]攻葭州。[2]至寧元年六月，[3]攻保安州。貞祐元年十一月，[4]攻會州，[5]都統徒單醜兒擊走之。[6]十二月，陷涇州。[7]二年八月，歸國人喬成賫夏國書，[8]大概言金邊吏侵略，乞禁戢。[9]詔移文答之，宰臣言：“既非公牒，[10]今將責問，彼非飾詞，徒爲虚文，無益于事。”迺止。未幾，夏人攻慶原、延安、積石州，[11]迺詔有司移文責問。

[1]崇慶：金衛紹王年號（1212—1213）。

[2]葭州：治所在今陝西省佳縣。

[3]至寧：金衛紹王年號（1213）。

[4]貞祐：金宣宗年號（1213—1217）。

[5]會州：即新會州。治所在今甘肅省靖遠縣南。

[6]徒單醜兒：金陝西名將。另見本書卷一四《宣宗紀》、卷一〇一《李英傳》。

[7]涇州：州名。治所在今甘肅省涇川縣。

[8]喬成：生平不詳。

[9]戢（jí）：收斂、止息。

[10]公牒：公文。

[11]慶原：府名。治所在今甘肅省慶陽市。　延安：府名。治所在今陝西省延安市。　積石州：治所在今青海省貴德縣境。

十一月，蘭州譯人程陳僧結夏人以州叛，[1]邊將敗其兵三千。三年正月，夏兵攻武延川，[2]宣宗曰："此不足慮，恐由他道入也。"既而聞邊吏侵夏境，夏人迺攻環州，詔治邊吏罪。夏兵攻積石州，都統姜伯通敗之。[3]夏兵入安鄉關，[4]都統曹記僧、萬户忽三十却之。[5]二月，攻環州，刺史烏古論延壽敗之于境上。[6]

[1]程陳僧：事迹不詳。

[2]武延川：《金史紀事本末考異》謂在平凉府隆德縣（今寧夏回族自治區隆德縣）西北七十里。

[3]姜伯通：事迹不詳。

[4]安鄉關：《金史紀事本末考異》謂至河州界三十五里，舊名城橋關。

[5]曹記僧：金宣宗時名將。另見本書卷一〇一《李英傳》。　萬户：軍官名。爲金末設立的官職，統領猛安、謀克，隸屬於都統。　忽三十：事迹不詳。

[6]刺史：刺史州長官，掌同府尹兼治州事。正員一人，正五品。　烏古論延壽：女真人。桓州刺史。另見本書卷一四《宣宗紀》。

三月，詔儀伐夏，[1]陕西宣撫司奏：[2]"往者，夏人侵我環、慶，河、蘭、積石，以兵應之，悉皆遁去，遽還巢穴，蓋爲我備也。今蘭州潰兵猶未集，軍實多不完，沿邊地寒，春草始生，未可芻牧，兩界無煙火者三百餘里，不宜輕舉。"從之。

[1]三月，詔議伐夏：本書卷一四《宣宗紀》記此事在五月。

[2]宣撫司：官署名。金章宗泰和六年（1206）置，泰和八年改爲安撫司。掌節制兵馬事。長官爲使，從一品。

四月，詔河州提控曹記僧、通遠軍節度使完顔狗兒討程陳僧，[1]夏人援之。九月，遂破西關堡。[2]夏人復攻第五將城，[3]萬户楊再興擊走之。[4]詔陝西宣撫司及沿邊諸將，降空名宣勑，[5]臨陣立功，五品以下並聽遷授。十月，攻保安及延安，都統完顔國家奴破之。[6]既而深入臨洮，[7]總管陀滿胡土門不能禦，[8]陝西宣撫副使完顔胡失來救臨洮，[9]大敗于渭源堡，[10]城破，胡失來被執。十一月，夏兵敗于克戎寨，[11]復敗于熟羊寨，[12]宰相入賀，宣宗曰：[13]"此忠賢之力也。"夏兵進圍臨洮，陀滿胡土門破之。四年四月，夏葩俄族總管汪三郎率衆來降，[14]進羊千口，詔納之，優給其直。來遠鎮獲諜人，[15]言宋、夏相結來攻，詔陝西行省備之。[16]

[1]河州：治所在今甘肅省臨夏市東北。　提控：金朝後期統領州兵的軍官，官品失載。　通遠軍：軍名。治所在今甘肅省隴西縣。　完顔狗兒：據本書卷一〇一《李英傳》與《僕散端傳》記

載，王狗兒原爲西關堡都統。兵興以來亟用官爵爲賞，詔除遥領通遠軍節度使，加榮禄大夫，賜姓完顏。後又遷知平凉府事。

[2]西關堡：治所在今甘肅省臯蘭縣西二十里。

[3]第五將城：金於諸邊置將巡守邊境，此爲臨洮所置十四將之第五，具體某城不可知。

[4]楊再興：陝西宣撫司所屬第五將城萬户。又見於本書卷一四《宣宗紀上》。

[5]空名宣敕：没有寫名的授官詔書。

[6]完顏國家奴：見於本卷及卷一四《宣宗紀》，皆稱萬户。

[7]臨洮：州名。治所在今甘肅省臨洮縣東北。

[8]總管：官名。總管府長官。掌統諸城隍兵馬甲杖，總判府事。正員一人，正三品。　陀滿胡土門：女真人。本書卷一二三有傳。

[9]宣撫副使：宣撫司官員。掌節制地方兵馬事。正員一人，正三品。　完顏胡失來：又作完顏忽失來、完顏胡失剌，見於本卷及卷一四《宣宗紀》。衛紹王時曾任奉御。

[10]渭源堡：在今甘肅省渭源縣。

[11]克戎寨：在今陝西省子洲縣東北。

[12]熟羊寨：在今甘肅省渭源縣東。

[13]宣宗：廟號。本名吾睹補，漢名珣（1163—1224）。本書卷一四至一六有紀。

[14]葩俄族：族名。在金夏交界處，今甘肅省蘭州市一帶。總管：西夏部族官名。本書卷一四《宣宗紀上》作“都管”。　汪三郎：降金後，賜姓完顏，後爲西方名將。另見於本書卷一〇一《僕散端傳》、卷一四《宣宗紀》。

[15]來遠鎮：在今甘肅省定西縣境内。

[16]行省：官署名。行尚書省的簡稱。章宗以後，因用兵、河防等事涉及諸路，需統籌安排，因而臨時設立行尚書省，作爲尚書省的派出機構以總其事，事畢撤銷。金末漸遍布全國，成爲臨時性

地方設置。長官爲行尚書省事，或簡稱行省事，一般由執政充任。

夏於來羌城界河起折橋，[1]元帥右都監完顔賽不焚之，[2]斬馘甚衆。六月，鄜延路奏，夏人牒報用彼國光定年號，[3]詔封還其牒。閏月，慶陽總管慶山奴伐夏，[4]出環州，陝西行省請中分其軍，令慶山奴出第三將懷安寨，[5]環州刺史完顔胡魯出環州，[6]宣宗曰："聞夏人移軍備其王城，尚恐詐我，勿墮其計中也。"提控完顔狗兒抵蘭州西關堡，招得舊部曲九人，掩擊夏兵于阿彌灣，[7]殺其將士百餘人。八月，左監軍烏古論慶壽敗夏兵于寇安堡。[8]右都監賽不擊走夏兵于結耶觜川，[9]復破之于車兒堡。[10]十一月，提控石盞合喜、楊斡烈解定西之圍。[11]

[1]來羌城：隸積石州懷羌縣，臨夏邊。在今甘肅省夏河縣境内。

[2]元帥右都監：都元帥府屬官，正員一人。從三品。　完顔賽不：本書卷一一三有傳。

[3]光定：西夏神宗年號（1211—1223）。

[4]慶陽：府名。治所在今甘肅省慶陽市。　慶山奴：即完顔承立。本書卷一一六有傳。

[5]第三將懷安寨：懷安寨即慶陽府合水縣懷安鎮，在今甘肅省華池縣西北，長城南。時爲諸邊將慶陽十將第三將將營。

[6]完顔胡魯：事迹不詳。

[7]阿彌灣：具體地點不詳。

[8]左監軍：都元帥府屬官。正員一人，正三品。　烏古論慶壽：女真人。本書卷一〇一有傳。　寇安堡：應爲安塞堡，安塞堡

原爲宋安塞堡，金時爲安塞鎮，治所在今陝西省安塞縣西北。

[9]結耶觜川：具體地點不詳。

[10]車兒堡：具體地點不詳。

[11]石盞合喜：亦作“赤盞合喜”。本書卷一一三有傳。　楊斡烈：又名楊沃衍，賜姓兀林荅。本書卷一二三有傳。　定西：鞏州定西縣，貞祐四年（1216）六月升爲州。治所在今甘肅省定西縣。

十二月丙寅，宣宗與皇太子議伐夏，左監軍陀滿胡土門、延安總管古里甲石倫攻鹽、宥、夏州，[1]慶陽總管慶山奴、知平涼府移刺荅不也攻威、靈、安、會等州。[2]

[1]古里甲石倫：本書卷一一一有傳。　鹽：州名。治所在今寧夏回族自治區鹽池縣北。

[2]平涼府：治所在今甘肅省平涼市。　移刺荅不也：本書卷一〇六有傳。　威：州名。治所在今寧夏回族自治區同心縣境。　靈：州名。治所在今寧夏回族自治區靈武縣西南。　安：州名。指西安州。治所在今寧夏回族自治區海原縣西。

興定元年正月，[1]夏兵三萬自寧州還，[2]慶山奴以兵邀擊，敗之。詔河東行省胥鼎選兵三萬五千，[3]付陀滿胡土門伐夏。鼎馳奏不可，遂止，語在《鼎傳》。右都監完顔仲元請試兵西夏，[4]出其不意必獲全勝，兵威既振，國力益完。詔下尚書省、樞密院議。[5]

[1]興定：金宣宗年號（1217—1222）。

[2]寧州：州名。治所在今甘肅省寧縣。

[3]河東：路名。金代設有河東南北路。河東南路治所在今山西省臨汾市。河東北路治所在今山西省太原市。　行省：官署名。行尚書省簡稱。金末在地方設立的臨時軍事機構。　胥鼎：本書卷一〇八有傳。

[4]完顔仲元：本書卷一〇三有傳。

[5]樞密院：軍政官署。掌理朝廷軍機要務。官長爲樞密使，從一品。

夏人福山以俘户來降，[1]除同知澤州軍州事。[2]

[1]福山：人名。事迹不詳。

[2]同知澤州軍州事：刺史州佐貳。正員一人，正七品。通判州事。　澤州：治所在今山西省晋城市。

五月，夏兵入大北岔，[1]都統紇石烈猪狗掩擊，[2]敗之。宣宗欲與夏議和，右都監慶山奴屯延安，奏曰："夏國决不肯和，徒見欺耳。"既而，獲諜者言，遵頊聞大金將約和，戒諭將士無犯西鄙。宰臣奏曰："就令如此，邊備亦不宜弛。"宣宗以爲然。

[1]大北岔：地名。具體地點不詳。

[2]紇石烈猪狗：人名。事迹不詳。

右都監完顔閭山敗夏兵于黄鶴岔。[1]夏人圍羊狼寨，[2]都統党世昌與戰，[3]完顔狗兒遣都統夾谷瑞夜斫夏營，[4]遂解其圍，猶駐近地，左都監白撒發定西鋭兵、龕谷副統包孝成緋翮翅軍，[5]合擊走之。八月，安定堡馬家平總押李公直敗夏兵三千。[6]九月，都統羅世暉却夏兵于克戎寨。[7]

[1]完顔閭山：本書卷一〇〇有傳。　黄鶴岔：具體地點不詳。

[2]羊狠寨：具體地點不詳。

[3]党世昌：事迹不詳。

[4]夾谷瑞：宣宗時人。曾任元帥等職。

[5]左都監：都元帥府屬官。正員一人，從三品。　白撒：本書卷一一三有傳。　龕谷：地名。在今甘肅省榆中縣。　包孝成：事迹不詳。　緋翮翅軍：金軍名。章宗泰和六年（1206）攻宋，此軍配合陝隴諸路軍及鳳翔、臨洮蕃漢弓箭作戰，此軍也曾與夏軍作戰。

[6]安定堡：屬延安府門山縣，鄜延路九將第六正將置於此。治所在今陝西省延長縣西。　馬家平：具體地點不詳。　總押：此當指鄜延路第六將駐安定堡馬家平邊軍的巡守押軍領兵官。　李公直：事迹不詳。與本書卷一一〇《韓玉傳》所見冤死於大安三年（1211）的華州李公直當爲兩人。

[7]羅世暉：事迹不詳。

興定二年三月，右都監慶山奴奏："夏人有乞和意，保安、綏德、葭州得文報，乞復互市，以尋舊盟。以臣觀之，此出於遵頊，非邊吏所敢專者。"朝廷不以爲然。

五月，夏人入葭州，慶山奴破之于馬吉峰。[1]七月，犯龕谷，夾谷瑞、趙防敗之，[2]追至質孤堡。[3]三年閏月，夏人破通秦寨，[4]提控納合買住擊敗之，[5]自葭蘆川遁去。[6]華州元帥完顔合達出安塞堡至隆州，[7]敗其兵二千。進攻隆州，克其西南，會暮迺還。十二月，詔有司移文夏國。

[1]馬吉峰：具體地點不詳。

[2]趙防：提控夾谷瑞之副。見於本卷及卷一五《宣宗紀》。

[3]質孤堡：在今甘肅省榆中縣北。

[4]通秦寨：在今陝西省佳縣西北。

[5]納合買住：曾任延安府元帥、潼關總帥等官，後降宋。

[6]葭蘆川：水名。在今陝西省佳縣西北。據本書卷一五《宣宗紀》，興定三年（1219）閏三月"戊午，夏人破葭州之通秦寨，刺史紇石烈王家奴戰没"，四月"乙酉，夏人據通秦寨，提控納合買住擊敗之"。此是兩件事，此處混爲一談。

[7]華州：州名。治所在今陝西省華縣。　完顏合達：本書卷一一二有傳。　安寨堡：地名。本書卷一五、卷一二四皆作安塞堡。治所在今陝西省安塞縣西北。　隆州：州名。又作龍州。此隆州既非金之隆州（今吉林省農安縣），也非宋之隆州（今四川省仁壽縣），乃夏之隆州。治所在今陝西省靖邊縣，在安塞堡西北。

四年二月，夏人犯鎮戎，金師敗績，夏人公移語不遜，詔詞臣草牒折之。四月，夏兵犯邊，元帥石盞合喜遇于鹿兒原，[1]提控烏古論世顯以偏師敗之，[2]都統王定復破其衆于新泉城。[3]元帥慶山奴攻宥州，圍神堆府，[4]穴其城，士卒有登者，援兵至，擊走之，斬首二千，俘百餘人，獲雜畜三千餘。八月，夏人陷會州，刺史烏古論世顯降，復犯龕谷，夾谷瑞連戰敗之，夏人迺去。是月，詔有司移文議和，事竟不克。

[1]鹿兒原：具體地點不詳。

[2]烏古論世顯：曾任會州刺史等官。

[3]王定：行元帥府事於鞏州的石盞合喜麾下的都統。　新泉城：治所在今甘肅省靖遠縣南。

[4]神堆府：或即西夏石州的神堆驛，治所在今陝西省横山縣東北長城附近。

夏人三萬自高峰鎮圍定西，[1]刺史愛申阿失剌、提控烏古論長壽、温敦永昌擊走之。[2]九月，夏人圍綏平寨、安定堡，[3]未幾，陷西寧州，[4]遂攻定西，烏古論長壽擊却之。迺襲鞏州，[5]石盞合喜逆戰，一日十餘戰，迺解去。

[1]高峰鎮：本書卷一一三《白撒傳》作“高峰嶺”，具體地點不詳。

[2]愛申阿失剌：定西州刺史。見於本卷及卷一一三。　烏古論長壽：本書卷一〇三有傳。　温敦永昌：曾任通遠軍節度副使及行軍提控等官。

[3]綏平寨：在今陝西省子洲縣南。

[4]西寧州：秦州西寧縣，貞祐四年（1216）十月升爲西寧州。治所在今甘肅省會寧縣東。

[5]鞏州：治所在今甘肅省隴西縣。

五年正月，詔樞密院議夏事，奏曰：“夏人聚兵境上，欲由會州入，已遣行省白撒伏兵險要以待之。鄜延元帥府伺便發兵以綴其後，足以無慮。”二月，寧遠軍節度使夾谷海壽破夏兵于搜嵬堡。[1]三月，復取來羌城。

十月，攻龕谷，白撒連敗之。元光元年正月，[2]夏人陷大通城，[3]復取之。三月，提控李師林敗夏兵于永木嶺。[4]八月，攻寧安寨，[5]十月，攻神林堡，[6]十二月，入質孤堡，提控唐括昉敗之。[7]

[1]寧遠軍節度使：據本書卷一二二《伯德窊哥傳》記載，貞祐五年（1217），東勝州以破，窊哥復立州事，承制除寧遠軍節度副使。興定元年（1217）詔遥授武州刺史、權節度使。興定三年，遥授同知晋安府事，尋真授東勝軍節度使。由此可知，寧遠軍節度使乃是虚領的官銜。　夾谷海壽：事迹不詳。　搜嵬堡：具體地點不詳。

[2]元光：金宣宗年號（1222—1223）。

[3]大通城：在今青海省貴德縣境。

[4]李師林：事迹不詳。　永木嶺：具體地點不詳。

[5]寧安寨：在今寧夏回族自治區西吉縣。

[6]神林堡：在今甘肅省静寧縣東。

[7]唐括昉：本書卷一六《宣宗紀下》記其爲蘭州提控。

二年，遵頊使其太子德任來伐，[1]德任諫曰："彼兵勢尚强，不若與之約和。"遵頊笑曰："是非爾所知也。彼失蘭州竟不能復，何强之有。"德任固諫不從，乞避太子位，願爲僧。遵頊怒，幽之靈州，遣人代將，會天旱不果。

[1]德任：西夏神宗李遵頊長子。

是歲，大元兵問罪夏國，延安、慶原元帥府欲乘夏人之困弊伐之，陝西行省白撒、合達以爲不可，迺止。隴安軍節度使完顔阿隣日與將士宴飲，[1]不治軍事，夏人乘之，掠民五千餘口、牛羊雜畜數萬而去。

[1]隴安軍節度使：鳳翔路德順州，貞祐四年（1216）十月升爲節鎮，軍曰隴安。治所在今甘肅省静寧縣。 完顔阿隣：事迹不詳。

自天會議和，八十餘年與夏人未嘗有兵革之事。及貞祐之初，小有侵掠，以至搆難十年不解，一勝一負精鋭皆盡，而兩國俱弊。

是歲，遵頊傳位於子德旺。[1]正大元年，[2]和議成，自稱兄弟之國。

[1]德旺：西夏國王。廟號獻宗。在位四年（1223—1226）。

[2]正大：金哀宗年號（1224—1232）。

三年二月，遵頊死，七月，德旺死，嗣立者史失其名。[1]明年，夏國亡。

[1]嗣立者史失其名：《宋史·夏國傳下》，“德旺死，清平郡王之子南平王晛立”。《續資治通鑑》卷一六三《宋紀》寶慶二年(1226)，“秋七月，夏王德旺驚悸而卒。……國人立其弟南平王晛”。《元史·太祖紀》亦載，夏主李晛降。此云“嗣立者史失其名”，誤。

先是，夏使精方匭匣使王立之來聘，[1]未復命國已亡，詔於京兆安置，[2]充宣差彈壓，[3]主管夏國降户。八年五月，立之妻子三十餘口至環州，詔以歸立之，賜以幣帛。立之上言，先世本申州人，[4]乞不仕，居申州。詔如所請，以本官居申州，主管唐、鄧、申、裕等處夏國降户，[5]聽唐、鄧總帥府節制，給上田千畝、牛具農作云。

[1]精方匭匣使：西夏官名。　王立之：亦見本書《交聘表》。其事迹除見於本書外，他書不俱詳。

[2]京兆：府名。治所在今陝西省西安市。

[3]宣差：皇帝欽命差遣的官員。

[4]申州：治所在今河南省南陽市。

[5]唐：州名。治所在今河南省泌陽縣。　鄧：州名。治所在今河南省鄧州市。　裕：州名。治所在今河南省方城縣。

贊曰：夏之立國舊矣，其臣羅世昌譜叙世次稱，[1]元魏衰微，居松州者因以舊姓爲托跋氏。[2]按唐書党項八部有托跋部，[3]自党項入居銀、夏之間者號平夏部。[4]托跋思恭以破黄巢功賜姓李氏，兄弟相繼爲節度使，居夏州，在河南。繼遷再立國，[5]元昊始大，迺北渡河，城興州而都之。[6]

[1]羅世昌：西夏銀州人。仕桓、襄、神、獻四朝，先後任宣德郎、觀文殿大學士、南院宣徽使等官。三次出使於金，見金衰，上言金援不可恃。後辭官歸里。撰《夏國世次》二十卷，已佚。

[2]松州：唐州名。治所在今四川省松潘縣。　托跋氏：鮮卑族的一支，以部爲氏。東漢時檀石槐分鮮卑爲東、中、西三部，上

谷以西至敦煌爲西部。托跋氏世爲西部大人。西晋時托跋猗盧入居代州，受封代王，後爲前秦所並。386 年托跋珪建立北魏政權。

［3］党項：古族名。羌人的一支。南北朝時分布在今青海省東南部河曲之地和四川省松潘縣以西山谷地帶。唐前期，爲吐蕃所迫，遷至甘肅、寧夏、陝北一帶，北宋時建立以党項族爲主體的西夏封建政權。

［4］平夏部：部落名。在今陝西省横山縣北長城外。

［5］繼遷：西夏國建立者。廟號太祖，在位十三年（982—1004）。銀州（治所在今陝西省米脂縣東北）党項族人。祖先原爲托跋氏，唐代賜姓爲李。990 年被遼封爲夏國王。宋太宗賜姓名爲趙保吉，真宗即位後予以夏、綏、銀、宥、静五州之地，使充定難軍節度使。1002 年攻取宋靈州，後在進攻西蕃時中箭而死。

［6］興州：治所在今寧夏回族自治區銀川市。

其地初有夏、綏、銀、宥、靈、鹽等州，其後遂取武威、張掖、酒泉、敦煌郡地，[1]南界横山，[2]東距西河，[3]土宜三種，善水草，宜畜牧，所謂凉州畜牧甲天下者是也。[4]土堅腴，水清冽，風氣廣莫，民俗强梗尚氣，重然諾，敢戰鬥。自漢、唐以水利積穀食邊兵，興州有漢、唐二渠，[5]甘、凉亦各有灌溉，[6]土境雖小，能以富彊，地勢然也。

［1］武威：夏西凉府治所。在今甘肅省武威市。　張掖：夏宣化府治所。在今甘肅省張掖市北。　酒泉：夏肅州治所。在今甘肅省酒泉市。　敦煌：夏沙州治所。在今甘肅省敦煌市。

［2］横山：山名。夏州南，東西走向的山脉。

［3］西河：指黄河河曲北流段。

［4］凉州：州名。治所在今甘肅省武威市。

［5］漢、唐二渠：相傳秦家、漢延、唐徠三渠爲秦、漢、唐三朝所開鑿。漢渠即漢延渠，亦稱漢伯渠。唐渠，即唐徠渠，亦稱唐梁渠（見《夏國書事》卷二〇，並參見吴天墀《西夏史稿》，第191頁）。

［6］甘：州名。西魏廢帝三年（554）改西凉州爲甘州。治所在今甘肅省張掖市北。

五代之際，朝興夕替，制度禮樂蕩爲灰燼，唐節度使有鼓吹，[1]故夏國聲樂清厲頓挫，猶有鼓吹之遺音焉。然能崇尚儒術，尊孔子以帝號，其文章辭命有可觀者。立國二百餘年，抗衡遼、金、宋三國，偭鄉無常，[2]視三國之勢强弱以爲異同焉。故近代學者記西北地理，往往皆臆度言之。聖神有作，天下會于一，驛道往來視爲東西州矣。

［1］鼓吹：古代的一種器樂合奏。即“鼓吹樂”，源於我國古代北方游牧民族，漢初邊軍用之，以壯聲威，後漸用於朝廷。

［2］偭鄉無常：向背無常。

金史　卷一三五

列傳第七十三

外國下

高麗

高麗國王，[1]王楷。[2]其地，鴨綠江以東，曷懶路以南，[3]東南皆至于海。自遼時歲時遣使修貢，事具《遼史》。

[1]高麗：朝鮮半島古代封建王朝。918年由王建創立，國號高麗，都開京（今朝鮮開城）。先後吞并了新羅和後百濟，統一了朝鮮半島。1392年爲李氏朝鮮所代。

[2]王楷：高麗仁宗。在位二十四年（1123—1146）。在位期間，内修外和，臣事金國，是高麗國諸王中較有作爲的一位。《高麗史》卷一五至一七有世家。

[3]曷懶路：治所在今朝鮮咸鏡南道咸興城五里處。

唐初，靺鞨有粟末、黑水兩部，[1]皆臣屬于高麗。

唐滅高麗，[2]粟末保東牟山漸彊大，[3]號渤海，[4]姓大氏，有文物禮樂。至唐末稍衰，自後不復有聞。金伐遼，渤海來歸，蓋其遺裔也。黑水靺鞨居古肅慎地，[5]有山曰白山，蓋長白山，金國之所起焉。[6]女直雖舊屬高麗，不復相通者久矣。及金滅遼，高麗以事遼舊禮稱臣于金。

[1]靺鞨：古族名。分布在松花江、牡丹江流域及黑龍江中下游，東至日本海。原部落衆多，漸發展爲粟末、伯咄、安車骨、白山、號室、拂涅、黑水七部。　粟末：古部落名。靺鞨七部之一。在七部之中比較先進。居住在粟末水（今吉林省吉林市松花江）一帶。　黑水：古部落名。靺鞨七部之一。居住在黑龍江下游的地方，下分十六部。開元十三年（725），唐在其地置黑水軍，次年又置黑水府，以其首領爲都督，派長史監領之。五代時稱女真。唐時粟末、白山二部附高句麗，不包括黑水部。唐時高句麗與金時高麗名同族異，兩不相涉。

[2]唐滅高麗：此高麗指大氏高句麗而言，是我國東北民族建立的地方割據政權。唐總章元年（668）九月，平高句麗，列其地爲州縣，置安東都護府於平壤。此高句麗與後來的王氏高麗没有繼承關係。

[3]東牟山：舊說在今吉林省敦化市南五公里六頂山。近考證爲吉林省敦化市西南二十五里的城山子山城。據新、舊《唐書》，應是大祚榮保東牟山。

[4]渤海：唐代我國東北各部以靺鞨粟末部爲主體，結合其他靺鞨諸部建立的政權。唐聖曆元年（698）由粟末部首領大祚榮建立，初稱振國（震國）。唐先天二年（713）封大祚榮爲左驍衛大將軍、渤海郡王。設忽汗州，加授大祚榮爲忽汗州都督，改稱渤海。都上京龍泉府（今黑龍江省寧安市東京城遺址）。遼天顯元年

（926）爲遼所滅。

［5］肅慎：古族名。商周時居住在長白山北至黑龍江中下游一帶。周初時來貢，臣服於周。

［6］有山曰白山，蓋長白山，金國之所起焉：金國非起源於長白山，此誤。

初，有醫者善治疾，本高麗人，不知其始自何而來，亦不著其姓名，居女直之完顏部。[1]穆宗時戚屬有疾，[2]此醫者診視之，穆宗謂醫者曰：“汝能使此人病瘉，則吾遣人送汝歸汝鄉國。”醫者曰：“諾。”其人疾果愈，穆宗迺以初約歸之。乙離骨嶺僕散部胡石來勃堇居高麗、女直之兩間，[3]穆宗使族人叟阿招之，[4]因使叟阿送醫者，歸之高麗境上。醫者歸至高麗，因謂高麗人，女直居黑水部者部族日彊，兵益精悍，年穀屢稔。[5]高麗王聞之，[6]迺通使于女直。[7]既而，胡石來來歸，遂率乙離骨嶺東諸部皆内附。

［1］完顏部：指建立金王朝的女真安出虎水完顏部。起源於黑龍江中游、松花江下游一帶。後遷至牡丹江流域，至女真建國前分布在今黑龍江省阿城市的阿什河流域。

［2］穆宗：廟號。本名盈歌（1053—1103）。本書卷一有紀。

［3］乙離骨嶺：山名。即今朝鮮境内的咸鏡山脉。一説即今朝鮮咸鏡南北分界摩天嶺。　僕散部：女真部名。此部居住在今朝鮮鏡城附近。　胡石來：生平不詳。　勃堇：官名。初爲遼代女真部落首領稱號。金建國後，成爲猛安謀克組織的官員。熙宗改制後，勃堇制廢（參見日本學者三上次男《論金初的勃堇》，載《稻葉還曆紀念·東洋史論叢》1938 年 6 月；程妮娜《金初勃堇初探》，

《史學集刊》1986 年第 2 期）。

[4]叟阿：生平不詳。

[5]稔：豐收。

[6]高麗王：指高麗國王王俁，廟號睿宗，在位十七年（1106—1122）。在位期間傾慕華風，勵精求治，乘遼末之亂企圖拓境，與遼代女真争奪曷懶甸之地，築九城。爲遼代女真所破，復所侵之地，請和。

[7]通使于女直：《高麗史》卷一二《肅宗世家》，肅宗八年（1103）七月，東女直太師盈歌遣使來朝，有本國醫者言於王，王乃始通使。本書卷一《世紀》亦謂，金穆宗十年“高麗始來通好”。

穆宗十年癸未，[1]阿踈自遼使其徒達紀來説曷懶甸人，[2]曷懶甸人執之。穆宗以達紀送高麗，謂高麗王曰：“前此爲亂於汝鄙者，皆此輩也。”及破蕭海里，[3]使斡魯罕往高麗報捷，[4]高麗亦使使來賀。未幾，復使斜葛與斡魯罕往聘，[5]高麗王曰：“斜葛，女直之族弟也，其禮有加矣。”迺以一大銀盤爲謝。

[1]穆宗十年：遼天祚帝乾統三年（1103）。

[2]阿踈：女真人。星顯水紇石烈部長，據地阿踈城（在今吉林省延吉市附近），聞穆宗來攻，奔遼。金天輔六年（1122），在西京道境内被金捕獲。本書卷六七有傳。　達紀：生平不詳。

[3]蕭海里：契丹人。後叛遼。

[4]斡魯罕：女真人。生平不詳。

[5]斜葛：女真人。又作斜斡。金景祖烏古迺異母弟跋黑子，穆宗族弟。曾與阿离合懣同修金朝譜牒。

厥後，曷懶甸諸部盡欲來附，高麗聞之不欲使來附，恐近於己而不利也，使人邀止之。斜葛在高麗及往來曷懶道中，具知其事，遂使石適歡往納曷懶甸人，[1]未行而穆宗没。康宗嗣，[2]遣石適歡以星顯統門之兵往至乙離骨嶺，[3]益募兵趨活涅水，[4]徇地曷懶甸，收叛亡七城。高麗使人來告曰："事有當議者。"曷懶甸官屬使斜勒詳穩、冶剌保詳穩往，[5]石適歡亦使盃魯往，[6]高麗執冶剌保等，而遣盃魯曰："無與爾事。"於是，五水之民皆附於高麗，[7]團練使陷者十四人。[8]

[1]石適歡：女真人。後撫曷懶甸有功，康宗以爲能。

[2]康宗：廟號。世祖長子，本名烏雅束（1061—1113）。本書卷一有紀。

[3]星顯：水名。今吉林省延邊朝鮮族自治州境内的布林哈通河。　統門：水名。今吉林省延邊朝鮮族自治州境内的圖們江。

[4]活涅水：今朝鮮洪原郡的新翼川。

[5]斜勒：女真烏延部勃堇。　詳穩：遼官名。來自漢語"將軍"的轉譯。在部族中設有某部詳穩司。　冶剌保：女真人。生平不詳。

[6]盃魯：女真人。生平不詳。

[7]五水之民：指居於曷懶甸之五水的居民。

[8]團練使：官名。唐中後期，不設節度使地區泛設團練使。宋爲武將兼銜，官階高於刺史，低於防禦使。遼承唐宋之制，亦置團練使。此當爲曷懶甸官屬，受遼團練使兼銜者。

二年甲申，高麗來攻，石適歡大破之，殺獲甚衆，追入其境，焚略其戍守而還。四月，高麗復來攻，石適歡以五百人禦於闢登水，[1]復大破之，追入闢登水，逐其殘衆逾境。於是，高麗王曰："告邊釁者皆官屬祥丹、傍都里、昔畢罕輩也。"[2]十四團練、六路使人在高麗者，皆歸之，遣使來請和。[3]遂使斜葛經正疆界，至乙離骨水、曷懶甸活禰水，[4]留之兩月。斜葛不能聽訟，每一事輒至枝蔓，民頗苦之。康宗召斜葛還，而遣石適歡往。石適歡立幕府于三潺水，[5]其嘗陰與高麗往來爲亂階者，即正其罪，餘無所問。康宗以爲能。

［1］闢登水：本書闢登水有二。一是指今俄羅斯濱海邊疆區烏蘇里江東支流比金河（參見張博泉等《東北歷代疆域史》，吉林人民出版社 1981 年版，第 186 頁）；一是指今朝鮮的城川江（見《中國歷史地圖集釋名彙編》東北卷）。此爲後者。

［2］祥丹：人名。生平不詳。　傍都里：人名。生平不詳。昔畢罕：人名。生平不詳。

［3］遣使來請和：《高麗史》卷一二《肅宗紀》謂，九年（1104）六月東北面兵馬都統司奏，女真叩關乞和。

［4］活禰水：即活涅水。

［5］三潺水：在今朝鮮北青郡的大川。

四年丙戌，高麗使使黑歡方石來賀嗣位，[1]康宗使盃魯報聘，且尋前約，取亡命之民。高麗許之，曰："使使至境上受之。"康宗以爲信然，使完顏部阿聒、烏林答部勝昆往境上受之。[2]康宗畋于馬紀嶺乙隻村以待之。[3]阿聒、勝昆至境上，高麗遣人殺之，而出兵曷懶甸，築九城。[4]

[1]黑歡方石：高麗睿宗使者。

[2]阿聒：女真人。生平不詳。　烏林答部：女真部落名。分布在今牡丹江流域。　勝昆：海羅伊河女真烏林答部部長，又作勝管。世與完顏部通婚，累使高麗。其曾孫女爲世宗昭德皇后，由此大定贈司空、徐國公。

[3]馬紀嶺：今牡丹江與綏芬河間的老爺嶺。

[4]九城：指英州、雄州、吉州、公鎮、福州、宜州、咸州、通泰鎮、平戎鎮。

康宗歸，衆咸曰："不可舉兵也，恐遼人將以罪我。"太祖獨曰：[1]"若不舉兵，豈止失曷懶甸，諸部皆非吾有也。"康宗以爲然，迺使斡塞將兵伐之，[2]大破高麗兵。六月，高麗率衆來戰，[3]斡塞敗之，進圍其城。七月，高麗復請和，康宗曰："事若酌中，則與之和。"高麗許歸亡入之民，罷九城之戍，復所侵故地，遂與之和。

[1]太祖：廟號。本名阿骨打，漢名旻（1068—1123）。本書卷二有紀。

[2]斡塞：又作斡賽，金世祖子。本書卷六五有傳。

[3]六月，高麗率衆來戰：據《高麗史》卷一二，事在戊子年，即金康宗六年（1108）。"六月"似"六年"之誤。

收國元年九月，[1]太祖已克黄龍府，[2]命加古撒喝攻保州。[3]保州近高麗，遼侵高麗置保州。至是，命撒喝取之，久不下，撒喝請濟師，且言高麗王將遣使來。太祖使納合烏蠢以百騎益之，[4]詔撒喝曰："汝領偏師，屢破重敵，多所俘獲，及聞胡沙數戰有功，[5]甚嘉之。若保州未下，但守邊戍。吾已克黄龍府，聞遼主且至，[6]俟破大敵復益汝兵。所言高麗遣使事，未知果否，至則護送以來。邊境之事，慎之毋忽。”十一月，係遼女直麻濼太彎等十五人皆降，[7]攻開州取之，[8]盡降保州諸部女直。太祖以撒喝爲保州路都統。[9]

[1]收國：金太祖年號（1115—1116）。

[2]黄龍府：遼朝府名。治所在今吉林省農安縣。

[3]加古撒喝：女真人。又作加古撒曷。收國元年（1115）爲保州路都統，又稱保州路都勃堇。天會三年（1125）九月，因罪伏誅。　保州：治所在今朝鮮平安北道義州及新義州之間。

[4]納合烏蠢：女真人。曾爲撒改部將、知東京事。見於本書卷六六《胡十門傳》、卷七一《斡魯傳》。

[5]胡沙：女真人。平蘇、復州叛有功。本書卷八〇《斜卯阿里傳》稱其爲“太尉胡沙”。

[6]遼主：指遼末代皇帝天祚帝。見《遼史》卷二七至三〇。

[7]係遼女直：也稱熟女真。遼朝管轄下的今遼寧省及吉林省南部地區的女真人。首領接受遼官號和官印，人户編入户籍，故稱係遼女真。　麻濼：女真人。生平不詳。　太彎：即大王的異寫。

[8]開州：遼州名。治所在今遼寧省鳳城市。

[9]都統：官名。爲一路的最高軍政長官。金初女真設都統路、萬户路等帥司路，下轄猛安謀克。

太祖已破走遼主軍，撒喝破合主、順化二城，[1]復請濟師攻保州，使斡魯以甲士千人往。二年閏月，高麗遣使來賀捷，且曰：“保州本吾舊地，願以見還。”太祖謂使者曰："爾其自取之。"詔撒喝、烏蠢等曰："若高麗來取保州，益以胡剌古、習顯等軍備之，[2]或欲合兵，無得輒往，但謹守邊戍。"及撒喝、阿實賚等攻保州，[3]遼守將遁去，而高麗兵已在城中。既而，高麗國王使蒲馬請保州，[4]詔諭高麗王曰："保州近爾邊境，聽爾自取，今迺勤我師徒，破敵城下。且蒲馬止是口陳，俟有表請，即當別議。"

[1]合主：城名。具體地點不詳。　順化：城名。又稱順化營。治所在今遼寧省普蘭店市附近。

[2]胡剌古：女真人。曷懶甸勃堇。見於本書卷二、七一及本卷。　習顯：女真人。曷懶甸勃堇。見於本書卷二、六六及本卷。

[3]阿實賚：即完顏阿實賚，女真合蘇館路部長。

[4]高麗國王使蒲馬請保州：本書卷二《太祖紀》天輔元年（1117）"八月癸亥高麗遣使來請保州"，卷六〇《交聘表下》收國二年（1116）"高麗遣蒲馬請保州"。《高麗史》卷一四謂，睿宗十一年（金收國二年）八月，王乃遣使如金請保州。

天輔二年十二月，[1]詔諭高麗國王曰："朕始興師伐遼，已嘗布告，賴皇天助順，屢敗敵兵，北自上京，[2]南至于海，其間京府州縣部族人民悉皆撫定。今遣孛堇术孛報諭，[3]仍賜馬一匹，至可領也。"

[1]天輔：金太祖年號（1117—1123）。

[2]上京：金京，路名。治所在今黑龍江省阿城市的白城。

[3]术孛：女真人。官勃堇。見於本書卷二、六〇及本卷。《高麗史》卷一四記术孛來聘致書在睿宗十四年，即金天輔三年

(1119)二月。

三年，高麗增築長城三尺，邊吏發兵止之，弗從，報曰："修補舊城。"曷懶甸孛堇胡剌古、習顯以聞，詔曰："毋得侵軼生事，但慎固營壘，廣布耳目而已。"

四年，咸州路都統司以兵分屯于保州、畢里圍二城，[1]請益兵，詔曰："汝等分列屯戍，以固封守，甚善。高麗累世臣事于遼，或有交通，可常遣人偵伺。"

[1]咸州路：治所在今遼寧省開原市開原老城鎮。　都統司：金初所設軍政合一的地方建置，不久即罷，故本書《百官志》不載。長官爲都統。　畢里圍：地名。具體位置不詳。

使習顯以獲遼國州郡諭高麗，其國方誅亂者，使謂習顯曰："此與先父國王之書。"[1]習顯就館。凡誅戮官僚七十餘人，即依舊禮接見，而以表來賀，并貢方物。[2]復以遼帝亡入夏國報之。[3]

[1]先父國王：似指穆宗。穆宗爲太祖叔父，世祖臨終又以太祖屬穆宗，故有此稱。所謂"與先父國王之書"，似指穆宗時，高麗遣使來通好所致之書。

[2]并貢方物：自"使習顯"至"并貢方物"一段文字似有錯誤。本書卷六〇記習顯使高麗在金天輔四年(1120)，而《高麗史》卷一四記高麗睿宗十五年(1120)，其國並無亂者。據《高麗史》卷一五記載，其國多事，方誅亂者，則是在高麗仁宗四年即金天會四年(1126)。

[3]夏國：國名。也稱西夏。是由西北少數民族党項羌所建的

封建政權（1038—1227）。都興慶府（今寧夏回族自治區銀川市東南），同遼金先後與宋鼎峙。

高隨、斜野奉使高麗，[1]至境上，接待之禮不遜，隨等不敢往，太宗曰："高麗世臣於遼，當以事遼之禮事我，而我國有新喪，遼主未獲，勿遽强之。"命高隨等還。天會二年，[2]同知南路都統鶻實答奏，[3]高麗納叛亡、增邊備，必有異圖。詔曰："凡有通問，毋違常式。或來侵略，則整爾行列與之從事。敢先犯彼者，雖捷必罰。"詔闍母以甲士千人戍海島，[4]以備之。

[1]高隨：先後於金天會元年（1123）、四年兩次出使高麗。見於本書卷三、六〇及本卷。　斜野：與世祖第五子斜也本名相同。天輔間爲蒲家奴部將，天會元年奉使高麗。見於本書卷六〇、六五、七〇及本卷。

[2]天會：金太宗年號（1123—1135），熙宗初年延用（1135—1137）。

[3]同知南路都統：南路都統的佐貳官。　鶻實答：女真人。後爲權南路軍帥，即權南路都統。天會三年十月以贓敗。見於本書卷三、一九及本卷。

[4]闍母：世祖第十一子。本書卷七一有傳。

四年，國王王楷遣使奉表稱藩，優詔答之。[1]上使高伯淑、烏至忠使高麗，[2]凡遣使往來當盡循遼舊，仍取保州路及邊地人口在彼界者，須盡數發還。勅伯淑曰："若一一聽從，即以保州地賜之。"高伯淑至高麗，王楷附表謝，一依事遼舊制。八年，楷上表，乞免索保州亡入邊户。是歲，高麗十人捕魚，大風飄其船抵海岸，曷蘇館人獲之，[3]詔還其國。既而勗上表請不索保州亡入高麗户口，[4]太宗從之，自是保州封域始定。

[1]奉表稱藩，優詔答之：《高麗史》卷一五仁宗（王楷）四年即金天會四年（1126），議事金可否。四月遣鄭應文、李侯如金稱臣上表，金回詔答之。載有表文與詔文。

[2]高伯淑：本書見於卷三〇、六〇及本卷。《高麗史》卷一五稱其爲同簽樞密院事。　烏至忠：見於本書卷六〇及本卷。《高麗史》卷一五稱其爲鴻臚卿。

[3]曷蘇館：路名。據《讀史方輿紀要》卷三七，“曷蘇館，在衛東南。契丹移女真部落數千家於此，置館領之，謂之熟女真。金亦置曷蘇館路節度使，後徙於寧州”，知曷蘇館最初治所在今遼寧省蓋州市東南，後遷寧州。寧州爲遼所設之州，金無，故本書《地理志》不載。

[4]勗：即完顔勗，穆宗第五子。本書卷六六有傳。

皇統二年，[1]詔加楷開府儀同三司、上柱國。[2]六年，楷薨，子晛嗣立。[3]

[1]皇統：金熙宗年號（1141—1149）。

[2]開府儀同三司：高麗文散官。從一品上階。　上柱國：高麗國勛階，分上柱國、柱國兩階。上柱國正二品，柱國從二品。

[3]晛：高麗國國王，廟號毅宗，仁宗長子，在位二十五年（1146—1170），遜位三年，被殺。在位期間崇奉佛法，内寵嬖宦，外信諛臣，終身死異地。《高麗史》卷一七至一九有世家。

大定四年，[1]鴨緑江堡戍頗被侵越焚毁。五年正月，世宗因正旦使朝辭，諭之曰："邊境小小不虞，爾主使然邪，疆吏爲之邪？若果疆吏爲之，爾主亦當懲戒之也。"初，高麗使者别有私進禮物以爲常，是歲萬春節，[2]上以使者私進不應典禮，[3]詔罷之。

[1]大定：金世宗年號（1161—1189）。
[2]萬春節：即三月初一日，爲金世宗生日，稱"萬春節"。
[3]不應典禮：不符合典法禮儀。

十年，王晛弟翼陽公晧廢晛自立。[1]十月，賜生日使、大宗正丞糺至界上，[2]高麗邊吏稱前王已讓位，不肯受使者。十一年三月，王晧以讓國來奏告，[3]詔婆速路勿受，[4]有司移文詳問。高麗告曰："前王久病，昏耄不治，以母弟晧權攝國事。"上曰："讓國大事也，何以不先陳請。"詔有司再詳問。高麗乃以王晛讓國表來，大略稱先臣楷遺訓傳位於弟，又言其子有罪不可立之意。上疑之，以問宰執，[5]丞相良弼奏曰：[6]"此不可信。晛止一子，往年生孫，嘗有表自陳生孫之喜，一也。晧嘗作亂，晛囚之，二也。今晛不遣使，晧迺遣使，三也。朝廷賜晛生日使，晧不轉達於晛，迺稱未敢奉受，四也。是晧簒兄誣請於天子，安可忍也。"右丞孟浩曰：[7]"當詢彼國士民，果皆推服，即當遣使封册。"上曰："封一國之君詢於民衆，此與除拜猛安謀克何異。"[8]迺却其使者，而以詔書詳問王晛，吏部侍郎靖爲宣問王晛使。[9]

［1］翼陽公：高麗爵位，公侯國公爲正二品，郡公爲從二品。　晧：高麗國國王，廟號明宗，是仁宗第三子，毅宗同母弟，在位二十八年（1170—1197）。在位期間權臣當道，朝臣賣官鬻爵，朝鮮王權由此轉入權臣手中。《高麗史》卷一九至二〇有世家。

［2］大宗正丞：大宗正府屬官。正員二人，從四品。　糺：即完顏糺，宗室。見於本書卷六、六一及本卷。

［3］讓國：讓國位給他人。

［4］婆速路：治所在今遼寧省丹東市九連城。

［5］宰執：宰相與執政諸大臣。金以尚書省尚書令，左、右丞相，平章政事爲宰相，左丞、右丞、參知政事爲執政官。

［6］良弼：女真人。即紇石烈良弼，時爲左丞相。本書卷八八有傳。

［7］右丞：爲宰相之貳，佐治省事。正二品。　孟浩：本書卷八九有傳。

［8］除拜：授官。　猛安謀克：女真官名。猛安謀克亦稱千户、百户，金建國以後爲軍事、地方行政編制和設置，亦爲榮譽爵稱。此承上文而言，因爲封一國之君，不需詢其士民，如詢問其士民，和除拜猛安謀克没有什麽不同。

［9］吏部侍郎：吏部屬官。掌文武選授、考課等事，正員一人。正四品。　靖：即完顏靖，曾任翰林待制、右宣徽使等官。本書卷六一《交聘表中》記靖在五月去高麗。

晧實篡國，囚晛於海島。靖至高麗，晧稱王晛已避位出居他所，病加無損，不能就位拜命，往復險遠，非使者所宜往。靖竟不得見晛，迺以詔授晧，轉取晛表附奏，其言與前表大概相同。靖還，上問大臣，皆曰：“晛表如此，可遂封之。”丞相良弼、平章政事守道曰：[1]“待晧祈請未晚也。”十二月，晧遣其禮部侍郎張翼明等請封。[2]十二年三月，遂賜封册。晧生日在正月十九日，是歲十二月將盡，未及遣使，有司請至來歲舉行焉。

[1]平章政事：官名。爲宰相，掌承天子，平章萬機，正員二人，從一品。　守道：女真人。即完顔守道。本書卷八八有傳。

[2]禮部侍郎：高麗官名。禮部長官佐貳。正員一人，正四品。張翼明：高麗人。亦見本書卷六一《交聘表中》。

十五年，高麗西京留守趙位寵叛晧，[1]遣徐彦等九十六人上表曰：[2]“前王本非避讓，大將軍鄭仲夫、郎將李義方實弑之。[3]臣位寵請以慈悲嶺以西至鴨緑江四十餘城内屬，[4]請兵助援。”上曰：“王晧已加封册，位寵輒敢稱兵爲亂，且欲納土，朕懷撫萬邦，豈助叛臣爲虐。”詔執徐彦等送高麗。頃之，王晧定趙位寵之亂，遣使奏謝。自位寵之亂，晧所遣生日回謝、横賜回謝、賀正旦、進奉、萬春節等使，皆阻不通，至是，晧并奏之。詔答其意，其合遣人使令節次入朝。

[1]西京留守：高麗官名。西京長官。正員一人，正三品上。西京，治所在今朝鮮平壤市。　趙位寵：高麗人。毅宗末年，以兵部尚書爲西京留守，鄭仲夫等弑毅宗立明宗。明宗四年（1174），位寵起兵討仲夫等，後兵敗被殺。《高麗史》卷一〇〇有傳。

[2]徐彦：高麗人。見《高麗史》卷一〇〇《趙位寵傳》。“徐彦”下原衍“寧”字，今據中華點校本改。

[3]大將軍：官名。高麗朝中設有重房，管理軍隊。重房下設

二軍六衛，並稱八衛。每衛設上大將軍一人，正三品，大將軍一人，從三品，郎將二人，正六品。　鄭仲夫："仲夫"，原作"冲夫"，《高麗史》卷一二八有傳，作"仲夫"，今據改。　郎將：官名。　李義方：高麗人。《高麗史》卷一二八有傳。

[4]慈悲嶺以西至鴨緑江四十餘城：《高麗史》卷一〇〇《趙位寵傳》則謂，"北界四十餘城"，卷五八《地理志三》"西海道""平州"條稱"有猪淺，一云浿江"，"要害處有岊嶺即慈悲嶺"；"北界""西京"條稱，"有大同江即浿江"。據此知慈悲嶺即今大同山脉；所謂四十餘城，當在今大同江與鴨緑江之間一帶。

十七年，賀正旦禮物，玉帶迺石似玉者，[1]有司請移問，上曰："彼小國無能識者，誤以爲玉耳，不必移問。"迺止。十二月，有司奏高麗下節押馬官順成例外將帶甲三過界，[2]上以使人所坐罪重，但令發還本國而已。二十三年，晧母任氏薨，[3]晧乞免賜生日及賀謝等事，詔從之。

[1]玉帶迺石似玉者：《高麗史》卷一九明宗六年即金大定十六年（1176）十一月，"遣將軍吴淑夫如金賀正，將軍吴光陟、郎中尹宗誨謝執送徐彦，仍進玉帶二腰"，七年三月，"吴光陂還自金，言所進玉帶其一乃石乳非玉"，"王聞之慚懼，遣郎中朴孝縉表謝乞罪"。

[2]下節：地名。具體位置不詳。　押馬官：高麗官名。餘不詳。　順成：高麗人。餘不詳。

[3]任氏：高麗中書令元厚之女。後嫁仁宗，生毅宗、大寧侯、明宗元敬、國師冲曦、神宗承慶。毅宗即位，尊爲王太后。死於明宗十三年即金大定二十三年（1183）十月。

章宗即位，[1]詔使至界上，頗稽滯，詔移問，高麗遜謝。明昌三年，[2]下節金挺回至平州撫寧縣，[3]毆死當驛人何添兒，[4]有司請“凡人使往還，乞量設兵衛”。參知政事張萬公曰：“可於宿頓之地巡護之。”[5]上可其奏。詔自今接送伴使副，[6]失關防者當坐。故事，賀正旦使十二月二十九日入見，明昌六年十二月己卯立春，詔於前二日丁丑入見云。

[1]章宗：廟號。本名麻達葛，漢名璟（1168—1208）。本書卷九至一二有紀。

[2]明昌：金章宗年號（1190—1196）。

[3]金挺：生平不詳。　平州：治所在今河北省盧龍縣。　撫寧縣：初爲新安鎮，大定二十九年（1189）改縣。治所在今河北省撫寧縣。

[4]何添兒：生平不詳。

[5]參知政事：尚書省下屬官。爲執政官，宰相之貳，佐治省事。從二品。　張萬公：本書卷九五有傳。

[6]接送伴使副：官名。兩國往來，當他國使臣進入對方統治區時有人迎接，返回時有人相送，迎接者與相送者稱接伴使、送伴使。送伴使常由原接伴使擔任。副是正使之副，即副使。

承安二年，[1]晧表自陳衰病，以圖讓其弟晫。[2]晫權國事。是歲，晧薨，晫嗣立。

[1]承安：金章宗年號（1196—1200）。

[2]晫：高麗國國王。廟號神宗，仁宗第五子，明宗母弟，在位七年（1198—1204）。神宗爲權臣崔忠獻所立，生殺置廢皆出其

手，徒有虚名。《高麗史》卷二一有世家。

泰和四年正月乙丑朔，[1]高麗傔人以小佩刀割梨廡下巡廊，[2]奉職見而糾之，詔館伴官自今前期移文禁止。[3]是歲，王晫斃，子䜣嗣立。[4]

[1]泰和：金章宗年號（1201—1208）。

[2]傔（qiàn）人：侍從。

[3]館伴官：當他國使臣進入對方京城時，另有人相伴，稱館伴使，亦稱其館伴官。

[4]䜣：高麗國國王。廟號熙宗。神宗長子，在位七年（1205—1211）。因不滿權臣用事，企圖廢權臣，反被廢。《高麗史》卷二一有世家。

泰和七年正月，是時用兵伐宋，[1]夏亦有故，獨高麗遣正旦使，詔不賜曲宴。[2]及天壽節，[3]夏、高麗使者皆在，有司奏："大定初，宋未請和，夏、高麗使者賜曲宴，今請依大定故事。"詔從之。

[1]用兵伐宋：泰和六年（1206），南宋向金開戰，"開禧北伐"開始，並約西夏同時向金用兵。次年北伐失敗，宋向金求和。

[2]曲宴：私宴，多用以指宫中之宴。

[3]天壽節：本書卷九《章宗紀》，大定二十九年（1189）三月己酉，詔以生辰爲"天壽節"。章宗生於大定八年（1168）秋七月丙戌。後又以九月初一日爲"天壽節"。

至寧元年八月，[1]王祦薨，[2]嗣子未行起復。九月，宣宗即位，邊吏奏："高麗牒稱，嗣子未起復，不可以凶服迎吉詔，又不可以草土名銜署表。"禮官議："人臣不以私恩廢公義，宜權用吉服迎詔，署表用權國事名銜。俟高麗告哀使至闕，[3]然後遣使致祭、慰問及行封册。"制可。

[1]至寧：金衛紹王年號（1213）。

[2]祦：高麗國國王。廟號康宗。明宗長子，在位二年（1212—1213）。《高麗史》卷二一有世家。祦，原作"譓"，中華點校本據《高麗史》改作"祦"，今據改。

[3]闕：宫殿。此處當指金廷。

明年，宣宗遷汴，[1]遼東道路不通，[2]興定三年，[3]遼東行省奏高麗復有奉表朝貢之意，[4]宰臣奏："可令行省受其表章，其朝貢之禮俟他日徐議。"宣宗以爲然，乃遣使撫諭高麗，終以道路不通，未遑迎迓，詔行省且羈縻勿絶其好，然自是不復通問矣。

[1]宣宗遷汴：是年，蒙古圍金中都，金宣宗求和。五月，金宣宗將都城遷往南京（汴京，今河南省開封市）。

[2]遼東：金無遼東路設置，此指遼東路提刑司。治所在今遼寧省開原市開原老城。

[3]興定：金宣宗年號（1217—1222）。

[4]行省：官署名。行尚書省的簡稱。章宗以後，因用兵、河防等事涉及諸路，需統籌安排，因而臨時設立行尚書省，作爲尚書省的派出機構以總其事，事畢撤銷。金末漸遍布全國，成爲臨時性地方設置。長官爲行尚書省事，或簡稱行省事，一般由執政充任。

贊曰：金人本出靺鞨之附于高麗者，始通好爲鄰國，既而爲君臣，貞祐以後道路不通，[1]僅一再見而已。入聖朝猶子孫相傳自爲治，故不復備論，論其與金事相涉者焉。

［1］貞祐：金宣宗年號（1213—1217）。

金國語解

今文《尚書》辭多奇澁，[1]蓋亦當世之方言也。《金史》所載本國之語，得諸重譯，而可解者，何可闕焉。若其臣僚之小字，[2]或以賤，或以疾，猶有古人尚質之風，不可文也。國姓爲某，漢姓爲某，[3]後魏孝文以來已有之矣。[4]存諸篇終，以備考索。

[1]今文《尚書》：書名。漢初，由秦博士伏勝師徒傳授，以隸書書寫的《尚書》，稱今文《尚書》。另，漢景帝時，發現於孔子宅壁，以古文書寫的，稱古文《尚書》。

[2]小字：乳名、小名。本書所謂之“本名”或“本諱”，皆爲女真語小字。

[3]國姓爲某，漢姓爲某：女真人本姓，稱國姓。海陵王遷都後，改稱漢姓漸成時尚。雖世宗、章宗屢有禁令，改稱漢姓依然成風。

[4]後魏孝文：後魏即北魏。孝文，拓跋宏謚號。471 年至 499 年在位。太和十七年（493）孝文從平城遷都洛陽，改鮮卑姓氏爲漢姓，改拓拔爲元。

官稱

都勃極烈，[1]總治官名，猶漢云冢宰。

諳版勃極烈，[2]官之尊且貴者。

國論勃極烈，[3]尊禮優崇得自由者。

胡魯勃極烈，[4]統領官之稱。
移賚勃極烈，[5]位第三曰“移賚”。
阿買勃極烈，[6]治城邑者。
乙室勃極烈，[7]迎迓之官。
札失哈勃極烈，[8]守官署之稱。
昃勃極烈，[9]陰陽之官。
迭勃極烈，[10]倅貳之職。
猛安，[11]千夫長。謀克，百夫長也。[12]
諸糺“詳穩”，[13]邊戍之官。
諸“移里堇”，[14]部落墟砦之首領。
詳穩、移里堇，本遼語，金人因之而稍異同焉。
禿里，[15]掌部落詞訟，察非違者。
烏魯古，[16]牧圉之官。
斡里朵，[17]官府治事之所。

[1]都勃極烈：女真自景祖始建官長即有勃極烈之名，都勃極烈是其最高長官。《三朝北盟會編》卷三，“孛極烈，官人”。《欽定金國語解》，“都勃極烈”，即滿語“都伯伊勒”，又謂索倫語“高”，爲“都”。本書卷三二《禮志五》天會十四年（1136），稱昭祖石魯爲“孛堇”，卷五五《百官志一》，“金自景祖始建官屬，統諸部以專征伐，嶷然自爲一國。其官長皆稱曰勃極烈，故太祖以都勃極烈嗣位”。到了明代，“勃極烈”一詞，由於中間音節“極”的脱落，讀爲“貝勒”。至清，又成爲貴族爵位。

[2]諳版勃極烈：亦作“諳班勃極烈”。《欽定金國語解》稱“諳班勃極烈”即滿語“阿穆巴·伯伊勒”。本書卷五五《百官志一》謂，“諳班，尊大之稱也”。《女真館雜字》云，“安班”詞義爲“大”。《女真文辭典》載，“安巴岸”義爲“大”（金啓孮編著

《女真文辭典》，文物出版社 1984 年版）。據此，“諳班勃極烈”直譯即“大勃極烈”。由太宗、熙宗曾任此官的事實來看，也是國初儲嗣的專稱，其地位爲“官之尊且貴者”，其職守爲“居守”“貳國政”。

［3］國論勃極烈：《欽定金國語解》稱，“國論勃極烈”即滿語“固嚕因・伯伊勒”。《女真館雜字》云，“國倫你”，詞義爲“國（之）”。《女真文辭典》載，“固魯”詞義爲“國”或“國家”，“温”爲名詞詞綴之一種。據此，“國論勃極烈”，直譯爲“國之勃極烈”。此解言其地位，“尊禮優崇得自由者”。本書卷五五《百官志一》，言其職守，“所謂國相也”。

［4］胡魯勃極烈：《欽定金國語解》稱，“胡魯勃極烈”即滿語“庫埒因・伯伊勒”。本書卷五五《百官志一》，“其部長曰孛堇，統數部者曰忽魯”，又謂，“忽魯猶總帥也”。故此解謂，“統領官之稱”。

［5］移賚勃極烈：《欽定金國語解》稱，“移賚勃極烈”即滿語“伊拉因・伯伊勒”。《女真館雜字》云，“以藍”，詞義爲“三”。《女真文辭典》，“以蘭”義爲“三”。此解，“位第三曰移賚”，乃直譯。

［6］阿買勃極烈：《欽定金國語解》稱，“阿買勃極烈”即滿語“阿馬・伯伊勒”，又謂，“蒙古語謂關隘爲阿馬”。《女真館雜字》云，“厄木”，詞義爲“一”。《女真文辭典》載，“厄木”，義爲“一”。據此，阿買勃極烈，直譯爲“第一勃極烈”。此解“治城邑者”，是就其職守而言。

［7］乙室勃極烈：《欽定金國語解》稱，“乙室勃極烈”即滿語“額西・伯伊勒”，又謂，“蒙古語謂詔旨爲額西”。此解則謂“迎迓之官”。任是職且見於本書記載者，衹有阿离合懣一人。其人並能默記祖宗族屬時事，盡知祖宗舊俗法度。阿离合懣逝於天輔三年（1119），第二階段調整諸勃極烈時，天輔五年補其缺者爲宗翰，却稱移賚勃極烈。

［8］札失哈勃極烈：《欽定金國語解》稱，“札失哈勃極烈”即滿語“扎期喇胡·伯伊勒”，又謂“蒙古語謂管理爲扎期喇胡”。本書之中，既無人任是職，亦不見此官之名。謾都訶所任的阿舍勃極烈，在《語解》中又不見記載。施國祁認爲“扎失哈當作阿舍”，可備一説。而謾都訶所任的阿舍勃極烈，又是在第三階段諸勃極烈調整時，於天會二年正月替代前於天輔五年七月去世的阿買勃極烈辭不失。

［9］昃勃極烈：《欽定金國語解》稱，“昃勃極烈”即滿語“扎伊·伯伊勒”。《女真館雜字》謂，“昃”詞義爲“二”。據此，“昃勃極烈”直譯爲“第二勃極烈”。此解“陰陽之官”，當指其職守。

［10］迭勃極烈：《欽定金國語解》稱，“迭勃極烈”即滿語“德特·伯伊勒”，又謂，“蒙古語謂其次曰德特”。《女真館雜字》謂，“都因”詞義爲“四”。據此，“迭勃極烈”，直譯爲“第四勃極烈”，位居最後。此解因之稱爲“倅貳之職”。

［11］猛安：《欽定金國語解》稱，“猛安”即滿語“密英噶因”。《三朝北盟會編》，作“萌安”。《女真館雜字》謂，“皿斡”詞義爲“千”。據此，“猛安”本義爲“千”。

［12］謀克：女真字有三種寫法，漢字譯音亦有分歧。《三朝北盟會編》，作“毛毛可”，與女真音接近。《欽定金國語解》稱，“謀克”即滿語“墨由克”，又謂“索倫語謂鄉里爲墨由克”。《滿洲源流考》卷一八《國語》條“穆昆”注，“滿洲語族也”。“謀克”一詞具有“族”與“鄉里”雙重涵義，據此知，謀克作爲社會組織的基本單位，是由血緣群體轉爲地緣群體。太祖二年（1114）十月，始有“初命諸路以三百户爲謀克，十謀克爲猛安”的社會體制改革，猛安謀克便定制爲女真社會行政與軍事組織及其官長的名稱。作爲軍事長官而言，猛安又稱“千夫長”，謀克又稱“百夫長”。

［13］乣：其字史書寫法不一，今人讀音及理解亦各有不同。乣，本是遼、金北方部族社會、行政、軍事一體的基層組織，讀音

爲“札”。金承安元年（1196）封蒙古鐵木真爲“札兀惕忽里”，意即“諸乣統領”。遼、金史中所見諸乣，多指北方部族軍。《遼史·國語解》謂，“乣，軍名”。　詳穩：遼代爲諸官府或部族監治長官。金建國後，曾於西京路置詳穩九處。熙宗皇統五年（1145）庶官分類，定鎮撫邊民的詳穩爲“長官”。諸乣，設詳穩一員，從五品，掌守戍邊堡，餘同謀克。貞祐四年（1216），詳穩或改謀克，或改猛安。

[14]移里菫：《欽定金國語解》稱，“移里菫”即滿語“伊捋格因”。《遼史·國語解》：“夷離菫，統軍馬大官。會同初，改爲大王。”金亦置有諸移里菫司，本書卷五七《百官志三》：“諸移里菫司，移里菫一員，從八品，分掌部族村寨事”。後來，有的移里菫改稱部族節度使，還見有稱節度使移里菫者。

[15]禿里：《欽定金國語解》稱，“禿里”即滿語“圖嚕”。禿里又作吐里。《遼史·國語解》：“吐里，官名，與奚六部禿里同。吐，禿字訛。”本書卷五七《百官志三》：“諸禿里，禿里一員，從七品，掌部落詞訟，防察違背等事。”

[16]烏魯古：《欽定金國語解》稱，“烏魯古”即滿語“蘇嚕克”。金因遼諸抹而置群牧，諸群牧所國言“烏魯古”，又作“烏魯骨”，義爲“滋息”。本書《百官志三》謂諸群牧所，“提控諸烏魯古一員，正四品。明昌四年置使一員，從四品。副使一員，從六品。掌檢校群牧畜養蕃息之事”。

[17]斡里朵：《欽定金國語解》稱，“斡里朵”即滿語“鄂捋多”。斡里朵又作斡魯朵。《遼史·營衛志上》，“宮曰斡魯朵”，又謂，“居有宮衛，謂之斡魯朵，出有行營，謂之捺鉢”。

人事

孛論出，[1]胚胎之名。

阿胡迭，[2]長子。　骨赧，季也。[3]蒲陽温，[4]曰幼子。

益都,[5]次第之通稱。第九曰“烏也”。[6]十六曰“女魯歡”。[7]

按答海,[8]客之通稱。

山只昆,[9]舍人也。

散亦孛,[10]奇男子。

撒答,[11]老人之稱也。

什古迺,[12]瘠人。

撒合輦,[13]黧黑之名。

保活里,[14]侏儒。

阿里孫,[15]貌不揚也。

阿徒罕,[16]采薪之子。

答不也,[17]耘田者。

阿土古,[18]善采捕者。

阿里喜,[19]圍獵也。

拔里速,[20]角觝戲者。

阿离合懣,[21]臂鷹鶻者。

胡魯剌,[22]户長。阿合,[23]人奴也。

兀术,[24]曰頭。粘罕,[25]心也。畏可,[26]牙,又曰吾亦可。

盤里合,[27]將指。

三合,[28]人之靨也。

牙吾塔,[29]瘍瘡。

蒲剌都,[30]目赤而盲也。

石哥里,[31]溲疾。

謾都訶,[32]癡騃之謂。

謀良虎,[33]無賴之名。皆不美之稱也。

與人同受福曰“忽都”。[34]以力助人曰“阿息保”。[35]

辭不失,[36]酒醒也。

奴申,[37]和睦之義。

訛出虎,[38]寬容之名也。

賽里,[39]安樂。

迪古迺,[40]來也。

撒八,[41]迅速之義。

烏古出,[42]方言曰“再休”,猶言再不復也。

凡事之先者曰“石倫”。[43]以物與人已然曰“阿里白”。[44]

吾里補,[45]畜積之名。

習失,[46]猶人云常川也。

凡市物已得曰“兀帶”,[47]取以名子者,猶言貨取如物然也。

[1]孛論出:《欽定金國語解》稱,“孛論出”即滿語“播英國”。斜也子,宗義弟,龍虎衛上將軍,名孛論出。

[2]阿胡迭:《欽定金國語解》稱,“阿胡迭”即滿語“阿胡英噶”。阿胡迭又作阿虎迭,宗磐長子名阿虎迭,尚慶宜公主者名蒲察阿虎迭。

[3]骨赧,季也:《欽定金國語解》稱,“骨赧”即滿語“顧納”。冶訶次子名骨赧,是知“季”即“次”。

[4]蒲陽温:《欽定金國語解》稱,“蒲陽温”即滿語“費雅英

顧”。本書卷六八《歡都傳》、卷六九《胙王元傳》皆作“幼弟”解，與此作“幼子”解相異。按，生女真人有“幼子守灶”之俗，愛其幼子、幼弟，皆可稱“蒲陽温”。生女真之俗，生子年長即異居。景祖諸子及當異居，元配唐括氏所生之幼子穆宗仍與景祖同居。故而歡都嘗諫世祖曰：“獨不念愛弟蒲陽温與弟婦乎。”見本書卷六八《歡都傳》。

[5]益都：《欽定金國語解》稱，“益都”即滿語“伊都”。《女真館雜字》，“亦宣都”詞義爲“相互”，亦含有“次第”之意。

[6]烏也：《欽定金國語解》稱，“烏也”即滿語“武俞因”。《女真館雜字》，“兀也温”詞義爲“九”。烏也亦作烏野，穆宗子勗及納合椿年，本名皆稱烏野。

[7]女魯歡：《欽定金國語解》稱，“女魯歡”即滿語“尼由勒佑因”。《女真館雜字》謂，“泥渾”詞義爲“十六”。本書卷一一六《石盞女魯歡傳》，“石盞女魯歡，本名十六”。“女魯歡”爲其音讀，“十六”爲其義譯。

[8]按答海：通常書寫爲安答或安達。《欽定金國語解》稱，“按荅海”即滿語“阿因塔哈”。《女真館雜字》云，“岸答孩·捏兒麻”詞義爲“賓客”（捏兒麻義爲人）。宗雄次子名“按荅海”。

[9]山只昆：《欽定金國語解》稱，“山只昆”即滿語“沙因齊因庫因”，又謂，“索倫語謂守寨人爲沙因齊因庫因”。《女真文辭典》亦謂“山只兀”義爲“舍人”。本書卷九三《宗浩傳》謂：“合底忻者，與山只昆皆北方别部，恃强中立，無所羈屬，往來阻轐、廣吉剌間，連歲擾邊，皆二部爲之也。”

[10]散亦孛：《欽定金國語解》稱，“散亦孛”即滿語“薩伊因伯”。按，“散亦孛”，是義爲“好”的“塞因”與作爲後置詞處置格的“伯”或“孛”組成的名詞。故而此解爲“奇男子”。

[11]撒答：《欽定金國語解》稱，“撒答”即滿語“薩克達”。《女真館雜字》，“撒剌大”詞義爲“老”。冶訶有子名散答，又作撒答。

[12]什古迺:《欽定金國語解》稱,“什古迺”即滿語“西固訥”,又謂,“索倫語謂瘦長爲西沽訥”。昭祖曾孫,丞相襄之祖,名什古迺。完顔婁室子仲、世宗孫瑜,本名皆爲石古迺。

[13]撒合輦:《欽定金國語解》稱,“撒合輦”即滿語“薩哈禮雅因”。《女真館雜字》云,“撒哈良”詞義爲“黑”。宗敏子褒、鑾都孫、宣宗時内族安之,皆名撒合輦。

[14]保活里:《欽定金國語解》稱,“保活里”即滿語“播和尼”,又謂,“蒙古語謂矮小爲播和尼”。《女真館雜字》,“弗和羅”詞義爲“短”。始祖函普弟,名保活里。

[15]阿里孫:《欽定金國語解》稱,“阿里孫”即滿語“額捋蘇因”。《女真文辭典》謂“阿剌”爲形容詞、名詞兼用的詞綴,從其字根看,非爲美詞。本書僅見右副元帥蒲察阿里不孫、遼東便宜完顔阿里不孫等。施國祁謂:“阿里孫,里下當加不。”

[16]阿徒罕:《欽定金國語解》稱,“阿徒罕”即滿語“阿哈因圖”。温迪罕部人,有名阿徒罕者。

[17]答不也:《欽定金國語解》稱,“答不也”即滿語“達胡哩”,又謂,“索倫語謂耕種者爲達胡哩”。胡十門父、習不失子宗亨、渤海人大臭,本名皆作撻不也或撻不野。

[18]阿土古:《欽定金國語解》稱,“阿土古”即滿語“阿穆塔哈”,又謂,“索倫語謂打牲者爲阿穆塔哈”。宗寧、夾古守中,本名皆爲阿土古。

[19]阿里喜:《欽定金國語解》稱,“阿里喜”即滿語“阿巴拉齊”。然《女真館雜字》與《女真文辭典》皆謂,“撒答昧”詞義爲“打圍”,與此音不合。本書卷四四《兵志》謂“士卒之副從曰阿里喜”。阿里喜之名,或始自行獵時擔任圍獵的副從者的名稱。而稱之爲人名者,祇見世祖時來告難的阿喜與宗室子阿喜。

[20]拔里速:《欽定金國語解》稱,“拔里速”即滿語“巴哩勒都”,又謂,“蒙古語謂角牴者爲巴哩勒都”。銀术可弟名拔离速。

［21］阿离合懑：《欽定金國語解》稱，“阿离合懑”即滿語“阿禮哈”。景祖第八子、世宗孫琢，本名皆作阿离合懑。

［22］胡魯剌：《欽定金國語解》稱，“胡魯剌”即滿語“庫捋勒”。《女真館雜字》與《女真文辭典》皆謂，“兀注剌孩”詞義爲“酋長”。本書有名爲“胡魯”者，如蒲察部胡魯勃堇，太宗子宗固本名胡魯。

［23］阿合：《欽定金國語解》稱，“阿合”即滿語“阿哈”。《松漠紀聞》：“奴曰亞海，婢曰亞海軫。”《女真館雜字》云，“阿哈愛”詞義爲“奴婢”。《女真文辭典》則謂，“阿哈”詞義爲“奴”或“奴婢”，而“阿哈愛”則爲“奴婢”一詞的所有格。宗幹之孫、阿疎父、孛术魯定方、僕散安真等，本名皆爲阿合或阿海。

［24］兀术：《欽定金國語解》稱，“兀术”即滿語“武諸”。《女真館雜字》與《女真文辭典》皆謂，“兀住”詞義爲“頭”。宗弼本名又作兀术。

［25］粘罕：《欽定金國語解》稱，“粘罕”即滿語“尼雅馬因”。《女真館雜字》謂，“脉日藍伯”詞義爲“心”。“伯”爲後置詞處置格。宗翰本名粘没喝，又作粘罕。

［26］畏可：《欽定金國語解》稱，“畏可”即滿語“倭伊赫”。《女真館雜字》，“委黑”詞義爲“齒”。康宗有子名畏可，宗義有弟名偎喝。

［27］盤里合：《欽定金國語解》稱，“盤里合”即滿語“弗捋赫”。按，“盤里合”一詞必與本書有關，却不見於本書。《金史》卷六五《烏古出傳》載，“有巫者能道神語”，曰“男子之魂至矣”，“女子之魂至矣”。《女真文辭典》謂“半的卜孩”，詞義爲“使生了”。以此度之，盤里合一詞，其意可能是“將至”而不是“將指”。

［28］三合：《欽定金國語解》稱，“三合”即滿語“薩穆哈”。納合椿年長子名參謀合，又作三合。

［29］牙吾塔：《欽定金國語解》稱，“牙吾塔”即滿語“岳由納哈”。紇石烈志，本名牙吾塔，又作牙吾太、牙忽帶。考及本書卷一一六《石盞女魯歡傳》，“石盞女魯歡，本名十六”，與本卷“姓氏”條“兀顏曰朱”事例，疑本書卷一一一《紇石烈牙吾塔傳》所謂“紇石烈牙吾塔一名志”，“牙吾塔”爲其名之音譯，“志”爲其義譯。而“志”，本爲“痣”，因其不雅改爲“志”。是以所謂“瘍瘡”，似即指面上之“痣”。

［30］蒲剌都：《欽定金國語解》稱，“蒲剌都”即滿語“富拉塔”。孛术魯德裕，本名蒲剌都。裴滿思忠名正之，本名蒲剌篤。還見有駙馬都尉，名蒲剌睹者。

［31］石哥里：《欽定金國語解》稱，“石哥里”即滿語“西克”。施國祁謂“石哥里當作石里哥”。然海陵麗妃名石哥。

［32］謾都謌：《欽定金國語解》稱，“謾都謌”即滿語“墨因圖佑因”。景祖子鄭國公名謾都訶。

［33］謀良虎：《欽定金國語解》稱，“謀良虎”即滿語“穆喇枯”。康宗子宗雄、顯宗子温王玠以及烏林荅暉等人，本名皆爲謀良虎。

［34］忽都：《欽定金國語解》稱，“忽都”即滿語“胡圖哩”。《女真館雜字》，“忽禿兒”詞義爲“福”。《女真文辭典》謂，“忽禿”詞義爲“福”，“兒”爲名詞詞綴。僕散師恭本名忽土。

［35］阿息保：《欽定金國語解》稱，“阿息保”即滿語“阿伊西拉布”。康宗歿時，遼之來使名阿息保。

［36］辭不失：《欽定金國語解》稱，“辭不失”即滿語“蘇布赫”。昭祖孫，烏骨出次子，名辭不失，又作習不失。

［37］奴申：《欽定金國語解》稱，“奴申”即滿語“訥蘇克因”。《女真館雜字》云，“奴失因”詞義爲“和”。“因”爲名詞詞綴。

［38］訛出虎：《欽定金國語解》稱，“訛出虎”即滿語“鄂因綽柯因”。宗雄孫、世宗子潞王永德、完顏寓等，本名皆稱訛出。

［39］賽里：《欽定金國語解》稱，“塞里”即滿語“塞拉穆畢”。《女真文辭典》謂，“瑣羅”詞義爲“閑”。斡魯孫及辭不失孫宗賢，本名皆爲塞里。由此不僅可知女真人視“閑”爲“安樂”，也知宗賢的“賢”字，原本爲“閑”的異義同音字。

［40］迪古迺：《欽定金國語解》稱，“迪古迺”即滿語“濟赫喀伊”。《女真館雜字》云，“的温”詞義爲“來”。完顏忠與海陵，本名皆爲迪古迺。

［41］撒八：《欽定金國語解》稱，“撒八”即滿語“薩布胡”。《女真文辭典》謂，“撒别”詞義爲“見”。斡魯有子名撒八。海陵時起事的契丹人，西北路招討司譯史，名撒八。

［42］烏古出：《欽定金國語解》稱，“烏古出”即滿語“武墨濟由”。昭祖幼子名烏古出，其詞義爲男子之兆“不復見也”，正合此解“方言曰‘再休’，猶言再不復也”。

［43］石倫：殿本作“凡事之知者曰後論”。《欽定金國語解》稱，“後論”即滿語“赫勒因”。疑“石倫”爲“後論”之誤。

［44］阿里白：《欽定金國語解》稱，“阿里白”即滿語“阿禮布”。《女真文辭典》謂，“阿里巴”詞義爲“授”，而“巴”爲處置格後置詞，“阿里巴”實爲“把……授”之意，正合此解“以物與人已然”。海陵兄充之子，有名阿里白者。夾谷衡本名阿里不。

［45］吾里補：《欽定金國語解》稱，“吾里補”即滿語“武禮布”。《女真館雜字》云，“兀里因”詞義爲“財”。“因”是名詞的詞綴。“財”與“畜積”是同義詞。睿宗子齊王，名吾里補。顯宗子從憲，本名吾里補，又作吾里不。

［46］習失：《欽定金國語解》稱，“習失”即滿語“西英西葉勒”，又謂，“索倫語謂行走勤者爲西英西葉勒”。所謂“人云常川也”，即“行走勤者”。石土門有子名習失，又作習室。海陵時，有武庫直長名習失。

［47］兀帶：《欽定金國語解》稱，“兀帶”即滿語“武達”。《女真文辭典》，“兀塔”詞義爲“集合”，也即此解，“猶言貨取如

物然也”，或“市物已得”。行臺左丞相阿魯補子言，本名兀帶。

物象

兀典，[1]明星。

阿鄰，[2]山。太神，[3]高也。

山之上鋭者曰“哈丹”。[4]坡陀曰“阿懶”。[5]大而峻曰“斜魯”。[6]

忒鄰，[7]海也。沙忽帶，[8]舟也。

生鐵曰“斡論”。[9]釜曰“闍母”。[10]刃曰“斜烈”。[11]婆盧火者槌也。[12]

金曰“按春”。[13]銀朮可，[14]珠也。

布囊曰“蒲盧渾”。[15]盆曰“阿里虎”。[16]罐曰“活女”。[17]

烏烈，[18]草廩也。沙剌，[19]衣襟也。

活臘胡，[20]色之赤者也。

胡剌，[21]竈突。

[1]兀典：《欽定金國語解》稱，“兀典”即滿語“武勒德因”。《女真館雜字》謂，“斡失哈”詞義爲“星”，“阿玷”詞義爲“雷”。本書又不見“兀典”，而《百官志》姓氏譜中見有“阿典”與“諳石剌”。疑“明星”乃“諳石剌”之詞義，“兀典”即“阿玷”之詞義爲“雷”。“明星”當改爲“雷”。

[2]阿鄰：《欽定金國語解》稱，“阿鄰”即滿語“阿禮因”。《女真館雜字》謂，“阿里因”詞義爲“山”。“因”，是名詞詞綴。宗雄子，有名阿鄰者。太祖孫爽、顯宗子從彝，本名阿鄰，或作阿憐。

[3]太神：《欽定金國語解》稱，“太神”即滿語“德因”。

《女真館雜字》謂，“忒革”詞義爲“高”。《女真文辭典》謂，“忒革”義爲“高”或“高阜”。又謂“可申”詞義爲“崗阜”。太神又作泰神。本書見有泰神水。

［4］哈丹：《欽定金國語解》稱，“哈丹”即滿語“哈達”。《女真文辭典》謂，“哈答”詞義爲“峰”。熙宗本名“合剌”，疑是“哈丹”或“哈答”的不同譯寫。

［5］阿懶：《欽定金國語解》稱，“阿懶”即滿語“阿拉”。撒改子宗憲、宗敏妻，本名皆稱阿懶。鄧王奭之子名阿懶，又作阿愣。

［6］斜魯：《欽定金國語解》稱，“斜魯”即滿語“碩虜英”，又謂，“索倫語謂山之高峻爲碩虜英”。世宗子越王，名斜魯。

［7］忒鄰：《欽定金國語解》稱，“忒鄰”即滿語“特禮因”，又謂，“索倫語謂淀湖爲特禮因”。《女真館雜字》謂，“脉忒厄林”詞義爲“海”，“没”詞義爲“水”。章宗子葛王，名忒鄰。

［8］沙忽帶：《欽定金國語解》稱，“沙忽帶”即滿語“札胡達伊”。《女真館雜字》，“的孩”詞義爲“船”。《女真文辭典》又謂，“船”亦作“的哈”。胡論水溫迪痕部迪姑迭之祖，名扎古迺。朝鮮慶源郡女真國書碑，見有助建佛寺的裴滿氏扎忽帶。

［9］斡論：《欽定金國語解》稱，“斡論”即滿語“倭捋因”。《女真館雜字》，則謂“塞勒”詞義爲“鐵”。阿离合懣子晏，本名斡論。世宗孫，永德子琰，亦名斡論。

［10］闍母：《欽定金國語解》稱，“闍母”即滿語“西穆圖”。世祖第十一子名闍母，完顏安國本名闍母。

［11］斜烈：《欽定金國語解》稱，“斜烈”即滿語“塞勒墨”。世祖時有部將名斜烈，宣宗時有提點名斜烈。又，位於今河北省平泉縣西南的松亭關，地勢險要，金時女真人稱其爲“斜烈只”。

［12］婆盧火：安帝五代孫名婆盧火，世宗時有參知正事名完顏婆盧火。又《欽定金國語解》稱，“婆盧火”即滿語“佛哩”。《女真譯語·女真館來文》有載，明成化年間海西忽魯木衛指揮簽事，

名曰“卜羅”。

［13］桉春：《欽定金國語解》稱，“桉春”即滿語“阿伊西因”。本書卷二四《地理志上》，“國言‘金’曰‘按出虎’”。《女真館雜字》謂“安春温”詞義爲“金”。“温”爲名詞詞綴。渾蠢水詐都之父，名安春。鄭王永蹈子，名按春。奉國斡准子，名按出虎。衛紹王子瑄，本名按出。

［14］銀术可：《欽定金國語解》稱，“銀术可”即滿語“尼楚赫”。《女真館雜字》云，“寧住黑”詞義爲“珠”。宗室子拔离速兄名銀术可，宗尹有子名銀术可，鄭王永蹈本名銀术可。

［15］蒲盧渾：《欽定金國語解》稱，“蒲盧渾”即滿語“富勒胡”。蒲察通本名蒲魯渾，又作蒲盧渾。

［16］阿里虎：《欽定金國語解》稱，“阿里虎”即滿語“阿禮枯”。《女真館雜字》云，“阿里庫”詞義爲“盤”。或初女真盆盤用途相同，而形制亦無大的區别，故而既釋之爲“盆”，又釋之爲“盤”。靈壽縣主名阿里虎。蒲察没里野女，名阿里虎。宗本有子，名阿里虎，又作鎖里虎。

［17］活女：《欽定金國語解》稱，“活女”即滿語“詁足由”。完顔婁室有子，名活女。

［18］烏烈：《欽定金國語解》稱，“烏烈”即滿語“武哩”。《女真館雜字》，“兀哩因”詞義爲“財”。該詞當有兩義，“草廩”是其原義，“財”則爲其轉意。太祖子豐王，名烏烈。

［19］沙剌：《欽定金國語解》稱，“沙剌”即滿語“沙剌”。當指阿注阿執歡都等七人，以衣裾相結的“衣裾”。施國祁謂，沙剌又作舒嚕，滿語珊瑚也。然“珊瑚”，女真語讀音爲“珊忽”。

［20］活臘胡：《欽定金國語解》稱，“活臘胡”即滿語“富拉胡因”。《女真館雜字》云，“弗剌江”詞義爲“紅”。太祖有舅氏，名活臘胡。

［21］胡剌：《欽定金國語解》稱，“胡剌”即滿語“胡拉因”。女真語作爲户長或酋長解的“胡魯剌”，似即由“胡剌”轉變而

來。宗雄有子名胡剌。完顔希尹子守能、宗望子文、烏古論仲温等，本名皆爲胡剌。

物類

桓端，[1]松。阿虎里，[2]松子。孰輦，[3]蓮也。

活離罕，[4]羔。合喜，[5]犬子。訛古迺，[6]犬之有文者。

斜哥，[7]貂鼠。蒲阿，[8]山鷄。窩謀罕，[9]鳥卵也。

[1]桓端：《欽定金國語解》稱，“桓端”即滿語“和勒多因”。《女真館雜字》，“和多莫”詞義爲“松”。宗雄孫，蒲魯虎子，名桓端。哀宗時，睦親府同簽，有名桓端者。

[2]阿虎里：《欽定金國語解》稱，“阿虎里”即滿語“胡哩”。《女真館雜字》，“忽里”詞義爲“松子”。斜也幼子名阿虎里。

[3]孰輦：《欽定金國語解》稱，“孰輦”即滿語“舒伊勒哈”。《女真館雜字》，“一勒哈”詞義爲“花”。世宗子趙王名孰輦。

[4]活離罕：《欽定金國語解》稱，“活離罕”即滿語“胡捋噶因”。《女真館雜字》，“和你”詞義爲“羊”。太祖時，紇石烈部有名活離罕者。

[5]合喜：《欽定金國語解》稱，“合喜”即滿語“喀齊喀”，又謂，“索倫語謂小犬爲喀齊喀”。《女真館雜字》云，“引答洪”詞義爲“犬”。宣宗貞祐間，前韓州刺史，名合喜。

[6]訛古迺：《欽定金國語解》稱，“訛古迺”即滿語“額捋納伊”。又謂，“蒙古語謂有花文者爲額捋納伊”。冶訶有子名訛古迺。

[7]斜哥：《欽定金國語解》稱，“斜哥”即滿語“塞克”。《女真館雜字》，“塞克”詞義爲“貂鼠”。宗翰有孫名斜哥。完顔

婁室孫，謀衍子名斜哥。

［8］蒲阿：《欽定金國語解》稱，“蒲阿”即滿語“法武勒胡馬”。斜也子，宗義弟，名蒲馬。昭祖時，有太彎（大王）名蒲馬者。

［9］窩謀罕：《欽定金國語解》稱，“窩謀罕”即滿語“武穆噶因”。世祖時，有與烏春相結舉兵爲難者，名窩謀罕。

姓氏

完顏，漢姓曰王。[1] 烏古論曰商。[2] 紇石烈曰高。[3] 徒單曰杜。[4] 女奚烈曰郎。[5] 兀顏曰朱。[6] 蒲察曰李。[7] 顏盞曰張。[8] 温迪罕曰温。[9] 石抹曰蕭。[10] 奥屯曰曹。[11] 孛术魯曰魯。[12] 移剌曰劉。[13] 斡勒曰石。[14] 納剌曰康。[15] 夾谷曰仝。[16] 裴滿曰麻。[17] 尼忙古曰魚。[18] 斡准曰趙。[19] 阿典曰雷。[20] 阿里侃曰何。[21] 温敦曰空。[22] 吾魯曰惠。[23] 抹顏曰孟。[24] 都烈曰强。[25] 散答曰駱。[26] 呵不哈曰田。[27] 烏林答曰蔡。[28] 僕散曰林。[29] 术虎曰董。[30] 古里甲曰汪。[31] 其後氏族或因人變易，難以徧舉，姑載其可知者云。

金國語解終。

［1］完顏，漢姓曰王：陶九成《輟耕録》同。《欽定金國語解》稱，“完顏”即滿語“斡英基雅”。此取其首音爲漢姓。陳述謂，還有以顏氏、陳氏爲姓者（陳述：《金史拾補五種·女真漢姓考》，科學出版社 1960 年版）。

［2］烏古論曰商：《輟耕録》同。烏古論，本書卷五五《百官志一》姓氏譜，作吾古論。《欽定金國語解》稱，“烏古論”即滿語“武庫哩”。陳述謂，還有以烏氏、劉氏、李氏爲姓者。

［3］紇石烈曰高：《輟耕録》同。《欽定金國語解》稱，“紇石烈”即滿語“赫佘哩”。此似取其義爲姓。“紇”，原誤爲“乞”，據殿本改。

［4］徒單曰杜：《輟耕録》同。《欽定金國語解》稱，“徒單”即滿語“圖沙因”。此取首音爲漢姓。陳述謂，還有以單氏爲姓者。乃取尾音爲漢姓。

［5］女奚烈曰郎：《輟耕録》同。《欽定金國語解》稱，“女奚烈”即滿語“尼由祜嚕”。

［6］兀顔曰朱：《輟耕録》同。本書之中，“兀顔”又作“烏延”。《欽定金國語解》稱，“兀顔”即滿語“武雅”。《女真館雜字》云，“兀里彦”詞義爲“豬”。當以義譯爲“豬”不雅，改譯爲“朱”。

［7］蒲察曰李：《輟耕録》同。《欽定金國語解》稱，“蒲察”即滿語“富察”。《女真館雜字》，“縛約”詞義爲李樹之“李”。此以本義改譯漢姓。

［8］顔盞曰張：《輟耕録》同。《欽定金國語解》稱，“顔盞”即滿語“雅因札”。此取尾音與“張”相諧。

［9］温迪罕曰温：《輟耕録》同。《欽定金國語解》稱，“温迪罕”即滿語“武因特赫”。此取首音爲漢姓。陳述謂，亦有以張氏爲姓者。

［10］石抹曰蕭：《輟耕録》同。《欽定金國語解》稱，“石抹”即滿語“舒穆嚕”。本書卷五五《百官志一》姓氏譜，不載石抹氏。陳述謂，金元石抹氏，即遼時之述律氏，亦即蕭氏。又謂，石抹氏還有以鄭氏爲姓者。

［11］奥屯曰曹：《輟耕録》同。《欽定金國語解》稱，“奥屯”即滿語“鄂掩英”。

［12］孛术魯曰魯：《輟耕録》同。《欽定金國語解》稱，“孛术魯”即滿語“播都哩”。此取尾音相諧。陳述謂，還有以花氏爲姓者。

［13］移剌曰劉：《輟耕録》同。《欽定金國語解》稱，“移剌”即滿語“伊剌”。本書卷五五《百官志一》姓氏譜，作移剌答。陳述謂，移剌即遼皇室耶律氏，譯爲劉氏始自遼初。並謂，移剌氏還有以王氏、李氏爲姓者。

［14］斡勒曰石：《輟耕録》同。《欽定金國語解》稱，“斡勒”即滿語“倭捋”。《女真館雜字》云，“斡黑”詞義爲“石”。此以本義譯爲漢姓。

［15］納剌曰康：《輟耕録》同。《欽定金國語解》稱，“納剌”即滿語“納喇”。本書卷五五《百官志一》姓氏譜，“納剌”作“納闌”。陳述引《北風揚沙録》“那懶曰高”。

［16］夾谷曰仝：《輟耕録》同。《欽定金國語解》稱，“夾谷”即滿語“喀捋固”。陳述謂，夾谷氏亦譯姓佟、童。

［17］裴滿曰麻：《輟耕録》同。《欽定金國語解》稱，“裴滿”即滿語“佛伊莫”。此取尾音相諧爲漢姓。

［18］尼忙古曰魚：《輟耕録》同。“尼”，原作“尸”。“尼忙古”，本書又作“尼庬古”“尼庬窟”。《欽定金國語解》稱，“尼忙”古即滿語“尼馬哈”。《女真館雜字》云，“里襪哈”詞義爲“魚”。此以本義爲漢姓。

［19］斡准曰趙：《輟耕録》同。《欽定金國語解》稱，“斡准”即滿語“鄂獄”。

［20］阿典曰雷：《輟耕録》同。《欽定金國語解》稱，“阿典”即滿語“阿克扎因”。《女真館雜字》，“阿玷”詞義爲“雷”。乃以本義爲漢姓。

［21］阿里侃曰何：《輟耕録》同。《欽定金國語解》稱，“阿里侃”即滿語“阿里哈”。本書卷五五《百官志一》姓氏譜，阿里侃作阿里班。取其諧音何爲漢姓。

［22］温敦曰空：《輟耕録》同。《欽定金國語解》稱，“温敦”即滿語“武因圖因”。《女真館雜字》，“晚都洪”詞義爲天空之“空”。以本義爲漢姓。

［23］吾魯曰惠：《輟耕録》同。《欽定金國語解》稱，“吾魯”即滿語“珠嚕”。本書卷五五《百官志一》姓氏譜，作术魯。

［24］抹顔曰孟：《輟耕録》同。本書《百官志》姓氏譜，抹顔作抹撚。《欽定金國語解》，抹顔即滿語“穆雅因”。此取其諧音爲漢姓。陳述謂，還有以秦氏爲姓者。

［25］都烈曰强：《輟耕録》同。《欽定金國語解》稱，“都烈”即滿語“都哩”。本書不見以都烈爲姓者。陳述疑“都烈”即“烏烈”之誤。

［26］散答曰駱：《輟耕録》同。《欽定金國語解》稱，“散答”即滿語“薩克達”。本書卷五五《百官志一》姓氏譜，“散答”作“散答牙”。

［27］呵不哈曰田：《輟耕録》同。《欽定金國語解》稱，“呵不哈”即滿語“哈因楚哈”。本書卷五五《百官志一》姓氏譜，作阿不罕。《女真館雜字》云，“阿卜哈以”詞義爲“天”。《女真文辭典》謂“以”爲與名詞相連的格助詞。此取其本義“天”的諧音“田”爲漢姓。

［28］烏林答曰蔡：《輟耕録》同。《欽定金國語解》稱，“烏林答”即滿語“武禮英噶”。本書卷五五《百官志一》姓氏譜，作“兀林答”。

［29］僕散曰林：《輟耕録》同。《欽定金國語解》稱，“僕散”即滿語“布薩”。《女真館雜字》云，“卜扎”（原誤爲扎卜）詞義爲“林”。此取其本義爲漢姓。

［30］术虎曰董：《輟耕録》同。《欽定金國語解》稱，“术虎”即滿語“珠赫捋”。陳述謂，還有以术氏爲姓者。

［31］古里甲曰汪：《輟耕録》同。《欽定金國語解》稱，“古里甲”即滿語“顧斡勒基雅”。陳述謂，還有以吴爲漢姓者。

附録

進金史表

開府儀同三司、上柱國、録軍國重事、中書右丞相、監修國史、領經筵事、提調太醫院廣惠司事臣阿魯圖言：

竊惟漢高帝入關，任蕭何而收秦籍；唐太宗即祚，命魏徵以作《隋書》。蓋曆數歸真主之朝，而簡編載前代之事，國可滅史不可滅，善吾師惡亦吾師。矧夫典故之源流，章程之沿革，不披往牒，曷蓄前聞。維此金源，起於海裔，以滿萬之衆，横行天下，不十年之久，專制域中。其用兵也，如縱燎而乘風；其得國也，若置郵而傳令。及熠興於禮樂，迺焕有乎聲明。嘗循初而汔終，因考功而論德。非武元之英略，不足以開九帝之業；非大定之仁政，不足以固百年之基。天會有功吞四海之勢，而未有壹四海之規；明昌能成一代之制，而亦能壞一代之法。海陵無道，自取覆敗；宣宗輕動，曷濟中興。迨夫浚郊多壘之秋，汝水飛烟之日，天人屬望，久有在矣；君臣守義，蓋足取焉。我太祖法天啓運聖武皇帝，以有名之師，而釋奕世之憾；以無敵之仁，而收兆民之心。勁卒搗居庸關，北拊其背；大軍出紫荊口，南搤其吭。指顧可成於雋功，操縱莫窺於廟算，懲彼取遼之暴，容其涉河以遷。太宗英文皇帝席卷雲、朔，而徇地并、營，囊括趙、代，而傳檄齊、魯，滅夏國以蹴秦、鞏，通宋人以偪河、淮。睿宗仁聖景襄皇帝冒萬險，出饒風，長驅平陸；戰三峰，乘大雪，遂定中原。太陽出而爝火熸，正音作而衆樂廢。爰及世祖聖德神功文武皇帝，恢弘至化，勞來遺黎。燕地定都，撤武靈之舊址；遼陽建省，撫肅慎之故墟。于時張柔歸金史於其先，王鶚輯金事於其後。是以纂修之命，見諸敷遺之謀，延祐申舉而未遑，天曆推行而弗竟。臣阿魯圖誠惶誠懼，頓首頓首，欽惟皇帝陛下緝熙聖學，紹述先猷，當邦家閒暇之時，治經史討論之務。念彼泰和以來之事蹟，涉我聖代初興之歲年。太祖受帝號於丙寅，先五載而朱鳳應；世皇毓聖質於乙亥，蚤一歲而黄河清。若此貞符，昭然成命。第以變故多而舊史闕，耆艾没而新説訛，弗折衷於大朝，恐失真於他日。於是聖心獨斷，盛事力行，申命臣阿魯圖以中書右丞相、臣别兒怯不花以中書左丞相領三史事，臣脱脱以前中書右丞相仍都總裁，臣御史大夫帖睦爾達世、臣中書平章政事賀惟一、臣翰林學士承旨張起巖、臣翰林學士歐陽玄、臣治書侍御史李好文、臣禮部尚書王沂、臣崇文太監楊宗瑞爲總裁官，臣江西湖東道肅政廉訪使沙剌班、臣江西湖東道肅政廉訪副使王理、臣翰林待制伯顔、臣國子博士費著、臣祕書監著作郎趙時敏、臣太常博士商企翁爲史官，集衆技以責成書，佇奏篇以覽近監。臣阿魯圖仰承隆委，俯竭微勞。紬石室之文，誠乏司馬遷之作；獻《金鏡》之録，願攄張相國之忠。謹撰述本紀十九卷、志三十九卷、表四卷、列傳七十三卷、目録二卷，裝潢成一百三十七帙，隨表以聞，上塵天覽，無任慚愧戰汗屏營之至。

臣阿魯圖誠惶誠懼，頓首頓首謹言。

至正四年十一月　日，開府儀同三司、上柱國、録軍國重事、中書右丞相、監修國史、領經筵事、提調太醫院廣惠司事臣阿魯圖上表。

修史官員

領三史事

開府儀同三司、上柱國、録軍國重事、中書右丞相、監修國史、領經筵事臣阿魯圖

開府儀同三司、上柱國、録軍國重事、中書左丞相、領經筵事臣别兒怯不花

都總裁

開府儀同三司、上柱國、録軍國重事、前中書右丞相、監修國史、領經筵事臣脱脱

總裁官

銀青榮禄大夫、御史大夫、知經筵事臣帖睦爾達世

光禄大夫、中書平章政事、知經筵事臣賀惟一

翰林學士承旨、榮禄大夫、知制誥、兼修國史臣張起巖

翰林學士、資善大夫、知制誥、同修國史臣歐陽玄

翰林侍講學士、中奉大夫、知制誥、同修國史、同知經筵事臣揭傒斯

嘉議大夫、治書侍御史臣李好文

正議大夫、崇文太監、檢校書籍事臣楊宗瑞

中大夫、禮部尚書臣王沂

纂修官

江西湖東道肅政廉訪使臣沙剌班

江西湖東道肅政廉訪副使臣王理

翰林待制、奉議大夫、兼國史院編修官臣伯顔

奉訓大夫、監察御史臣趙時敏

奉訓大夫、國子博士臣費著

承務郎、太常博士臣商企翁

提調官

榮禄大夫、中書平章政事、知經筵事臣伯顔

榮禄大夫、中書右丞、知經筵事臣達世帖睦爾

資德大夫、中書左丞臣董守簡

中奉大夫、參議中書省事臣鎖南班

嘉議大夫、參議中書省事臣鑾子

亞中大夫、參議中書省事臣丁元

奉議大夫、右司郎中臣老老

承德郎、右司郎中臣陳思謙

中順大夫、左司郎中臣鑾子

亞中大夫、左司郎中臣何執禮

奉訓大夫、左司員外郎臣倉赤

奉訓大夫、左司都事臣趙公諒

朝請大夫、吏部尚書臣拜住

通議大夫、兵部尚書臣李獻

正議大夫、户部尚書臣秦從龍

正議大夫、工部尚書臣路希賢
朝散大夫、禮部侍郎臣靳義
亞中大夫、刑部郎中臣顧恕
通議大夫、僉太常禮儀院事臣杜秉彝
文林郎、翰林國史院都事臣趙中

金史公文

皇帝聖旨裏。江浙等處行中書省至正五年六月二十六日准中書省咨："至正五年四月十三日，篤怜帖木兒怯薛第二日，沙嶺納鉢斡脱裏有時分，速古兒赤雅普化、云都赤撒迪里迷失、殿中撒馬、給事中也先不先等有來，阿魯禿右丞相、帖木兒塔失大夫、太平院使、伯顏平章、達世帖木兒右丞等奏：'去歲教纂修遼、金、宋三代史書，即目遼、金史書纂修了有，如今將這史書令江浙、江西二省開板，就彼有的學校錢内就用，疾早教各印造一百部來呵。'怎生奏呵，奉聖旨那般者。欽此，咨請欽依施行，仍令行省委自文資正官、首領官各一員，欽依提調，疾早印造完備起解。"准此，本省咨委參知政事秦中奉、左右司都事徐槼承德，欽依提調，及下江浙儒司委自提舉班惟志奉政校正字畫，杭州路委文資正官、首領官提調鋟梓印造裝褙。

至正五年九月　日

都事

承務郎、江浙等處行中書省左右司都事臣馬黑麻

承德郎、江浙等處行中書省左右司都事臣徐槼

奉政大夫、江浙等處行中書省左右司員外郎臣鄭璠

奉訓大夫、江浙等處行中書省左右司員外郎臣赫

德亦

奉直大夫、江浙等處行中書省左右司郎中臣崔敬

朝列大夫、江浙等處行中書省左右司郎中臣島剌沙

中奉大夫、江浙等處行中書省參知政事臣秦從德

資德大夫、江浙等處行中書省參知政事臣沙班

資善大夫、江浙等處行中書省左丞臣李家奴

資政大夫、江浙等處行中書省右丞臣忽都不花

平章政事

榮禄大夫、江浙等處行中書省平章政事臣卜只兒

金紫光禄大夫、江浙等處行中書省左丞相、領行宣政院事、提調江浙財賦、都總管府事臣朵兒只